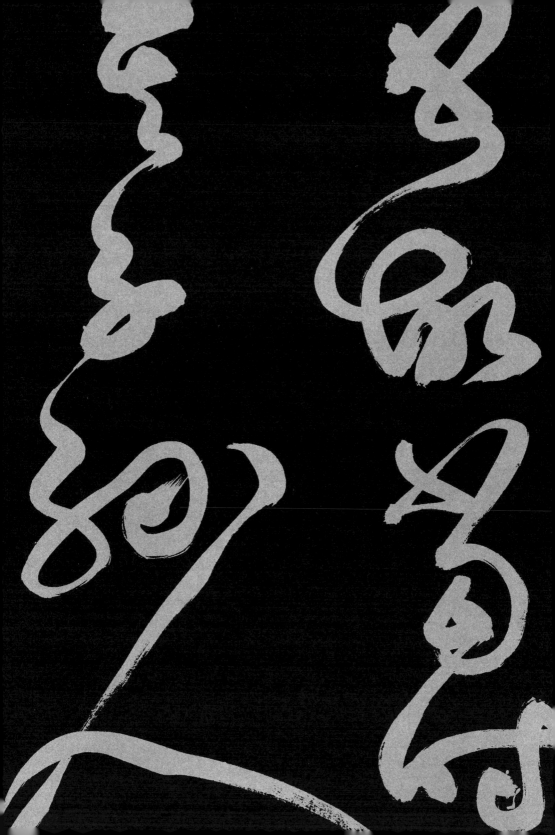

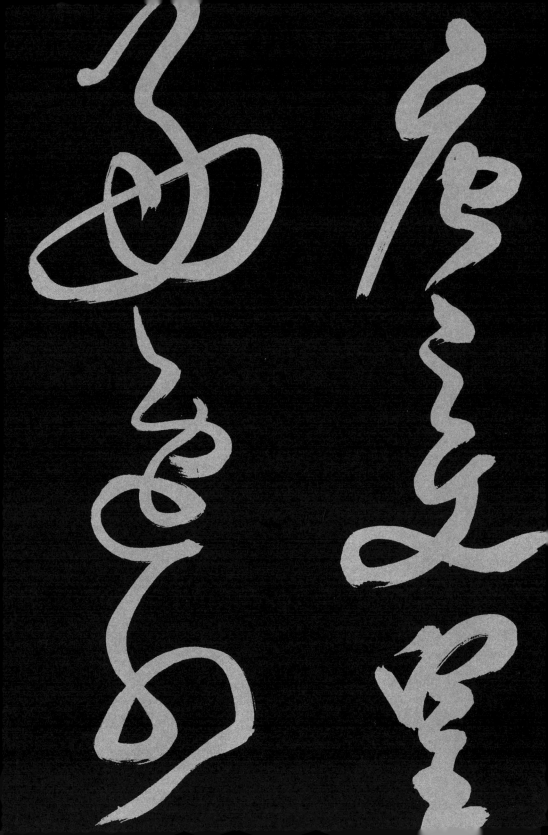

# 조선
# 양반의
# 일생

규장각 교양총서 2

# 조선 양반의 일생

규장각한국학연구원 엮음

글항아리

# 추사 김정희의 일생으로 돌아본 조선 양반의 일생

1786년 6월 3일 충청도 예산 용궁리
에서 김노경과 기계 유씨 사이에
태어나다

여덟 살 김노영의 양자로 들어가
월성위 집안 종손이 되다
1797년 양아버지와 할아버지 김
이주의 장례를 치르다

1813년 28세, 『반포유고
습유』의 서문을 짓다
서른이 되기 전 문장과 글
씨로 이름을 얻다

1819년(순조 19), 34세의 나이로 대과大科에 합격하다
8월 3일 소실로부터 서자 상우를 낳다

1844년 59세, 생애의 명작
'세한도'를 제작하다

유배지에서 제주목사 장인식으로부터
선물과 음식으로 도움을 받다

1800년 열다섯 살, 이희민의
딸 한산 이씨를 아내로 맞이하다

1809년 24세, 사마시에
합격해 생원이 되다

1823년 규장각 대교가 되고, 41세에
충청우도 암행어사가 되다

1840년 55세, 제주도
대정현에 위리안치되다

1855년 70세, 과칠십果七十으로 호를 바꾸다. 나날
이 병중인지라 편지마다 자신의 추해져가는 모습을
한탄하다

1856년, 호를 칠십일과로 바꾸고
10월 10일 세상을 떠나다
우봉 조희룡이 만사를 쓰고 역관
이상적이 애도시를 짓다

## ___규장각 교양총서를 발간하며

　　규장각은 정조대왕(1776~1800)이 즉위한 해(1776)에 처음으로 만들어져 이후 조선이라는 나라에서 135년 동안 최고의 도서관이자 왕립학술기관으로서 그 역할을 해왔습니다. 한 나라의 기록문화와 지식의 보고寶庫였던 규장각은 그러나 1910년 폐지됐고, 학술기관으로서의 기능은 상실한 채 도서관으로서만 100여 년을 지탱해왔습니다. 늦은 감이 있지만 창설 230년이 되는 해인 2006년에 규장각은 한국문화연구소와 통합함으로써 학술 연구기관으로서 제 역할을 되찾아 규장각한국학연구원으로 다시 태어났습니다.

　　규장각은 조선왕조실록을 비롯해 국보로 지정된 고서적, 의궤처럼 세계기록문화 유산으로 유네스코에서 지정한 자료뿐 아니라 수많은 기록문화재를 보유한 조선 최대의 기록문화 아카이브입니다. 이곳에서는 방대한 사료를 토대로 그동안 한국학 전문가들이 모여 최고 수준의 학술활동과 연구활동에 매진해왔습니다. 최근에는 지역학으로서의 한계를 넘어서 한국학의 세계화, 그리고 전문 연구자만의 것이 아닌 시민과 함께하는 한국학으로 변신을 꾀하고 있습니다. 2008년부터 시작한 '규장각 금요시민강좌'는 시민과 함께하는 한국학을 위한 한 시도입니다. 그리고 '규장각 교양총서' 시리즈는 시민강좌에서 펼쳐졌던 우리 역사의 흥미로운 내용을 더 많은 시민들과 공유하기 위해 기획된 것입니다.

규장각 서고에는 다양한 기록물이 있습니다. 왕실도서관으로서 실록이나 의궤 같은 국가 공식 기록물을 비롯해 양반, 여성, 중인층 전문가, 그 외 소수자들의 일상생활을 생생하게 보여주는 문집이나 고문서 자료들로 넘쳐납니다. 규장각에서 연구하는 이들은 이처럼 문헌 속에 나타난 조선시대 다양한 계층의 사람들, 바로 그들이 살아냈던 삶과 일상생활을 생생하게 되살려내고 역사물로서 새롭게 조명하는 작업을 하고 있습니다. 금요시민강좌와 교양총서는 그러한 연구 성과물을 시민과 함께 공유하려는 것입니다. 첫번째 책은 '국왕의 일생'에 관한 것이었고, 이후 여성의 일생, 그리고 조선 최고의 전문가들의 삶과 일생을 다룰 것입니다.

이 책에 담긴 조선시대 사람들의 삶의 모습은 일차적으로 규장각이 보유한 기록문화에서 나온 것입니다. 그러나 강좌를 수강한 시민 여러분의 참신한 아이디어를 최대한 반영하려고 노력했습니다. 규장각의 기록, 한국학 연구자, 그리고 시민 여러분의 아이디어가 모여 '규장각 금요시민강좌'와 '규장각 교양총서'는 만들어집니다. 앞으로도 여러분의 관심과 질타 바랍니다.

규장각한국학연구원 원장 김영식

## 머리말
___조선의 바탕이며, 현재를 만든 양반 문화

조선은 양반兩班의 나라였다. 국왕이 '지존至尊'의 존재라면, 양반은 그 바탕이 지극히 넓은 '지광至廣'의 존재라고나 할까? 한편으로는 국왕을 떠받들면서 다른 한편으로는 국왕을 견제牽制하는 존재였다. 국왕과 함께하면서도 때로는 대척점對蹠點에 섰던 양반은 누구인가?

양반은 원래 관인으로 문반文班과 무반武班을 함께 부르는 말이었다. 즉 이들은 유교적 소양을 바탕으로 관인이 되기 위해 학문을 연마하는 독서인으로, 예비 관료였다. 관직에 나아가서는 국왕을 대신하여 백성을 다스리는 국가의 중추가 되어야 했다. 국가에서 이러한 예비 관료의 지위를 중시함에 따라 군역을 면제시켜주는 등 특권을 부여하였고, 양반은 결국 신분으로 자리 잡았다. 그리하여 조선후기에는 국민 대다수가 양반이 되는 '양반화 현상'이 일어나기도 했던 것이다.

양반은 정치적 주도 세력일 뿐 아니라 조선조 문화를 창조하고 누리는 핵심 집단이기도 했다. 그들은 주자 성리학을 실천하면서 삶의 터전에서 중국과는 다른 독자적인 선비 문화를 꽃피웠다. 오늘날 우리는 모두 훌륭한 양반의 후손임을 내세우고 있다. 나아가 세계를 향해 그 정신과 문화를 자랑하고 있다. 이처럼 양반의 정신세계와 선비 문화는 현재 우리의 삶에 보이지 않는 저변을 형성했다. 우리는 과거 양반이 물려준 문화에 기반해 삶을 꾸려가고 있는 것이다.

양반의 삶은 현재 우리의 삶과 맞닿아 있다. 너무나 가깝기 때문에 그 깊숙한 내면은 알지 못한다. 양반이 태어나서 어린 시절은 무얼 하며 보냈는지, 과거 공부는 어떻게 했는지, 영광스런 과거에 합격한 후 관인으로서는 어떤 권력을 누리고 애환에 젖기도 했는지, 또 자칫 잘못해서 유배에 처해지면 어떤 생각으로 버텨내고 삶은 어떻게 꾸려나갔는지, 어른이 되어 혼인을 하면 부부관계는 어떻게 맺었으며 화려한 집에 살았는지 혹은 절제하며 검소하게 살았는지, 교유 범위는 어떠했는지 그리고 삶의 마지막은 어떻게 장식했는지 등등. 이제 시간을 거슬러 양반들의 삶 구석구석을 살펴보는 역사여행을 떠나자.

대를 이을 아들을 얻는 것은 인생 최대의 과제였다. 아들을 얻기 위해 치성을 드리고 점을 치는 것은 유자儒者인 양반들에게도 어쩔 수 없는 선택이었다. 아들을 지성으로 보살피며 큰 인물로 자라기를 기대했다. 특히 마마 등 전염병이 돌거나 행여 다치기라도 하면 무사하기를 빌 뿐이었다. 자식에 대한 애틋한 어버이의 정성은 예나 지금이나 다르지 않았다. 관례로 성인이 되고 혼례로 백년가약을 맺어 가문을 이어나갔다. 혼례는 『주자가례朱子家禮』의 친영례親迎禮를 따르지 않고 처가에서 거행하고 살다가 중기 이후 처가에서 일정 기간만 머무르는 반半친영례가 나타나 아직까지 그 흔적이 남아 있다. 이는 친족 관념이 반영된 것으로 고유의 가족제도를 형성하는 기반이 되었다. 상제례는 『주자가례』에 따라 거행되어 유월장踰月葬과 부모 3년상, 가묘봉사家廟奉祀를 거행하였고, 여묘廬墓살이를 권장했다. 특히 혼속의 변화로 동성同姓 마을과 종산宗山이 형성되었다. 이는 백성들에게까지 퍼져 양반화를 가속화시켰다.

가문을 현달하여 삶의 목적을 달성하기 위해서는 인생의 또다른 관문인 과거를 반드시 거쳐야 했다. 지방에서 치러지는 예비시험에서 시작해 국왕이 주관하는 전시殿試에 가기까지는 수많은 절차를 거쳐야 했다. 과거는 고난의 연속인 가시밭길 끝의 영광이었다. 그러나 과거에 합격한 것으로 인생이 역전되리라 기대하는 건 무리다. 게다가 관직에 나아가는 데는 얼마나 많은 절차가 그들을 기다리던지……. 관직은 영광만큼이나 고된 일이었다. 그러나 소수만이 양반 관료로서 삶을 편안히 마칠 수 있었다. 사실 관직은 곧 감옥이었다. 벼슬자리가 떨어지는 그 순간이 고난의 시작이었다. 돌아올 날을 기약할 수 없는 유배流配는 양반들의 전유물이었다. 육지라면 그나마 감수할 만하겠지만 외딴섬이나 절대고독인 위리안치圍籬安置는 인간을 한계로 내모는 절망의 끝자락이었다. 유배는 운이 좋으면 귀양살이가 아닌 요양이 되기도 했지만, 때론 죽음보다도 못하였다. 이렇듯 관리로 살아가는 것은 살얼음 위를 걷는 위태로운 상황의 연속이었다. 미관말직微官末職에서 출발하여 나라 경영의 포부를 실현할 기회를 갖는 것은 그야말로 천우신조天佑神助가 있어야 가능했다.

양반도 먹고살아야 한다. 미암도 그러했고, 최고의 성리학자였던 퇴계도 예외일 순 없었다. 녹봉祿俸만으로 식구들을 먹여 살리기에 역부족이었다. 사실 관인에게는 주위의 인정人情이 끊이지 않았다. 서로 주고받는 선물은 관인의 삶을 지탱해주는 기둥이고 사회가 돌아갈 수 있게 하는 윤활유였다. 먹거리만큼이나 두 다리를 뻗고 쉴 수 있는 집 역시 중요했다. 풍수에 따라 집터를 고르고 범분犯分의 혐의가 없는 집에서 사당祠堂으로 조상을 공경하며 안채와 사랑채로 내외를 분변하였다. 집은 성리학적 세계관을 몸소 실천하는 장소였다.

이런 양반의 삶은 여성 없이는 물론 지탱될 수 없는 것이기도 했는데, 조선의 여성들은 통념적으로 알고 있듯 남성이나 사회의 부속물이 아닌, 오히려 역사의 주체였다. 상속에서는 아들과 동등한 지위를 누렸다. 바깥으로만 도는 남편을 대신해서 집안을 책임지고, 때로는 남편을 꾸짖기도 하면서 남성과 평등한 삶을 누렸다.

양반들도 혼자서 살아가는 것이 아니라 위로는 조상과 아래로는 후손, 좌우로는 동류 집단과 교제하면서 살아간다. 가문이 단절되지 않도록 상속에서는 혈연을 강조했고, 입후立後를 통해 가문을 영속시켰다. 그리고 혈연의 그물망에서 자기의 위치를 확인하고, 후손에게 물려주기 위해 족보를 만들었다. 친족관계는 부계와 모계를 동등히 존중하다가 후기로 갈수록 부계 우위로 바뀌었다. 양반은 지역사회에서 향약과 동계를 실시하여 자율적 사회를 형성하고, 향안을 작성하여 배타적 지배권을 확립했다. 특히 중앙 권력으로부터 자치권을 확보하기 위해 향회를 운영하여 지역별로 다양한 문화를 이룩했다.

양반은 중국의 사대부士大夫나 일본의 무사武士와 다른 우리만의 독특한 현상이다. 그동안 양반(유교) 문화의 공과功過에 대해 논란은 끊임없이 제기되었다. 특히 근대화(경제개발)와 관련지어 유교의 부정적인 측면이 강조되었다. 조선후기에는 온 백성이 양반이 된 평등 지향적인 사회가 되었다. 이 성향은 여전히 강하게 남아 있다. 양반화와 그 심성心性이 현재 격동적인 사회—눈부신 경제 성장과 첨단의 전자기술—를 만드는 데 일조하기도 했다. 이제 양반 문화의 공과를 객관적인 시야에서 재검토할 시점이다.

규장각은 왕실 도서관이지만, 왕실 자료만이 아니라 이를 떠받쳐주는 양반들의 삶을 알려주는 자료도 함께 보유하고 있다. 이 소중한 자료를 통해 양반들의 삶을 배우고 느끼는 기쁨을 시민들과 함께 나누기 위해 2009년도 상반기에 규장각한국학연구원에서 '고문헌 자료로 본 조선 양반의 일생'을 주제로 시민강좌를 열었다. 이제 그 강좌의 열기를 더 많은 이와 더불어 가지려고 내용을 다듬어 세상에 선보인다.

2009년 11월
글쓴이들의 정성을 모아
정긍식 쓰다

## 차례

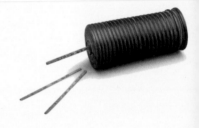

# 동아시아적 관점에서 본 양반 문화

◉

한·중·일 양반 세계를
비교하다

미야지마 히로시 · 성균관대 동아시아학술원 교수

조선시대 양반과 양반 문화의 특색을 파악하기 위해서는 같은 시기 중국의 사대부나 일본의 무사와 비교하는 것이 중요하다. 왜냐하면 이들 삼자 사이에는 공통점뿐 아니라 다양한 차이도 있어 그것을 통해 양반의 성격을 보다 넓은 관점에서 파악하는 것이 가능하기 때문이다.

　삼자를 비교하는 전제로서 우선 시기적인 한정을 두는 것이 필요하다. 양반에 관해서 말하면 고려시대부터 양반이라는 단어가 있었지만, 그 특색이 명확하게 되는 것은 조선시대에 들어와서이며, 특히 17세기 이후 양반의 신분적 성격이 강화되어갔다. 중국의 경우 역시 사대부라고 하는 계층은 송나라 시대부터 대두되어왔지만, 사회적 지배 계층으로서 확고한 세력으로 정착하게 되는 것은 명나라 시대가 되면서이다. 일본의 무사는 9세기 무렵부터 등장했지만 역시 16세기 후반 도요토미豊臣 정권 시대에 그 성격이 크게 바뀌었다. 양반이나 사대부와 비교하기 위해서는 도요토미 정권 이후(일

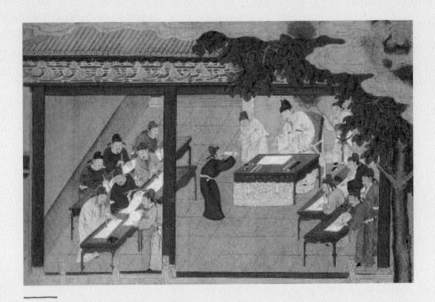

중국에서 사대부가 되기 위해 파거시험을 치르는 장면.

중국에서 파거시험에 응시한 문인들이 커닝용으로 사용했던 협대夾帶. 즉 커닝용 속옷으로, 이 옷 한 장에 사서오경의 본문 및 주석이 빽빽이 쓰여 있다.

본사로 말하는 근세, 주로 도쿠가와 시대)의 무사를 대상으로 하는 것이 적합할 듯하다. 따라서 여기서는 조선시대, 특히 조선후기의 양반을 염두에 두면서, 중국 명·청대의 사대부와 도쿠가와 시대 일본의 무사를 비교함으로써 양반의 특색을 살펴보려 한다.

## 양반, 사대부, 무사는 어떻게 지배 계층이 되었나

양반, 사대부, 무사를 비교하려면 우선 삼자의 역사적인 발생과정부터 살펴봐야 한다. 중국의 사대부는 과거제도가 확립됨에 따라 형성되어온 계층으로, 송대에 이르러서야 새로운 지배 계층으로 자리를 잡았다. 과거제도 자체는 수나라 시대부터 시작되었지만, 수·당의 과거제도는 관료의 선발 방법으로서는 한계를 지니고 있었으며 과거가 아닌 다른 경로를 통해 관료가 되는 일이 오히려 주류였다. 즉 고위 관료는 명문 가문 출신들이 다수를 차지하고 있었다. 그런데 당대 중기 이후 오대까지 혼란기를 거치는 가운데 종전의 귀족 세력이 몰락하는 한

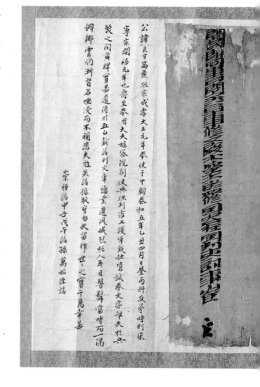

한국의 양반은 고려시대부터 존재해왔다. 이 문서는 1205년 장양수에게 발급된 과거급제 증명서로 현존 과거 관련 문서 중 가장 오래된 것이다.

편, 송대가 되면서 관료, 특히 고위 관료가 되기 위해서는 과거시험에 합격하는 것이 필수적인 조건이 되었는데 그러한 변화에 따라서 신흥 지배 계층이 등장하게 되었다. 사대부란 이처럼 과거에 합격해서 관료가 된 계층을 가리키는 개념이다.

그러나 몽골족이 세운 원 왕조 아래에서는 과거가 실시되지 않아, 과거 관료는 그 지배적인 지위를 빼앗겼다. 원나라 지배하의 1313년부터 과거가 재개되었지만(이때부터 과거시험에서는 주자의 경서 해석에 따르는 것이 정해져 이후 청나라 말기까지 유지되었다), 과거 급제자의 지위는 여전히 낮았다. 사

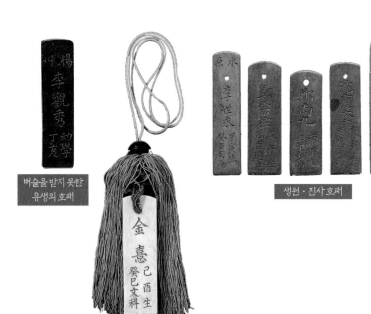

벼슬을 받지 못한
유생의 호패

생원 · 진사 호패

고위 관리의 호패

조선시대에는 고위 관리부터 노비까지 16세 이상의 남자라면 모두 호패를 차고 다녀야만 했다. 호패에는 이름, 출생연도, 발행연도, 발행기관이 기록되어 있는데, 신분과 직책에 따라 재질과 기록 내용은 달랐다. 가령 숙종 3년의 기록을 보면 2품 이상의 고위 관리는 상아, 3품 이하의 관리는 쇠뿔, 일반 백성은 나무를 사용하도록 규정되어 있다. 호패를 차면 병역과 부역의 의무를 지게 됨을 뜻했는데, 호패 사용을 기피하자 정부에서는 이를 차지 않으면 엄벌에 처하도록 했다.

대부가 지배 계층으로서의 지위를 확고히 하게 되는 것은 명대에 들어서부터이며, 만주족이 세운 청에서도 원과 달리 과거제를 계속 실시해 사대부 층도 지배 계층으로서의 지위를 유지할 수 있었던 것이다.

한편 한국의 양반에 관해서 말하자면, 양반이라는 말 자체는 고려시대부터 존재해왔다. 이는 원래 문관과 무관을 총칭하는 것으로서 현직 관료를 가리키는 말이었다. 조선시대에 들어서도 전기에는 고려시대와 같은 의미로 양반이라는 단어가 사용되었지만, 시간이 지날수록 점차 신분적인 성격을 띠게 된다. 즉 조선전기에는 양반의 아들이라도 군역軍役을 부담해야 하는 경우를 볼 수 있었던 데 반해, 16세기 이후 점차 양반 가문의 후손들은 모두 군역을 면제받는 특권을 지니게 되었고, 그 신분적 성격은 점차 강화된다.

다른 한편, 일본 무사의 기원은 고대의 율령국가 체제가 이완되기 시작한 시기까지 거슬러 올라간다. 12세기 말에는 가마쿠라 막부鎌倉幕府가 만들어져 무사의 권력이 비약적으로 강화되었지만, 가마쿠라, 무로마치室町 시대의 무가 정권은 천황이나 귀족, 종교 세력을 완전히 압도할 순 없었다. 그러나 16세기의 전국시대를 지나면서부터 등장한 도요토미, 도쿠가와 정권에 의해 무사가 권력을 완전히 장악하기에 이르렀던 것이다.

이처럼 사대부, 양반, 무사 모두 오랜 기원을 가지고 있지만, 그것이 전형적으로 발달하는 것은 명대, 조선시대, 도쿠가와 시대가 되면서부터이다. 그러면 다음으로 이들 삼자를 양반을 중심으로 해서 비교해보자.

## 양반과 사대부: 조선은 천민 외면, 급제자 수는 더 많아

명·청시대의 사대부와 조선시대의 양반은 모두 기본적으로는 과거시험을 통해서 형성된 지적·정치적 엘리트라는 공통점을 갖고 있다. 과거에는 문관을 선발하는 문과와 무관을 선발하는 무과가 있었는데, 문과가 훨씬 중요한 의미를 지녔다는 것, 문과시험에서는 주자학의 지식을 따졌다는 것 등은 양자의 공통점이다. 그러나 사대부와 양반 사이에는 적지 않은 차이점도 존재했다. 양자의 차이점을 이해하기 위해서는, 과거제도를 비교하는 것이 중

중국과 조선의 과거제도 비교

| | 중국 | 조선 |
|---|---|---|
| 예비시험 명칭 | 동시童試 | 생원生員 · 진사시進士試 |
| 횟수 | 3년에 1번 | 3년에 1번 |
| 학위 | 생원 | 생원 · 진사 |
| 정원 | 약 3만 명 | 200명 |
| 관직 취임 자격 | 없음 | 있음 |
| 문과 본시험 횟수 | 3년에 1번 | 3년에 1번 |
| 일차시험 | 향시鄕試 | 향시 |
| 학위 | 거인擧人 | 없음 |
| 정원 | 약 1000명 | 240명 |
| 관직 취임 자격 | 있음 | 없음 |
| 지역 배분 | 있음 | 있음 |
| 이차시험 | 회시會試 | 회시 |
| 정원 | 약 300명 | 33명 |
| 최종 시험 | 전시殿試 | 전시 |
| 학위 | 진사進士 | 문과급제 |
| 정원 | 약 300명 | 33명 |
| 지역 배분 | 있음 | 없음 |
| 수석 합격자 | 장원將元 | 장원壯元 |
| 임시적인 문과 | 거의 없음 | 빈번함 |

요하므로 우선 명·청시대와 조선시대의 문과 제도를 비교해보자.

표에서 알 수 있듯이, 양국의 문과 제도는 기본적으로 공통된 게 많다. 본시험에 앞서 실시되는 예비시험, 3년에 한 번이라는 본시험의 실시 빈도, 3단계로 나누어 실시되는 본시험의 체제, 최종 시험인 전시는 황제 또는 국왕이 시험관이 되어 실시되었다는 것 등이 바로 공통점이다. 문과 제도에 있어서의 이러한 공통점을 토대로 문과 급제자를 관료로 등용해, 그들이 국가를 통치하는 집권적 관료제가 양국에 있어서 가능해졌던 것이다.

한편 두 나라의 문과 제도에는 여러 가지 차이점도 있었다. 생원·진사라는 명칭을 똑같이 사용하면서도 그 의미가 달랐던 점이나, 수석 합격자의 호칭이 비슷하면서도 다른 점 등은 조선 왕조가 고심했던 흔적을 보여주는 것이라 하겠다. 특히 중요한 차이점을 열거하면 다음과 같다.

첫째, 가장 큰 차이점은 문과의 수험 자격이다. 중국에서는 천민(주로 범죄자)을 제외한 모든 남자가 과거에 응시할 수 있었던 데 비해 조선에서는 실질적으로 양반에게만 응시 자격

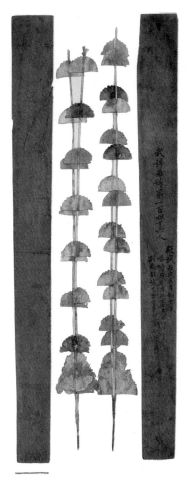

어사화, 조선 19세기, 종이, 길이 165cm, 국립민속박물관 소장. 조선시대 문·무과 시험에 급제한 사람에게 왕이 하사한 종이꽃. 합격자의 이름을 적은 방을 발표할 때 왕은 합격증서로서 홍패, 개蓋와 더불어 어사화를 내렸다. 과거에 급제한 사람은 어사화의 한쪽 끝을 급제자가 쓰는 관인 복두 뒤에 꽂고 다른 한쪽 끝은 명주실로 매어 머리 위로 휘어 넘겨 입에 물고 삼일유가를 했다.

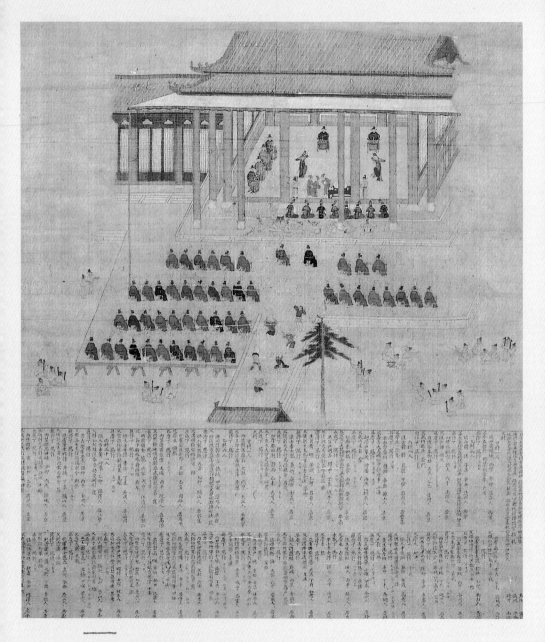

파거은영연도科擧恩榮宴圖, 1580년, 비단에 채색, 118.5×50.6cm, 일본 요메이 분코 소장. 1580년(선조 13) 알성시의 급제자에게 버린 은영연을 기록한 것인데, 알성시는 왕이 문묘에서 작헌례를 올린 뒤 성균관에 친림하여 치른 비정기적 시험으로, 문과와 무과만을 실시했다.

이 주어졌다. 조선에서도 원래는 천민 이외의 사람들은 모두 응시 가능하다고 되어 있고 사실 양반 이외의 계층에서 급제한 예가 전혀 없었던 것은 아니지만, 실제로는 거의 불가능했다. 특히 중국에서는 상인의 아들이 문과에 급제하는 일이 자주 있었지만, 조선에서는 절대로 불가능한 일이었다.

둘째, 중국에서는 예비시험에 합격한 사람만이 본시험을 볼 수 있었던 데 비해 조선에서는 예비시험인 생원·진사시에 합격하지 않아도 본시험을 치를 수 있었다. 반면 중국의 동시 합격 정원은 3만 명이라는 다수였던 데 반해, 조선에서는 생원, 진사 각각 100명, 합쳐서 200명이라는 아주 좁은 문이었다. 또한 중국에서는 동시에 합격해도 관직에 올라갈 수 없었던 데 비해 조선에서는 생원·진사의 자격만으로도 관직에 오를 수 있었다.

셋째, 문과의 일차시험인 향시 합격자의 경우, 중국에서는 거인이라는 학위가 주어져 관직에 오를 수 있었지만, 조선에서는 아무런 학위도 주어지지 않고 관직에 오르는 것 역시 불가능했다. 또한 거인의 자격은 한 번 획득하면 평생 동안 유효했기에, 중국에서 거인의 학위 보지자는 향시가 면제되었지만 조선에서는 그러한 우대가 주어지지 않았다.

넷째, 문과의 최종 시험 합격자의 정원은 중국이 약 300명, 조선이 33명이라는 소수였다. 인구 규모를 생각하면 큰 차이는 없었다고 볼지 모르나, 조선에서는 3년에 한 번 실시되는 정규의 문과시험(식년시式年試) 이외에 임시 시험이 수시로 실시되었는 데 비해서 중국에서는 거의 실시되지 않았다. 그 결과 명·청시대의 문과 급제자 총수는 약 5만1000명으로 추정되는 데 비해 조선시대의 급제자 총수는 1만4400명 정도로, 인구 규모에 비해 조선이 훨씬 많은 문과 급제자를 낳게 되었다.

그 외에 중국에서는 문과 제도와 밀접한 관계를 지닌 학교 제도를 통해 학생의 자격을 연납捐納(화폐로 자격을 구입하는 일)에 의해 획득할 수 있었으며 게다가 학생의 지위로서 관직에 오르는 일이 가능했다. 그에 반해 조선에서는 화폐나 쌀을 정부에 기부함으로써 명목상의 관직이 주어지는 경우는 있었지만, 실제 관직을 얻는 것은 불가능했다.

이처럼 두 나라의 과거시험에는 차이점이 존재했기에, 과거에 의한 관료 등용제도가 실시되면서도 양반과 사대부 사이에는 차이점들이 생겨나게 되었다. 그중에서 가장 중요한 차이는 중국의 과거가 대단히 개방적이었던 데 비해 조선의 과거는 폐쇄적이었다는 사실이다. 그 때문에 중국에서는 과거를 통해 사회 하층에서 상층으로 오르는 길이 항상 열려 있었지만(반대로 하강 이동 역시 자주 발생했다), 조선에서는 그러한 상승 이동의 기회는 극히 한정되어 있었다.

양반과 사대부의 또다른 큰 차이는 그 세습적 성격에서 찾을 수 있다. 사대부라고 하는 지위는 기본적으로 과거에 합격한 본인만의 것이며, 그 지위를 자손에게 세습할 수 없었다. 한편 양반의 지위도 원래는 3대를 넘어 세습할 수 없게 되어 있었지만 점차 세습적인 성격이 강해져, 조선후기가 되면 조상 중에 관료 경험자가 있는 자라면 그 후손들은 누구나 양반으로서의 자격을 부여받게 되었던 것이다.

양반이 신분적인 성격을 지니게 된 현상과 관련해서 양반과 사대부의 중요한 또 하나의 차이점으로 지적해야 하는 문제는 지방사회에서 그들이 차지한 지위다. 지방에 대대로 살았던 양반들은 군郡·현縣마다 향안鄕案이라고 하는 자신들의 명단을 만들고 그 대표자로서 좌수座首, 별감別監 등을 선출했다. 그리고 좌수·별감은 중앙정부가 파견한 수령守令을 보좌하면서 지방 통치의 일익을 담당했다. 다시 말해, 조선시대의 재지 양반들은 아관亞

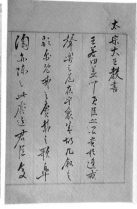

향안(태종대왕교서). 대개 세족世族·현족顯族·우족右族 등으로 불리는 재지사족들만이 입록될 수 있었고, 여기에 입록되어야만 좌수·별감 등의 향임에도 선출되고, 지배 신분으로 행세할 수 있었다.

官(관료에 준하는 지위)으로서의 지위를 제도적으로 보장받으면서 지방사회에서 영향력을 행사할 수 있었다. 이러한 지위는 또한 기본적으로 세습으로 이어졌기 때문에 지역마다 소수의 지배적 양반 가문이 존재하게 되었다.

그에 비해서 중국에서는 지방에 사는 사대부를 향신鄕紳이라고 했는데, 그들은 조선의 향안 조직 같은 공적인 조직을 가질 수 없었다. 지방분권을 억제하려는 중앙정부가 그러한 조직을 인정하지 않았던 것이다. 향신들도 지방사회에서 상당한 영향력을 발휘하곤 했지만 그 지위는 대단히 유동적이었으며, 같은 집안에서 계속해서 과거 급제자가 배출되어야만 그 지위를 유지할 수 있었다. 중국에서 향신들을 구성원으로 삼은 조직이 형성되기시작한 것은 청나라 말기부터이며, 그러한 움직임이 지방 의회, 지방정부 수립운동의 기반이 되면서 신해혁명으로 이어졌던 것이다.

이처럼 조선시대의 양반은 점차 신분으로서의 성격을 띠어갔지만, 다음에 살펴볼 도쿠가와 시대 일본의 무사와 비교하면 그 신분이란 것도 그리 강한 편은 아니었다.

## 지식인 양반 vs 무武를 존재 이유로 삼았던 무사

사대부·양반과 비교하면, 일본의 무사는 그 이질성이 눈에 띈다. 사대부·양반은 결코 무를 부정하지는 않았지만 무엇보다도 문인, 즉 지식인으로서의 교양을 지니고 관료가 되는 것을 이상으로 삼았다. 그에 반해 무사는 문자 그대로 무를 스스로의 존재 이유로 삼는 사람들이었다. 그러나 이런 차이점만 있었던 것은 아니다.

일본의 무사는 16세기의 전국시대를 전후해서 크게 그 성격이 바뀌었는데, 전국시대 이후 무사들은 여러 측면에서 사대부나 양반과 공통 점을 지니게 되었다. 우선 전국시대까지의 무사들은 크든 작든 스스로의 영지를 소유했지만, 도요토미 정권 이후가 되면 다이묘大名 등 극히 일부의 상층 무사를 제외하고는 영지를 잃어 봉급을 받는 지위로 전락했다. 고유의 영지를 소유하고 있었던 것이 16세기 들어 오랜 전란의 원인이었기 때문에 이러한 조치가 취해진 것이다.

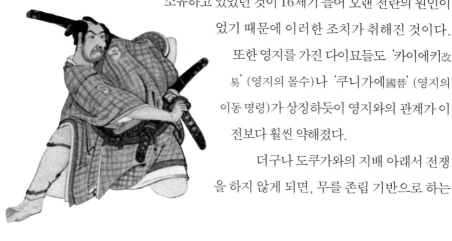

또한 영지를 가진 다이묘들도 '카이에키改易'(영지의 몰수)나 '쿠니가에國替'(영지의 이동 명령)가 상징하듯이 영지와의 관계가 이전보다 훨씬 약해졌다.

더구나 도쿠가와의 지배 아래서 전쟁을 하지 않게 되면, 무를 존립 기반으로 하는

무사들의 성격도 변해가지 않을 수 없었다. 즉 행정 관료로
서의 수완이 점차 높게 평가되어갔는데, 이는 영지의
상실과 함께 무사의 관료적 성격을 강화시키는 결
과를 가져왔다. 또한 행정 관료로서 교양을 갖추
기 위한 유학, 특히 주자학의 지식이 무사층
에 점차 침투해갔던 것이다. 그러나 도쿠가
와 일본의 무사는 기본적으로 생득적인 지
위, 즉 신분이었으며 그런 의미에서 비신분적
인 사대부와는 대조적이었다. 양반은 양자의 중간적인 성격의 것으로서 신
분적인 측면을 지니고 있었지만, 일본의 무사처럼 부친의 지위를 자식이 자
동으로 세습할 수 있는 것은 결코 아니었다. 또한 일본에서는 신분 계승이
란 단독 상속에 의한 것이어서 부친의 신분과 지위는 아들들 중 한 명만 계
승할 뿐 그 외에는 무사로서의 신분을 이어받지 못했다. 반면 양반의 지위
는 아들들이 평등하게 계승할 수 있었던 것이며, 그 때문에 양반의 인구는
점차 증가하는 필연성을 지니고 있었던 것이다. 이러한 것도 양반의 신분으
로서의 애매한 성격을 반영한 현상이라고 볼 수 있다.

　　일본 무사들의 신분적인 성격을 단적으로 보여주는 것은 무사 가문의
가보家譜이다. 도쿠가와 시대에는 중국·한국과 마찬가지로 많은 가보가
만들어졌다. 그중에서 막부에 의해 두 번에 걸쳐 상층 부사들의 가보를 집
대성한 방대한 계보 기록이 편찬되었는데, 그 내용을 보면 중국이나 한국의
족보와는 큰 차이점을 보인다. 중국이나 한국의 족보는 한 사람을 시조로
해서 그 후손들 모두를 기록하는 것을 원칙으로 하는 데 비해, 일본의 가보
에는 세대마다 한 사람의 후손만 기록하게끔 되어 있다. 이러한 가보의 체

에도시대 다이묘의 행렬.

제는 무사로서의 신분을 각 세대에서 한 사람만 세습할 수 있었던 까닭에 생긴 것이다. 반면 조선시대의 양반은 조상이 양반일 경우 그 후손들 모두 양반이 될 수 있었기에 방계 후손까지 망라해서 족보에 기록되었다.

## 한국사회의 양반화 현상

중국의 사대부나 일본의 무사와 비교해보면, 조선시대의 양반은 양자의 중간적인 성격을 지닌 존재였다. 즉 사대부보다는 폐쇄적이고 세습적인 측면이 훨씬 강했지만, 무사와 비교하면 신분으로서의 성격이 애매할뿐더러 법적으로 규정된 존재가 아니라 사회적인 관습을 통해서 형성된 계층이었다. 바로 이러한 양반의 독특한 성격이 조선시대의 사회를 크게 규정했던 것이며, 근대 이후의 한국 사회에도 다양한 영향을 끼쳤던 것으로 생각할 수 있다.

양반의 독특한 성격과 관련해 가장 중요한 현상이라고 여겨지는 것은, 양반화兩班化 현상이다. 즉 원래 양반이 아닌 사람이 양반으로 상승하려고 하는 움직임을 양반화 현상이라고 부르는데, 이러한 움직임이 조선후기 이래 근대에 이르기까지 일관되게 존재했던 것이다. 또 이러한 현상이 널리 일어난 원인은 양반 그 자체의 성격과 깊이 결합되고 있었던 것이며, 신분으로서의 애매함이 이것을 가능하게 했다고 볼 수 있다.

양반들만이 가지고 있던 족보가 널리 보급되면서 오늘날에는 대부분의 한국인이 족보를 가지고 있는 것이야말로 양반화 현상의 단적인 예가 될 것이다. 그리고 이러한 상승 지향이 오늘의 한국 사회를 만드는 큰 원동력이 되었다고 볼 수 있지 않을까?

# 양반집 아이들은
# 어떻게 자랐을까

◉

『묵재일기』와『양아록』을 통해 본
아이 기르기와 유년 교육

이복규 · 서경대 국문과 교수

# 선비가 16년간 써내려간 양육기

조선시대 양반이 출생하고 성장하며 놀고 공부한 구체적인 모습은 어땠을까? 이 의문을 풀기 위해서는 조선시대를 살았던 인물이 자신의 유년 시절을 적은 일기류의 문헌이 있어야만 한다. 하지만 유감스럽게도 아직까지 그런 자료는 없다. 그런 게 존재한다 해도 자의식이 형성되기 시작했을 때부터의 생활만 적은 자료일 테니, 이 의문을 해소하기는 어려울 것이다.

　그런데 비록 어른의 입장에서 써내려간 것이지만, 아이의 출생과 성장그리고 양육과정을 비교적 소상하게 기록한 자료가 발굴되었다. 『묵재일기 黙齋日記』와 『양아록養兒錄』이 그것이다. 이 두 문헌은 정암 조광조의 문인이자 승정원 좌부승지를 역임한 묵재 黙齋 이문건李文楗(1494~1567)이쓴 것으로서 충북 괴산에 있는 성주 이씨 문중에 묵재의 친필 필사본으로 전하고 있다. 『묵재일기』는 모두 10책이 전하는데, 이것은 협의적인 의미로는현존 최고最古의 생활일기로서, 조선전기 사대부의 일상생활을 이해하는 데

유희춘의 『미암일기』 등과 함께 조선 양반 사대부의 일상을 잘 보여주는 『묵재일기』(위). 또한 『양아록』(아래)은 유배지에서 본 손자를 출생부터 16세까지 손수 키우면서 경험했던 바를 기록한 손자 양육기이다. 가부장적 권위가 하늘을 찔렀던 조선사회에서 사대부가 양육기를 남겼다는 것은 극히 이례적인 일이다.

긴요한 기록들이 포함되어 있어 주목할 만하다. 『묵재일기』가 산문 형식을 띠었다면 『양아록』은 주로 시 형식을 빌려 기록한 것이다. 『묵재일기』가 매일의 생활에서 일어난 일을 적는 가운데 손자 양육 관련 기사도 담고 있는 데 비해 『양아록』은 표제 그대로 손자 양육과 관련 있는 내용만 따로 묶었다.

이문건은 큰형과 작은형이 당화黨禍로 세상을 뜬 데 이어, 역모죄로 몰려 죽임당한 조카 휘煇 때문에 성주로 귀양을 떠나 23년 동안 유배의 굴레를 벗지 못한 채 그곳에서 죽었다. 그런데 외아들 온熅마저 어릴 적에 열병을 앓은 후부터 반편이 되는 등 가계家系 단절의 위기 상황이 닥치자 손자 보기를 염원했고, 마침내 손자 숙길淑吉이 태어나자 그 아이의 출산 당시 정황과 이후의 성장과정을 『묵재일기』에 세밀히 기록해놓았다. 정확히 말해 숙길이가 태어나기 3년 전(가정嘉靖 27년, 1548(명종 3년))부터 15세(가정 44년, 1565(명종 20년))까지의 일기에 그 사실이 나타난다. 숙길만이 아니라 다른 아이들에 대한 언급도 더러 나와 함께 고찰할 수 있다. 전체적으로 보아 『묵재일기』에서 『양아록』이 나왔기에 『묵재일기』가 좀더 자세하다고 할 수 있으나, 일부 기록은 『양아록』이 상세해 둘을 종합해 살펴볼 필요가 있다. 이제 두 문헌에 나타난 출산·양육 관련 기록을 중심으로 조선시대 양반의 유년생활을 엿보기로 한다.

# 출생: "감히 마묵처럼 손자 얻길 희원하옵니다."

## 1. 기자祈子

자식을 출산하는 일은 오늘날에도 중요한 관심사인데 조선시대에는 더욱 그러했다. 당대를 지배한 종교는 유교였는데 그 생명관이 특이했기 때문이다. 유교에서는 조상의 생명이 후손의 몸을 통하여 대대로 이어진다고 믿었다. 자식을 두어야 조상 추모의식인 제사도 지속될 수 있었던 것으로, 자식을 못 낳는다는 것은 조상 대대로 물려온 생명을 단절하는 가장 몹쓸 불효이자 죄악으로 규정했다. 우리가 잘 아는 대로 여인을 옥죄었던 '칠거지악七去之惡' 중에도 자식 못 낳는 죄가 포함돼 있다. 사람이라면 절대적인 의무였던 대 잇기에 대해 명의 허준도『동의보감』에서

부처께 불공하는 모양,『기산풍속도첩』, 김준근, 19세기 말, 지본채색, 약 17×13cm, 프랑스 기메박물관 소장. 유학자인 이문건도 삶의 피로움 앞에서는 부처를 크게 의지할 수밖에 없었다. 그림은 불가에서 목탁을 두드리며 구송을 하는 장면.

"사람의 사는 길이 자식을 낳는 데서 비롯"되는 것이라 규정하고 있다.

이처럼 누구나 출산을 원하지만, 인력으로만 되지 않는다는 데 문제가 있다. 더욱이 당화를 입어 두 형이 사형을 당하는 등 집안이 풍비박산이 된 데다. 장남마저 반편이 되고 첫번째로 태어난 것이 딸[숙희淑禧]이자 절손 위기에 직면한 이문건으로서는 더욱더 조급했던 듯하다. 여기서 손자를 얻기 위해 이문건이 동원한 방법은 기자祈子였다. 신 또는 신적인 대상에게 치성을 드리는 종교적인 방법이 기자인데, 유학 즉 성리학으로만 무장되어 있어야 할 양반 사대부인 이문건이 기자라는 수단을 동원했다는 사실은 그만큼 그가 절체절명의 위기의식을 지녔음을 보여준다.

이문건은 일찍이 출산 3년 전에(1548년) 쌀·옷·종이·초·솜·기름·향 등의 물건을 보내 승려로 하여금 초제醮祭를 지내 아이를 얻게 해달라고 빌었다. 초제는 옥황상제에게 바치는 제의다. 그때 이문건이 직접 작성한 기도문의 내용을 보면 손자의 출산을 염원하는 절절한 심정이 잘 나타나 있다.

"엎드려 생각하옵건대, 제가 산과도 같은 앙화를 겪어 실낱과도 같은 목숨을 남겨가지고 있사옵니다. 시작과 종말은 그 운수가 정해져 있어 비록 크게 한정된 운명은 도피할 수가 없는 법이지만, 환난이 때로 찾아오면 그 횡액에서 벗어나기를 바라는바, 이에 저의 정성을 다해 옥황상제께 경건히 기도드리옵니다. 원하옵건대 특별히 신묘한 기운으로 도와주시며, 바라옵건대 영험한 반응을 내려주시어, 근심을 전환하여 기쁨이 되게 하시사 재액에 얽매인 상태에서 면해지도록 해주시고, 죽음에서 삶으로 돌이키사 꺼져가는 생명을 이어가게 해주시옵소서. 또한 저는 외롭고 위태로우며 돕는 이도 없어, 거꾸러지고 자빠져도 그 누가 부축해주겠습니까? 우둔하고 병객인 제게 아들이 있어, 비록 등유鄧攸가 아들을 잃은 것과 같지는 않으나, 아들의 실마리를 계승하여 감히 마묵馬黙처럼 저도 손자를 얻게 되기를 감히 희원하옵니다."(『양아록』)

부적과 점통.

비록 위탁의 형태였지만 이문건이 기자 행위를 한 것은 분명하다. 일반 민속에서는 삼신이나 칠성신에게 정성을 바쳤던 것으로 알려져 있는데, 대상 신격은 다르지만 초월적인 존재에게 빌었다는 점은 동일했다. 유학을 배우고 익혀 그 실력으로 급제도 하고 생활했던 양반도 유학의 힘으로는 해결할 도리가 없는 출산 문제 앞에서는 민중과 똑같이 초월적인 존재에 의지했던 것이다. 통념적으로 알고 있는 것과는 달리 양반 사대부도 목적을 이루고자 할 때는 다른 신앙도 수용하여 이용했음을 보여준다. 『대군공주어탄생의 제』『호산청일기』 등을 보면 왕실에서도 비빈이 출산시 순산을 기원하는 부적을 써 붙이거나 주문을 외웠으며, 신생아를 위해 권초제捲草祭를 올렸던 것을 알 수 있다.

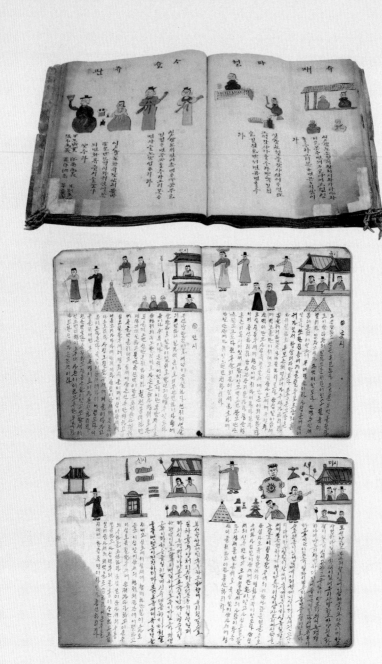

『당사주책唐士柱冊』, 국립민속박물관 소장. 중국에서 들어온, 사주점을 칠 때에 보는 책으로 그림으로 점패占卦를 보게 되어 있다. 조선 양반도 이런 민간신앙에서 자유로울 순 없었다.

## 2. 태아 감별과 출산 시기 점치기

잉태된 아이의 성별이 아들인지 딸인지, 낳을 시기가 정확이 언제인지 미리 알고 싶은 마음은 예나 이제나 마찬가지였다. 이문건의 경우를 보면 며느리가 아이를 출산하기 바로 전날, 태아 감별과 출산 시기를 알아보기 위하여 점쟁이를 불러 묻고 있다. 점쟁이 김자수는 이문건의 요청으로 점괘를 통해 두 가지 사항을 예언하고 있다. 출산할 아이는 딸일 가능성이 높으며, 만약 아들이라면 어머니와 맞지 않으니 목木자 성姓을 가진 유모에게 맡겨 길러야 한다는 것, 출산 시기는 자시(오후 11시~1시)·묘시(오전 5~7시)·유시(오후 5~7시) 중 하나일 것이라는 대답이었다. 하지만 실제로는 진시(오전 7시~9시) 말에 출산함으로써 점쟁이의 예언은 적중하지 않았다.

양반 사대부가 점을 쳤다는 사실도 우리의 통념과 달라 당혹스러울 수 있다. 하지만 양반들의 점복 행위는 상당히 흔했던 것으로 보인다. 같은 시대의 인물인 미암 유희춘(1513~1577)의 『미암일기』에서도 이런 사실이 확인된다.

## 3. 탯줄 자르기와 해독

해산 당시 가장 먼저 이뤄지는 조치는 '탯줄 자르기'와 '해독解毒' 등이다. 『양아록』과 『묵재일기』에도 며느리가 해산하자 여종이 아기의 탯줄을 잘랐다고 기록되어 있다. 오늘날 민속에서의 '금줄 치기'가 당대 기록에서는 아직 발견되지 않았지만, 실제로는 이루어졌을 것으로 짐작된다. 금줄은 일정 기간 외부인의 출입을 제한함으로써 산모와 영아에게 전염병이나 세균의 침투를 막는 예방 의학적인 효과를 발휘하였는바, 의학이 덜 발달했던 당시로서는 최선의 지혜였다. 신생아의 해독을 위하여 이문건은 '감초물'과 '주사가루 탄 꿀'을 삼키게 하고 있다. 그런 다음 젖을 먹여야 무병하게 자랄 수 있다고 한 전통적인 방식에 따른 것이다. 주사가 독성을 지닌 물질이지만 살균력이 뛰어나 조금만 먹이면 인체에 해롭지 않으면서 해독 효과를 냈던 까닭에서다.

## 4. 태의 처리

태반胎盤 처리 역시 중요했다. 전통사회에서는 태반을 어떻게 처리하느냐에 따라 동생의 임신 가부가 결정될 만큼 영향을 미쳤다. 이에 태반은 부정 타는 일이 없도록 하여 좋은 방위의 정결한 장소에 묻거나 태우되, 반드시 날짜와 시간을 택했다. 이문건의 기록을 정리해보면 다음과 같은 단계를 거쳐 태반을 처리했다. ① 냇가에서 깨끗이 씻는다. ② 항아리에 담아 기름종이로 싼다. ③ 생기방生氣方인 동쪽에 매달아놓고 풀 위에 올려놓아 태운다. ④ 핏물에 채워 임시로 묻는다(이상 생후 이틀째 되는 날의 일임). ⑤ 생후 나흘째 되는 날, 북산北山에 묻도록 지시한다. ⑥ 종들이 분부대로 묻지 않은 것을 알고, 생후 14일째(두이레째) 되는 날 제자리에 환원한 후 다시 북산에 완전하게 매장한다. 태를 소중히 여기는 의식은 왕실에서 치렀던 것과 동일함을 알 수 있다.

태항아리, 높이 32, 입지름 9.5, 바닥지름 9.8cm, 조선전기, 국립민속박물관 소장.

## 5. 작명作名

『양아록』을 보면, 작명이나 개명改名할

때 고심한 흔적이 나온다. 오행의 원리에 따라 예비로 두 개의 이름을 지은 후 산가지를 다섯 번 집어 많이 나온 쪽을 선택하고 있다. 여러 번 바꾼 끝에 역학적으로 양호한 글자를 사용하여 최종적으로 작명했다. 여기서 우리는 묵재의 치밀한 성격과 그가 성명학적 운명론을 간과하지 않고 있음을 알 수 있다. 이문건이 이렇게 공들여서 손자의 이름을 지은 덕일까? 숙길에서 수봉守封이로 개명한 손자는 임진왜란 때 의병으로 참여하여 공을 세우는 등 바른 사람으로 장성하였다.

작명할 때 사용하곤 했던 산가지.

## 6. 아기의 운명 점치기와 제의

조선시대에는 의학이 발달하지 못했기에 영아의 사망률이 아주 높았다. 그런 까닭에 부모들은 아이의 사주를 봐 그 운명을 예측함으로써 사전에 대처하려 하였다. 실제로『묵재일기』에는 아이가 태어난 후 점쟁이를 통해 사주팔자를 점치는 대목이 나온다. 이문건이 손자의 팔자를 뽑아 점쟁이에게 보내자 점쟁이가 그 결과를 알려주고 있다. 이문건은 그 예언에 따라 아이가 액운에서 벗어나도록 주성土星에게 제사를 지낸다. 한편 이때 올린 초제에서 이문건은 어떤 기도를 드렸을까? 이것이『양아록』에 자세히 실려 있는데, 아이를 내려준 데 대한 감사를 표한 후 무병하게 해달라고 빌고 있다.

수와 복을 빌기 위해 산신에게 의지하는 행위는 왕실뿐 아니라 민간에서도 여전히 성행했으며 이
것은 명백히 조선사회를 지탱한 종교였다. 그림은 산신도의 한 예.
운수암 삼신탱, 1870년, 116×86.5cm, 안성시 운수암 소장.

"1551년 3월 기축 27일에, 조선국 경상도 성주 동리에 사는 귀양살이하는 신하이며 급제한 이문건의 아들 유학幼學 이온李熅 과 그 아내 김종금 등은 황송하게 머리 숙이옵니다. 저희는 천지신명의 생성을 주재하시는 덕을 입어 이미 금년 정월 초5일에 아들을 출산하여 대를 이어가게 되었으니, 삼가 오늘밤 이 시각에 공손히 향불을 사르오며 아울러 쌀과 돈도 진설하여, 경건하고도 정성스레 기도를 올리옵니다. 삼가 생각하건대, 옥황상제께서 제 자식으로 하여금 일체의 재액과 질병이 다 제거되어 보호받아 장성하게 해주실 것을 지극히 소원드리옵나이다. 저희가 엎드려 생각하건대, 옥황상제께서 사물의 생성을 주재하시므로, 저희가 크게 도와주시는 덕을 깊이 입어 그 명령 맡은 신이 (아기를) 안아 보내주심으로 특별히 돌봐주시는 은혜를 입었으니, 백 개의 몸을 가지고도 은혜를 갚기가 어려워 한마음으로 기뻐서 추앙하옵나이다. 삼가 생각하옵건대, 옥황상제께서는 성관星官들에게 명하시어 저희가 꺾이어 패망하는 것을 불쌍히 여기시사 보존해 완전하게 도와주시었으

사주기四柱記, 계유 7월 20일, 우강만인, 29.7×89.3cm, 북촌미술관 소장. 조선시대 사주를 봤던 것의 한 예. 계유 7월 20일에 우강 만인于岡漫人이 임인 3월 초4일 술시에 태어난 이의 사주를 풀이했다.

니, 이로써 아들을 주시사 천세의 경사를 열게 하심으로 후사를 이어가게 되었고, 만복의 근원을 파게 되었습니다. 이에 감히 예물을 드리는 뜻을 펼쳐서 신명의 감찰하심을 더럽히는 바입니다. 저희가 엎드려 바라기는, 이미 내려주시고 이미 주셨고 또 주관하시고 사랑해주셨으니, 함부로 침범하는 재앙을 쫓아서 제거해주시어 능히 장성해 자라도록 하시고, 장수와 복이 구비되도록 분부하시어 이 아이로 하여금 단단하게 해주시옵소서. 그런즉 영원히 신의 아름다움을 힘입고 신령의 보우하심을 덧입어 계계승승하여 무궁토록 가문을 보존하고, 자자손손 대를 이어 없어지지 않을 것이옵니다. 저희는 떨리고 두려운 마음을 가누지 못하오며, 삼가 백배하오며 이 축문을 읽어 기도 올리옵나이다."

## 7. 유모 선정

『묵재일기』는 유모를 선정할 때 어떤 기준을 적용했는지 잘 보여준다. 첫째는 젖의 양이 풍부할 것, 둘째는 성품이 좋아야 할 것이다. 이문건은 여자종 춘비春非를 유모로 발탁하지 않은 이유에 대해, "그 성격이 험해서"라고 밝히고 있다. 이는 성격이 험한 춘비의 젖을 먹이면 아기의 성격도 험해질 위험이 있다는 생각과 함께 성격이 험하면 아기를 함부로 다룰 것이 염려되어 그랬던 듯하다.

## 8. 목욕과 아기 옷 입히기

태반 처리와 함께 행한 것이 아기의 목욕이었다. 『묵재일기』에는 생후 나흘 만에 복숭아와 자두와 매화의 뿌리를 끓인 물로 아이를 씻기고 있다. 복숭아나무를 아기 목욕에 사용하는 이유는 다른 데 있지 않다. 전통사회에서 복숭아나무는 다산력과 잡귀 퇴치력의 상징이었다. 꽃이 잎보다 먼저 피고 열매가 많이 열리기 때문이었다. 『동의보감』에서도 "사흘 아침을 아이를 씻는데, 동쪽으로 뻗어간 복숭아 나뭇가지 달인 물에 씻어 아기가 놀라는 것을 예방한다"고 하였다. 목욕과 아울러 처음으로 아기에게 옷을 입혀 포대기에 쌌다.

## 성장: 숨이 거칠고, 좁쌀 같은 망울이 나고…

### 1. 발육과정

이수봉(이숙길)의 발육과정을 국면에 따라 순차적으로 보이면 다음과 같다.

**❧ 안을 수 있고 고개 가누며 앉기**
"4개월이 되니 들춰 안아도 되고
고개를 제법 가누어 잡아주지 않아도 되네.
6개월이 되어 앉아 있기도 하는데
아침저녁으로 점점 달라져가는구나."

### ✦ 첫니가 남[齒生]

7월 초 잇몸이 몽그렇게 돋아오르더니, 보름께 되어 뾰족하게 드러나고, 그믐께 되어 점점 자라났다.

### ✦ 기어다님

7월 보름 때 비로소 몸을 엎드려 기려는 형세를 짓더니, 8월 보름 후 기어다닌다.

### ✦ 윗니가 남

9월 초에 윗니 2개가 처음 났다. 10월 초에 윗니 오른쪽 1개가 더 났다. 11월 열흘께 왼쪽 1개가 다시 더 났다.

### ✦ 일어서기[始立](신해 11월 15일, 11개월째)

11월 15일 처음 일어섰다. 이날 동지 전 수일인데 또한 처음 스스로 일어섰다고 한다.

### ✦ 걸음마연습[翌步]

12월 보름 후 능히 발짝을 뗄 수 있었다. 손으로 창문살을 붙들고, 옆걸음질로 걸음마 연습하네. 점점 한 발짝씩 떼기는 하지만, 자주 넘어지고 일어서고 하는구나. 쉴 사이 없이 움직이며 뒹굴더니, 전날과 달리 여러 발짝을 떼네. 나를 향해 두 손 들고 웃으며 다가오는데 미끄러질까 겁내는 듯하구나. 등을 어루만지고 다시 뺨을 비벼주며, "우리 숙길이" 하며 끌어안고 환호했네.

### ✤ 독서 흉내

12월 28일. 손자가 천택[이문건 형의 손자]이 독서하는 것을 보고는, 책을 집어들고 몸을 흔들며 소리를 내어, 그 책 읽는 모습을 흉내 내는 것 같으니, 참으로 하나의 풍류다.

### ✤ 말 배우기(계축 1월 2일)(이미 시작. 더 나아짐. 25개월째)

커가는 손자 지켜보는 일 즐거워喜見兒孫長

내 자신 늙는 줄도 모르네仍忘己老衰

사람의 말 분명하게 흉내내는 것이效人言語了

나날이 전보다 나아지는구나日日勝前時

### ✤ 젖니 갈기

1556년(6세) 12월 23일. 숙길이 끈을 가지고 씹어서 끊다가 먼저 아랫니 두 개가 튀어나왔다. 끈을 당길 때 문득 밖으로 빠졌는데, 크게 울면서 두려워했다. 여종 돌금이 달래어 울음을 그치게 하고 살펴보자, 입 안에 이미 새로 난 이 두 개가 뾰족이 나와 있으니, 실로 이는 뜻하지 않은 일이다.

## 2. 질병

이질. 9월 21일 처음 아프기 시작. "9월 21일 아침 손자를 안자 무릎에 앉혔네. 방긋 웃으며 아장아장 걷다가, 그때 한 방울 누런 설사를 하네. 이를 대수롭지 않은 일로 여겼더니, 이것이 이질의 시초였다네. 설사는 밤낮으로 그치지 않고, 점점 붉은색으로 변해가네. (…) 다른 아이라 해서 어찌 이질을 앓지 않으랴마는, 우리 가문이 박복해서 그런가 두렵기 때문이다. (…)

백자도(8폭), 60×34cm, 지본채색, 20세기 전반, 국립민속박물관 소장. 아이를 낳지 못하는 것을 여성 스스로 죄로 여겼던 조선시대에는 백자도 병풍을 설치함으로써 출산을 간절히 기원했다. 여러 사내 아이의 그림을 집 안에 걸어두면 아들을 낳는다는 속설 때문이었다.

백자도 속에 등장하는 아이는 99명이다. 특히 여기 실린 그림은 일반적인 백자도와 달리 모두 조선식 무관 복장을 한 것이 특징이다. 각 폭에는 백자당百子堂과 같이 자손 번창의 뜻을 담고 있는 곳을 포함해 훈련각, 문무당과 같이 아이들의 교육과 관련한 장면이 있다. 장군놀이, 관리 행차, 닭싸움, 장원급제, 활쏘기, 글공부처럼 아이들의 입신출세를 바라는 염원이 그림 속에 담겨 있다.

이문건의 손자는 유난히 병치레가 잦아 할아버지를 수심에 잠기게 했다. 천연두나 홍역이 극성을 부리던 시절 이를 물리치기 위해 굿을 벌이는 것은 일상적인 풍경이었다. 마마배송굿은 천연두를 앓은 지 13일 전후가 되면 환부에 딱지가 생기면서 병이 끝나는데, 이때 마마신을 공손히 돌려보내는 굿이다.

무당을 불러 병을 낫게 하라 했더니 날로 차도 있으리라 위로해주는데, 할아비의 정은 끝없어 허망된 말도 귀 기울여 믿는다네."

학질. 1553 윤3월 26일에 처음 아프기 시작했다. 27일 한열寒熱이 나고 놀라며 두려워하고 고통스러워하는데, 처음엔 학질인지 알지 못했다. 29일 또 고통이 있었다. 4월 초2일, 초4

일, 초6일, 모두 몸이 먼저 싸늘해지더니 그후에 열이 났다. 초8일 나무에 빌고서 좀 멈추는 듯했는데, 다시 11일에서 16일까지 매일 연속해서 음식을 입에 넣지 않았다. 17일 저녁부터는 곤하게 잠을 잤기 때문에 한열이 있는지 알지 못했는데, 이때부터 멎는 듯하더니 끝내는 누렇게 뜨고 수척해져 매우 가련했다.

안질. 1554년 9월 보름이 지난 후. "손자의 왼쪽 눈에 처음 붉은 기미가 보이네. 안질이 생겨 눈곱이 끼고 눈물이 질질 흐르며, 흰 동자에 핏발이 선 것 같고 까칠까칠하구나. (…) 여종이 업고 다니는데 두 손으로 제 눈 가리며 신음하고 울부짖는 가련한 모습, 손에 잡힐 듯하네."

더위 먹기. 1555년 7월. 더위를 먹어 열이 장까지 스며들 적에 (…) 처음 한기가 있더니 이어 열이 나서 온몸이 불덩이처럼 뜨끈뜨끈. 미음도 물리치고 먹지 않아 정신과 기운이 날로 쇠약해져가네. (…) 약을 끓여 유모에게 먹도록 하여, 밤에 손자에게 그 젖을 먹이게 하였네. 힘껏 빌려서라도 병을 물리쳐보고자 하니, 꺼림칙하고 편벽한 일을 하지 않을 수 없다오. (…) 11일에 점점 덜한 듯하다가, 13일에는 다행히 차도가 있어라.

천연두. 병진년(1556) 봄에서 여름 사이에 묵재가 유배생활 하는 마을인 경북 성주성 동남쪽 옥산리에 천연두가 집단으로 발생했다. 손자 이수봉은 집노루고기를 먹은 이튿날 발병했다.

불고기 먹고 탈나기. 1559년 3월. "3월 20일 남쪽 정자에 올라, 성주목사 휘하의 관리들과 손님을 맞아 노네. 집노루 불고기가 스무 꼬치 남았는데, 손자가 내 옆에 앉아 맛있게 먹네. (…) 진실로 손자의 열이 더 나는 것 같아 절제하여 많이 먹지 말라 타일렀네. 다음 날 아침 혓바늘이 오톨도톨 돋더니, 그 이튿날 윗 잇몸의 허물이 벗겨져 걱정되네. 손자야! 열병이 본디

너의 고질병이거늘, 모름지기 술과 불고기부터 조심해야 하지 않았는가?"

귓병. 개고기를 먹고 아파서 열이 났다. 또 (1559년) 4월 13일에 대성을 따라서 앞내에 나가서 양쪽 넓적다리를 씻기는데, 한열로 손상되어 귀가 아프기 시작했다. 귀가 째져서 흐르는 진물이 그치지 않았다. "한밤중에 갑자기 '오른쪽 귀가 아프다' 울부짖어, 등잔불 켜고 약을 썼으나 병이 낫지 않네. 아침에도 밥을 먹지 않고 눈 감고 누워 있으며, 한낮이 되자 귀는 속으로 이미 터졌다네. 누런 진물이 질질 흘러 그치지 않고, 귀가 잉잉 울리고 말소리가 들리지 않는다 하네."

귀 뒤의 종기. 1559년 5월 초7일, 박인형에게 보이니 농은 없다 한다. 초9일에 침으로 째니 농은 나오지 않고 다만 피가 나왔는데, 아파해서 만질 수가 없었다. 17일 독이 눈꼬리까지 뻗쳤다. 18일 약을 복용시키니 설사를 하여, 붉은 해바라기 뿌리를 침구멍 위에 붙이니 고름이 흘러내렸다. "귀가 통통하게 부어 꼿꼿해졌으며, 귓바퀴 뒤로 붉은빛이 감도는구나. 그 독이 턱밑까지 미쳐 심하게 통증을 느끼며 만지지도 못하게 하네. 온종일 여종 옥춘이가 업고 다니는데, 밤 내내 열이 화끈화끈. 잠깐 자다가 갑자기 기침을 하고, 물을 자주 달라는구나. 쓰라리고 고통스러워 울부짖고, 할아비를 부르며 오래 붙들고 있네."

홍역. 1560년 2월 초8일 처음 열이 나더니, 11일 붉은 좁쌀 같은 반점이 조금씩 나타났다. 12일에 현저히 나타나더니, 13일에 많이 돋아났으며 비로소 가렵다고 했다. 14일 전신에 두루 많이 돋아났으며 매우 가렵다고 하더니, 15일 붉은 점이 사그라지고 가려움도 줄어들었다. 16일에 비로소 차도가 있어 17일 일어나 돌아다녔다. 18일 머리를 빗기도 했는데 이로부터 평상으로 회복되었다. "손자 또한 앓는데 열이 많이 나고 숨이 거칠어지네. 처음 얼굴에 좁쌀 같은 망울이 돋아나더니, 다음엔 팔다리 그다음엔 등으로 번지네. 열로 가려운 증세 날로 심해져, 긁은 자국에 손을 댈 수조차 없구나."

## 3. 사고

손톱 다치기. 1555년 9월 초 손상을 입었는데, 시월 보름께 상처가 아물어 동짓달 초에 손톱이 살아났다.

　이마 다치기. (1555년) 11월 24일. 달려가다가 넘어져 상처가 났다. 상주로부터 돌아와 살펴보니 매우 애처로웠다. "이마의 상처를 살펴보니, 상

"손자의 성품은 놀기를 좋아하는 데 보통 아이보다 몇 배 앞서 위험이 없는 날이 없네."

처 부위가 부어오르고 핏망울이 불그레하네. 눈두덩이 부어올라 코 옆까지 뻗쳐내려 양쪽 광대뼈가 검붉게 멍이 들었네. "어찌하다 그렇게 됐느냐?" 물으니, "장난하고 뛰어놀다 걸려 넘어졌습니다" 하네. 말뚝에 이마를 부딪혀서 살갗이 찢어지고 속으로 다쳤네. 아! 액운이 두렵도다. 거의 두골이 뚫어질 뻔했네. 혹 눈을 다쳤을까 또한 걱정이 되는데, 재앙이 와서 발길을 돌리지 않는구나. (…) 손자의 성품은 놀기를 좋아하는데, 보통 아이보다 몇 배 더 앞선다네. 위험이 없는 날이 없으니, 무슨 방법으로 만전을 도모할까?

경기驚氣 일으키기. 1555년 12월. "손자는 체질이 허약한데, 놀기를 좋아하고 옷을 잘 벗어제친다. 피로하고 땀 흘린 후 바람을 쐬게 되면 맥이 늘어지고 경락이 막히네. 왕왕 그런 증세가 발동되면 어두운 곳을 가리키며 겁을 내네. 아이들과 어울려 놀다 헤어지면, 혼자 서 있다가 놀라네. (…) 나의 운명이 험악하여, 자녀가 모두 병치레하고 반편이 되었네."

천연두(마마) 앓기. 1556년. 봄에서 여름 사이 역기가 촌마을에 연달아 발생했는데, 처음엔 가벼운 홍역이라더니 자세히 살펴보니 마마였네. 8월 상현이 되어 10일째 몸 전체에 열이 나는데, 갑자기 몸을 움츠리며 뒤틀곤 하네. 11일째 살펴보니 팔뚝과 얼굴에 붉은 점이 보이는구나. 열이 불덩이 같고 물집은 곪았는데, 몸 전체가 한결같도다. 눕혀놔도 고통스러워하고 안아줘도 아파하며, 호소하나 구제할 의술이 없어라. 머리와 발이 바닥에 닿는 것을 싫어하고, 몸을 들추기며 구부러진 나무 같다오. (…) 부부가 번갈아 돌보는데 털끝 하나라도 잃을까 걱정이라.

## 4. 돌잡이

조선시대에는 아이의 돌잔치를 어떻게 치렀을까? 『묵재일기』에는 돌잡이

이문건은 자신의 첫아이가 8개월 만에 뱃속에서 죽은 까닭에 돌잔치도 치르지 못했지만, 손자 숙길의 돌잔치는 정성껏 치러주었다. 돌날, 한복을 입고 계집아이는 족두리를, 사내아이는 남바위를 모자로 착용했다. 돌상에는 음식뿐만 아니라 쌀, 국수, 대추, 흰색 타래실, 청홍색 타래실, 붓, 먹, 벼루, 책, 활, 돈, 자와 같은 물건이 올려져 아이가 마음대로 집게 하였다.

돌잡이상. 조선 19세기, 나무에 칠, 지름 44cm, 높이 13cm, 국립중앙박물관 소장.

돌을 맞이한 어린아이가 쓰는 모자로, 돌 이후에는 네댓 살까지 여아가 착용했다. 모란, 연꽃, 영지, 학, 사슴 등 다양한 무늬가 수놓아졌다. 조선 19세기 말, 비단에 자수, 머리 부분 높이 20.5cm 길이 104cm, 국립중앙박물관 소장.

돌을 맞은 아이의 허리에 장수를 기원하는 뜻에서 한 바퀴 둘러맸다. 띠에는 길상무늬를 수놓고, 등에 둘러지는 부분에 두루주머니를 달고 여러 종류의 곡식을 담아 부귀영화를 기원했다. 조선 19세기 말, 비단에 자수, 7.2×65.7cm, 국립중앙박물관 소장.

의 양상이 잘 나타나 있다. 돌날, 옥책玉冊, 붓과 먹과 벼루, 활, 도장, 토환土環, 쌀, 실, 떡 등을 차려 놓고 아기가 그 물건들을 차례로 집는 모습을 자세히 기술하고 있다. 이때 이문건의 손자는 필묵, 투환, 활, 쌀, 도장, 옥책의 순서로 잡았다고 하였다. 손자가 물건을 집을 때마다 이문건은 일정하게 반응을 보였다. 이문건은 아이가 필묵을 집은 것은 문장을 업으로 삼게 되고, 옥으로 만든 투환套環을 잡은 것은 덕성을 갖춘 인물이 될 조짐으로 보았다. 활을 잡은 것은 무예도 겸비한 인물이 되며, 쌀을 집은 것은 잘 양육되어 평강을 누리며 살고, 도장을 집은 것은 관직에 나가 임금을 보필하게 될 징조로 보았다. 부디 그렇게 되었으면 하는 기대와 희망을 이문건은 돌을 맞이한 손자에게 피력하고 있다.

## 놀이와 공부 : 사마온공의 논평을 두고 논하다

손자 이수봉의 놀이는 몇 가지로 나타난다. 자귀 가지고 놀기, 그네 타기, 술 마시기, 장난하기, 물가에 가서 고기 잡기 등이다. 하지만 그게 지나쳐서 할아버지인 이문건에게 걱정을 끼치거나 매를 맞았다.

### 1. 공부

#### ✦ 글공부

평민 가정의 아이와 가장 크게 구별되는 점은 글공부, 즉 한문 공부일 것이다. 양반은 그럴 여유도 있으려니와, 신분을 유지하려면 글공부를 하여 과거에 급제해야만 했기 때문이다. 이에 이수봉도 조부 이문건과 함께 글공부를 하며 이어 문장 공부로 나아갔던 것으로 보인다. 글자 공부하던 때에 이수봉의 나이는 6세였는데, 혀가 짧아 발음이 부정확하고 정서 불안으로 인한 건망 현상이 있었다.

글공부 하는 모습.

### ↳ 문장해석 공부

문장 공부가 진행되는 과정에서 조손간에 독해 논쟁이 벌어지기도 하였다. 이례적인 장면이다. 「노옹조노탄老翁躁怒嘆」을 짓게 된 경위를 서술한 데에 그 전말이 나타나 있다.

"병인년(1556) 4월 20일 쓰다. 병인년 초4일. 손자 숙길에게 독습讀習하라 독려하나 태만하여 별 결과가 없어서, 황혼에 등잔을 밝히고 깨우쳐주었다. 온공溫公이 한가漢家의 정치가 고古에 미치지 못한 곳에서 끝났다고 논한 대목에 이르러 그것을 설명해주었다. '한나라의 정치는 고대의 수준에 도달하지 못하고 끝났다는 것이다' 라고 하니, 숙길이 '한나라의 정치는 끝내 고대의 수준에 도달하지 못했다' 고 했다. 내가 다시 내 견해가 옳다고 한즉 손자가 이에 성질을 부리기에, 밤에 그것을 가르쳤다. (손자가) 고집 부리고 분격하여 말하기를 "제가 풀이한 것과 같이 그것

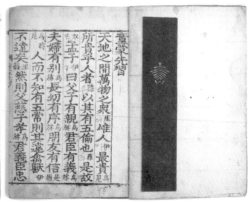

『동몽선습』, 조선 중종, 동산도기박물관 소장. 조선시대 천자문을 뗀 아이들에게 사용했던 교재. 명종 때 문신이며 유학자인 박세무朴世茂가 지은 책이다. 오륜五倫의 하나하나를 나누어 그에 대한 해설을 붙였는데, 이후 영조는 이 책의 중요성을 알고 널리 보급시키도록 하였다.

을 풀어야 (한나라의 정치가 고대의 수준보다) 뒤떨어진 것이 심하다는 뜻에 가까운 듯합니다"라고 했다. 내가 화를 내며 책을 밀어놓고 멈추었다. 이튿날 아침 늙은 아내에게 이에 대해 경각심을 주어야겠다고 말했다. 손자를 불러서 엎드리게 하고 말 부리는 회초리로 엉덩이를 30대 때렸더니, 놀라 소리를 지르기에 그만두었다."

사마온공이 논평한 대목에 대해 묵재는 독해 순서에 주안점을 두었던 반면, 이수봉은 핵심 내용의 이해에 주안점을 두었다. 교육에 의해 이만큼 이수봉이 성장하였음을 보여주는 대목이라 하겠다.

## 2. 인생 공부

이수봉은 급하게 화내는 버릇이 있었던 듯하다. 그런 까닭에 할아버지한테

야단을 맞기도 했다. 이는 시 「조로탄躁怒嘆」에 잘 나타나 있다. 놀기만 좋아하다 야단을 맞기도 했다. 「서학탄暑瘧嘆」이란 시에 보인다. 음식을 잘 먹지 않는다고 야단맞기도 하고, 탈선했다가 매 맞기도 하였다.

양반은 태어날 때부터 양반이 아니었다. 일반인과 똑같은 과정을 거쳐 태어나 자랐고 어른의 지극한 돌봄으로 살아남았다. 그러다가 교육을 통해 바른 정신을 가진 사람, 양반의 일원이자 사회의 지도자로 성장해갔다. 지금 우리도 자녀를 낳아 기르고 있는데, 혹시 과거에 비해 2퍼센트 부족한 것이 있다면 이문건의 사례를 통해 온고이지신溫故而知新해야 할 것이다.

# 고시 공부는 비교도 안 될
# 처절한 과거 공부

◉

환희와 비통이 교차했던
조선의 과거시험과 급제

김학수 · 한국학중앙연구원 장서각 국학자료조사실장

「사마시계회도」, 1603년, 41×30.6cm, 당남대박물관 소장. 조선시대 음양의 덕을 고루 품고 있던 파
거는 계회도에서 보듯 몇십 년이 지난 훗날까지 인연의 끈이 되는 질긴 것이었다.

# 유생, 베옷을 벗다

석갈釋褐이란 말이 있다. 유생의 상징인 베옷을 벗는다는 뜻인데, 옛사람들은 과거 합격을 이렇게 표현했다. 신분이 달라지면 으레 의복도 달라지기 마련인 법. 오늘날 새 양복을 입고 야심차게 출근하는 새내기 사원들에게서 보듯 고금의 차이는 거의 느껴지지 않는다.

　옛사람들에게 있어 관료가 되는 길은 세 가지뿐이었다. 과거科擧, 음서蔭敍, 천거薦擧가 바로 그것이다. 문치주의文治主義를 표방한 조선 왕조에서는 과거를 가장 중시하였고, 그중에서도 문과의 비중이 절대적이었다. 금의환향이란 말이 상징하듯 과거 합격은 입신양명의 서막인 동시에 가문의 영광이었다. 그 때문인지 합격자의 명단인 방목榜目에는 아버지의 관직 및 성명, 형제들의 인적 사항까지 함께 기록하였고, 합격기념잔치에는 고을원을 비롯한 친지나 선후배의 축하 행렬로 인산인해를 이루기 마련이었다.

　하지만 광영이 클수록 그 과정은 고달픈 법이다. 조선의 과거는 3년마

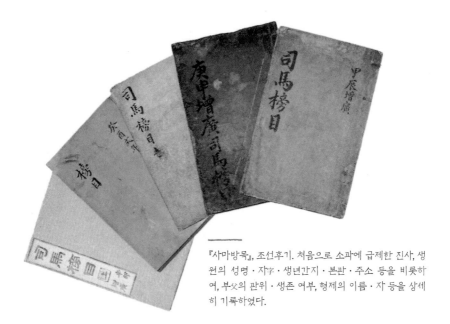

『사마방목』, 조선후기. 처음으로 소과에 급제한 진사, 생원의 성명·자字·생년간지·본관·주소 등을 비롯하여, 부父의 관위·생존 여부, 형제의 이름·자 등을 상세히 기록하였다.

다 실시되는 정기 시험인 식년시式年試와 부정기 시험인 별시別試로 나뉘어 있었다. 별시는 임금의 즉위나 왕세자의 탄생 등 나라에 경사가 있을 때 수시로 시행되었기 때문에 아무래도 서울, 경기지역 선비들에게 유리했다.

조선의 양반들이 주로 응시했던 과거는 생원·진사시와 문과였다. 흔히 소과 또는 사마시司馬試라 불리는 생원·진사시는 일종의 예비시험으로 정원은 각 100명이었다. 정식 과거가 아니었기에 등수 안에 들어도 합격이라 하지 않고 입격入格이라 하여 차등을 두었다. 생원시는 유교 경전의 숙지도를, 진사시는 문장능력을 주로 시험하였다. 따라서 한정된 교재에서 출제되는 생원시는 가난한 시골 양반들에게 유리했고, 풍부한 견해와 안목, 화려한 문장력이 요구되었던 진사시는 아무래도 서울 양반들에게 유리했다. 사마시는 예비시험일 뿐 입격해도 바로 관직에 나아가는 것은 아니었다. 하

동도문희연도東都聞喜宴圖, 풍산김씨세전서화첩.
과거에 급제하는 것은 부모에게 더없는 효도
였다. 그림은 허백당 김양진이 1526년(중종
21) 동도에 벼슬 나가 있던 차에 맏아들 김의
정이 별시문과에 급제해 홍문관 정자正子로 임명되어 음악을 하사받고 휴
가를 얻어 부모에게 인사 드리러 오자, 김양진이 크게 연회를 베푸는 장면
이다. 이때 참석한 손님들은 회재 이언적, 용재 이행, 채소권蔡權, 승지 이준
경, 관찰사 소세양 등이었다. 왼쪽 건물에 부친과 손님들이 앉아 있고, 오른쪽
아래에 어사화를 꽂은 김의정이 허리를 굽혀 인사 드리고 있다. 오른쪽에는 말
을 타고 연회에 참석하러 오는 손님들이 보인다.

지만 유교사회에서 양반 지식인으로서의 신분을 유지하는 데에는 더없이 효과적이었고, 음직으로 나아가는 데에도 용이했던 까닭에 심한 경우에는 50대 1의 경쟁률을 보이기도 했다.

조선조 과거의 백미는 역시 문과였다. 최고의 엘리트 선발시험인 문과는 804회에 걸쳐 1만5000여 명의 합격자를 배출하는 과정으로 환희와 애환이 스며 있었다. 식년시의 합격 정원은 33명이고, 조선의 고을 수는 대략 360개였다. 조선의 선비들은 결국 10개 고을에 한 명도 배당되기 어려운 확률에 도전하며 때로는 평생을 바친 셈이었다. 그마나 반수 이상을 서울의 대갓집 자제들이 차지했으니, 시골 선비들에게 과거란 낙타가 바늘구멍 지나기보다 어려웠던 것이다.

지나친 몰두는 심신을 지치게 하기 마련이다. 지금도 우리 주변에는 고시에 거듭 낙방하여 사회성을 잃고 거리를 배회하는 사람이 적지 않다. '고시가 사람 망친다'는 말이 그냥 나왔을 리 없다. 이 점에서는 옛사람들도 예외일 순 없지만 그들에게는 나름대로의 규율이 있었다. 아버지와 아들, 할아버지와 손자가 같은 과거를 본다는 것은 분명 어색한 일이다. 아버지가 과장을 출입할 때면 아들은 자제하는 것이 법도이고, 그러다 한계에 부딪히면 아들에게 과거길을 열어주는 것이 아버지의 도리였다. 이러한 유교적 윤리의식에 바탕하여 이른바 과거병은 어느 정도 자체 조정과 치유가 가능했던 것이다.

과거는 경쟁률도 문제였지만 과정과 절

과장에 들어가는 이들의 모습.

과거급제자가 벌인 삼일유가의 한 장면, 「담와 홍계희 평생도」 중, 작자미상, 18세기, 견본담채, 국립중앙박물관 소장.

차도 까다로웠다. 본고사에 응시하기 위해서는 촉박한 일정으로 진행되는 각종 예비시험을 통과해야 했다. 또 인적 사항을 증명할 호적등본, 신원보증서 등 갖추어야 할 행정 서류도 적지 않았다. 답안지도 직접 지물포에 가서 마련해야 했고, 수개월씩 걸리는 과행科行에 드는 노자까지 친다면 경제적 부담도 만만치 않았다. 과장에서의 규율도 엄격하여 답안지에 인적 사항을 기재함에 있어 한 점 오류가 없어야 했고, 왕의 이름이나 불교·도교 등 이단시되는 문자는 사용하지 말아야 했다. 이 모든 것은 수험생의 기본 수칙이었지만 더러 규정을 어겨 낙방되는 사례도 적지 않았다.

합격자 발표는 방방放榜이라 했다. 지방 응시자들은 한동안 서울에 체류하며 방방을 기다렸는데, 그간의 가슴 졸임은 무어라 형언할 수조차 없었을 것이다. 합격자는 금의환향하여 주위의 축하를 한 몸에 받으며 합격축하금이라는 경제적 이익을 누리고, 신진 관료로서의 가슴 벅찬 내일을 꿈꾸게 된다. 반면에 낙방생은 극심한 좌절감을 맛보고, 심한 경우에는 그 충격으로 객지에서 횡사하는 예도 적지 않았으니 이처럼 과장에는 환희와 비통이 교차하고 있었다.

과거에는 생원진사시로 불리는 소과, 대과라 불리는 문과·무과를 비롯하여 역과譯科·의과醫科·음양과陰陽科·율과律科 등의 잡과가 있었다. 문치주의의 완성기인 조선시대 양반들이 가장 선호했고, 또 가장 영광스럽게 여겼던 것은 문과였다. 문과 급제자는 '문신文臣'으로 지칭되며 청요직淸要職을 독점했고 사회적으로도 월등한 대접을 받았는데, 흔히 말하는 문벌 가문도 문신 배출을 통해 축적된 집안의 격조였다.

개시改試, 고성춘시高城春試, 구현과求賢科, 기로응제시耆老應製試, 기로정시耆老庭試, 등준시登俊試, 명경별시明經別試, 발영시拔英試, 별시別試, 비천당문과丕闡堂文科, 식년시式年試, 알성시謁聖試, 여주별시驪州別試, 전시殿試, 정시庭試, 중시重試, 증광시增廣試, 진현시進賢試, 추장시秋場試, 춘당대시春塘臺試, 춘당대시응제시春塘臺試應製試, 춘시春試, 충량과忠良科, 친시親試, 탁영시擢英試, 탕평정시蕩平庭試, 평안도도과平安道道科, 평안도문과平安道文科, 평안도영의과平安道永義科, 평양별시平壤別試, 함경도도과咸鏡道道科, 함경도별시咸鏡道別試, 현량과賢良科, 희희과餙喜科.

# 과거의 절차: 조흘첩 받고 방목에 걸리기까지

## ↯ 과거의 첫관문: 조흘강照訖講

천하의 준재들이 모여 그간에 갈고닦은 실력을 겨루는 곳이 과장이라고는 하지만 여기에도 수준 미달생은 있었다. 요행을 바라거나 배경을 믿고 응시하는 사람이 적지 않았기 때문이다. 응시생의 질적 저하는 과거의 수준

과 직결되는 문제이고, 또 거기에
따른 국가 행정력의 낭비도 무시할
수 없었다. 이에 고안된 것이 일종
의 예비시험인 조흘강인데, 생원·
진사시의 경우 초시初試와 복시覆試
전에, 문과의 경우 복시 실시 전에
응시자에게 각각 부과했던 예비시
험이다. 소과의 경우『소학小學』과
『가례家禮』를 시험하여 합격자에게
복시 응시자격을 부여했는데, 이를
일명 학례강學禮講이라 했다. 문과
의 경우는 나라의 모법인『경국대

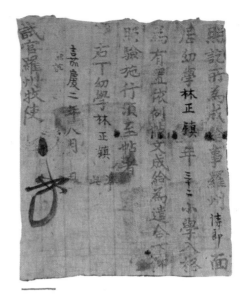

나주 목사가 발급한 임정진의 조흘첩.

전經國大典』과『가례』를 시험했으므로 전례강典禮講이라 했다.

결국 조흘강은 이른바 어중이떠중이를 가려내는 과거의 첫 관문인 셈
이었다. 하지만 여기서조차 고배를 마신 사람이 적지 않았다. 합격자에게는
지정된 양식에다 응시자의 신분, 성명, 나이, 거주지와 시험 과목을 적은 증
명서를 발급했는데, 이것이 조흘첩照訖帖이다. 조흘은 '확인대조필'이란 뜻
이다. 조흘첩을 발급받은 유생들은 한숨 돌렸지만, 정작 치열한 경쟁은 이
때부터 시작됐다.


### ❧ 인적 사항의 기재: 녹명錄名

과거 응시자의 자격을 심사해 응시 원서를 접수하던 제도. 알성시·정
시·춘당대시를 제외한 식년시式年試·증광시增廣試의 경우 시험 전에 반드

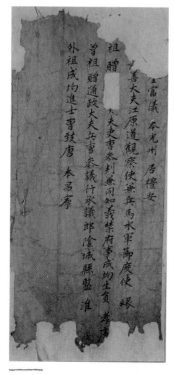

김부가 소지했던 시권의 녹명.

시 녹명을 해야만 했다. 시한은 시험 10일 전에 녹명소에서 하는 것이 원칙이었으나 뒤에는 과장에 들어갈 때 하는 일이 많았다.

녹명관으로 한성시漢城試는 한성부와 예문관·성균관·교서관·승문원의 참하관이 담당하고, 향시는 각 도의 감사가 정한 차사원이, 복시는 예문관봉교 이하의 관원과 성균관·교서관·승문원의 참하관이 담당했다. 수험생들은 녹명소에 먼저 사조단자四祖單子와 보단자保單子를 제출해야 했다. 사조단자는 응시자 및 그 아버지, 할아버지, 외할아버지, 증조부의 관직과 성명, 본관, 거주지를 장백지壯白紙에 기록한 것이다. 보단자는 일명 보결保結이라고도 하는데, 6품 이상의 조관朝官이 서명 날인한 신원보증서이다. 중종조 이후부터는 사조 안에 누구나 알 수 있는 현관顯官(文武兩班職)이 없는 경우 지방 응시자는 경재소京在所의 관원 3인, 서울 응시자는 해당 부部의 관원 3인으로부터 추천서를 받아야만 했다.

### ❖ 과거시험지: 시권試券

어떤 시험을 막론하고 지금의 수험생들은 당국에서 지정한 필기도구를 지참하고 시험에 임해야 했다. 어찌 보면 매우 기본적이고도 사소한 준

정조대에 과거시험 답안을 엮어 간행한 정시문정, 경림문희록, 교남빈흥록, 탐라빈흥록, 풍패빈흥록, 관북빈흥록, 관동빈흥록, 관서빈흥록, 규장각한국학연구원 소장. 『정시문정』(1책)은 초계문신과 성균관 유생, 『경림문희록』(1책)은 성균관 및 서울 유생, 『교남빈흥록』(1책)은 영남 유생, 『탐라빈흥록』(1책)은 제주도 유생, 『풍패빈흥록』(1책)과 『관북빈흥록』(2책)은 함경도 유생, 『관동빈흥록』(2책)은 강원도 유생, 『관서빈흥록』(2책)은 평안도 유생의 시험 답안지를 모았다.

비물일지 모르나 이를 어기면 성적과 무관하게 실격으로 처리되었기에 수험생들은 적잖이 신경을 곤두세우곤 했다. 또한 시험이 끝나면 시험관들은 답안지를 걷어 수험생의 인적 사항이 기재된 상단 부분이 보이지 않게 실이나 철끈으로 꿰매어 채점자에게 건넸다. 채점에 따른 부정을 막기 위한 조치인데, 바로 여기에 조상들의 지혜가 숨어 있었다.

과거의 공정성을 위한 선인들의 노력은 치밀하고도 놀라웠다. 조선시

"쓴 사람이 스스로 높다"

어고御考 시권, 신현, 119×82.7cm, 북촌미술관 소장. 조선후기의 문인 신현申絢이 지은 시권으로 당시
주상主上인 순조가 열람하였다는 뜻으로 어고御考라는 별지가 첨부되어 있다. 특이하게도 '寫者自尊
(쓴 사람이 스스로 높다)' 이라 주서하였다.

御考　人間四樂　說

"주상인 순조가 열람하였다"

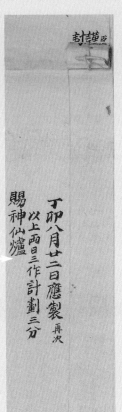

———

시지는 응시자들이 구매해서 지참했으며, 합격자에 한해서만 돌려주었다.

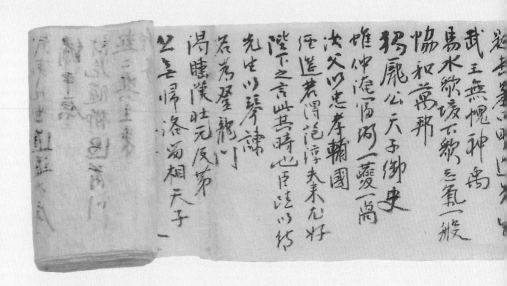

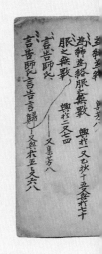

병호목록炳虎目錄, 미상, 8.5×109.2cm, 경남대박물관 소장. 명구名句에서 과거에 출제될 만한 제목을 모아 적어놓은 두루마리(위).

의목義目, 무인 12월, 12.5×19.3cm, 경남대박물관 소장. 삼경三經 가운데 과거에 출제될 만한 것(아래 왼쪽)과 서경書經 가운데 과거에 출제될 만한 것(아래 오른쪽)을 적어놓았다.

炳南目錄

生生一枝花
見明月出海底思賢佐仲連
使為軍主浮賢臣頌
畫代其精兵鞴韉採櫓
每出入下殿门看常愛
愛上政臣尋來
詔賜趙湖西
范然一寒如此我
京守是邪乾搆常而算爲
有客在市居中遇之
歌琵琶過五子
九月詔江農名天下之大亨
喜雨詔立做寧相軍業
讀此可為帝者師

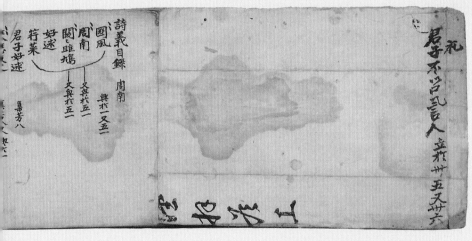

祝
君子不當乱言人立箴卅五文卅六

대에는 전형료가 따로 없었다. 따라서 응시자들은 필기도구와 답안을 작성할 종이를 손수 마련해야 했다. 종이는 도련지擣鍊紙라는 하등품을 사용하도록 규정돼 있었지만 부유층에서는 규정을 어기고 고급 종이를 사용하다 실격 처리되는 일이 더러 있곤 했다.

응시자들은 시험 10일 전에 손수 준비한 시험지를 당국에 제출하여 종이의 지질·규격과 각종 기재 사항을 검증받아야 했다. 응시자는 이것을 가지고 시험에 응했고, 당국의 사전 검인을 받은 시험지라야 채점의 대상이 될 수 있었던 것이다. 지금이야 답안지에 수험생의 성명, 수험번호, 지원 분야 등만 표기하면 된다. 반면 예전에는 녹명이라 하여 자신은 물론 4조부·조·증조·외조의 인적 사항까지 철저하게 기록해야 했는데, 즉 신원조회서를 겸한 수험표라고 보면 되겠다. 그런데 녹명의 양식이 얼마나 까다로웠던지 초보자들 중에는 종종 이를 어기는 이들이 있었다. 오죽했으면 실학자 성호星湖 이익李瀷 같은 석학이 이 때문에 합격이 취소되기까지 했을까.

시권제도의 백미는 역시 채점 절차의 공정성에 있었다. 우선 봉미법封彌法이라 하여 응시자의 인적 사항이 기록된 부분을 서너 번 말아 접은 다음 실로 꿰매어 채점자가 볼 수 없도록 안전장치를 마련했다. 엘리트 관료를 선발하는 문과시험에서는 더욱 공정성을 기하기 위해 녹명 부분과 답안 부분을 칼로 절단한 다음 수험번호를 각각 기록하여 채점이 끝날 때까지 분리 보관했다. 더욱 놀라운 것은 특정인의 필체가 채점시에 부정을 유발할 수 있음을 염두에 두어 모든 시험지를 서리들로 하여금 옮겨 적게 했다는 점이다. 이런 상황에서 채점관은 객관적인 입장에서 답안의 내용을 보고 성적의 고하를 매길 수밖에 없었던 것이다.

이것이 바로 선인들이 고안해낸 투명한 입시제도였다. 그런데도 왜 조선시대의 부정을 얘기하면 과거 부정을 맨 먼저 떠올리는 걸까? 문제는 제도의 효율적인 운용에 있었다. 아무리 제도가 좋아도 사람이 이를 효율적으로 운용하지 못하면 허사가 되고 만다. 한말의 과거 부정이 액면 그대로 사실이라면 조선의 과거는 제도에는 성공하고 운용에는 실패한 대표적인 사례였다. 또한 과거시험에는 답안 작성시 유념해야 할 다음과 같은 규식들이 있어 그 까다로움을 한층 더 드러낸다.

① 생원·진사시와 전시의 시권은 반드시 해서로 쓸 것

② 노老·불佛 문자를 쓰거나 순자, 음양서陰陽書, 패설稗說을 인용하지 말 것

③ 색목당파를 언급하지 말 것

④ 국휘國諱(국왕이나 역대 왕의 이름)를 범하지 말 것

⑤ 신기하고 기괴한 문자를 언급하지 말 것

⑥ 책문에서는 시제를 먼저 베껴 쓰고 초·중·종장의 허두에 '신복독臣伏讀'의 세 글자를 써야 하고, 현제懸題(출제된 문제)와 자획이 다르거나 한 자라도 빠뜨리지 말 것

⑥ 국왕과 관계되는 문자는 두 자 올려 쓰고, 국가와 관계되는 글자는 한 자 올려 쓸 것

⑦ 책문의 답안지는 1행 24자, 본문은 두 자 내려 쓰고 국왕이나 황제와 관계되는 문자는 두 자 올려 쓸 것

## ✦ 합격자 명부: 방목榜目

동년同年이란 말이 있다. 언뜻 봐서는 나이가 같은 동갑을 뜻하는 듯하나 그렇지 않다. 옛사람들은 같은 과거에 합격한 동기생들을 이렇게 불렀고, 그들의 명부를 동년록同年錄이라 했다. 또 과거의 합격자 발표를 창방唱榜 또는 방방이라 하는데, 함께 합격한 사람을 동방同榜이라 했다. 동방들의 이름을 수록한 책자가 바로 흔히 알고 있는 방목이다. 결국 동년록이나 방목 모두 과거 동기생의 명단인 셈인데, 고려시대에는 주로 동년록이라 했던 것이다.

옛사람들은 과거를 소중히 여긴 만큼 동기의식도 각별했다. 동기생의 인연은 당대는 물론 대를 이어 지속되기도 했고, 동기생의 부형을 자신의 부형처럼 여기는 미덕도 있었다. 하지만 동기생 간에도 지켜야 할 예절은 있었다. 예컨대 장원을 길에서 만나면 말에서 내려 이른바 수석 합격자에 대한 예우를 다했다. 이처럼 장원을 예우할 줄 아는 기풍은 동기의 연을 지속시키고 과거의 권위를 드높이는 데에도 기여했다.

이러한 동기의식은 방목, 즉 동기생 명부의 작성으로 이어졌다. 방목의 제작은 국가적인 행사처럼 보였지만 반드시 그런 것은 아니었다. 비용 부담에 있어 합격생들의 몫이 적지 않았기 때문이다. 방목에는 은문恩門이라 하여 시험관의 명단을 먼저 기록하고, 그 아래로 합격자들의 명단과 인적 사항을 기록했다. 고려시대만 하더라도 합격생들은 은문을 합격의 은인으로 여겨 평생을 부모처럼 받들었다. 이것이 좌주문생제座主門生制인데, 사제 간의 정리를 돈독하게 하는 장점은 있었지만 파벌로 발전하여 그 폐단도 적지 않았다. 이에 조선의 위정자들은 이런 관계를 철저히 통제함으로써 고려시대의 요소는 찾아볼 수 없게 되었다.

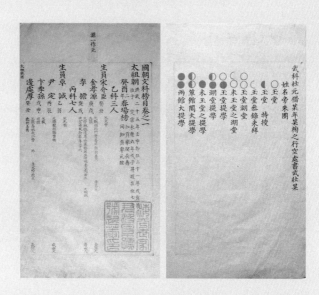

국조문과방목, 규장각한국학연구원 소장. 문과 급제자의 명단을 기록한 것으로 총 16권 8책. 1393년 (태조 2)부터 1774년(영조 50)까지의 문과 급제자의 이름과 출생연도, 가족관계, 본관 등을 기록했다. 특히 권점 표시를 달리해 홍문관, 예문관, 독서당의 경력을 중시했음을 보여준다.

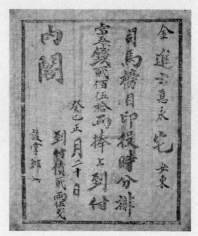

1893년, 사마시 입격자인 김덕영(1848~1907)이 사마방목 출판에 필요한 비용을 납부할 것을 요구받은 문서. 문서를 통해 추측해보면, 김덕영은 당오전 當五錢 250냥을 납부했고 수수료로 1퍼센트에 해당하는 2냥5전을 별도로 지불했다.

합격자는 과차 순으로 성명과 인적 사항을 기록하는데, 이 과차라는 것은 지금의 석차와는 조금 다르다. 조선시대 정기 문과의 합격자 정원은 33명이었다. 1등에서 33등까지 성적에 따라 석차를 배정하면 오죽 이해하기 좋았을까마는 여기에는 그들 나름의 등위 관념이 내재되어 있었다. 즉 같은 합격자라도 이를 갑과·을과·병과로 3등분하여 갑과에는 3명, 을과에는 7명, 그 나머지는 병과에 배정되었다. 다시 말해 갑과 1등이 곧 장원이고, 병과 1등은 전체 석차 11등인 셈이다.

합격자의 인적 사항은 본인의 직역과 성명, 생년과 자, 본관과 거주지가 전부인데, 이것은 전통시대 이력서의 전형으로 비단 방목에 국한되는 것은 아니다. 합격자 인적 사항 다음 줄에는 아버지의 인적 사항, 부모의 생존 여부, 형제관계를 부기했는데, 재미있는 것은 부모의 생존 여부이다. 부모는 물론 조부모까지 생존해 있으면 중시하重侍下, 부모 모두 살아 계시면 구경하具慶下, 아버지만 계시면 엄시하嚴侍下, 어머니만 계시면 자시하慈侍下, 부모 둘 다 계시지 않으면 영감하永感下라 했다.

합격자 명단에 왜 부모의 생존을 기록했을까. 늘 되풀이되는 말이지만 과거 합격은 개인의 영광을 넘어 가문의 경사요 고을의 자랑이었다. 특히 당사자 다음으로 가슴을 졸이는 사람은 부모나 조부모였을 것이기에 그들의 생존 여부는 중요한 의미를 지닌다. 온 가족의 축복 속에 금의환향하는 사람이 있는가 하면 과거에 합격한 장한 아들이 되어 돌아왔건만 맞아줄 가족이 없어 회한의 눈물을 흘린 합격자도 있었다. 17세기 사상계의 거장이요 실학자였던 서계 박세당이 바로 그런 사람이었다. 그는 1660년 현종대왕의 즉위를 기념하여 마련된 과거에서 당당히 장원했건만 부모는 이미 이 세상 사람이 아니었기에 아버지의 초상화를 끌어안고 얼마나 울었는지 모른다고

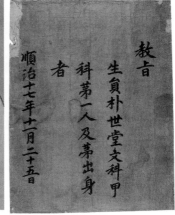

教旨
生員朴世堂文科甲
科第一人及第出身
者
順治十七年十一月二十五日

박세당 초상, 조세걸, 1690년, 85.5×59.3cm.
박세당 홍패, 예조, 1660년, 111.3×87.6cm, 박세당 종가 소장.

한다. 방목이 완성되면 합격자들은 이것을 나누어 가졌는데, 이것보다 더 확실한 양반 증명서도 없었다. 지금도 양반가의 자손들이 방목을 애지중지 하는 이유는 이 때문이다.

## 여섯 번 이름 바꾼 진주 유생

영조·정조 임금 시절 경상도 진주 땅에 하명상河命祥(1702~1774)이란 선비가 있었다. 비록 향반이라고는 하나 명색이 양반이었던 그에게는 과거에 합격하여 관료가 되겠다는 원대한 포부가 있었다. 그리하여 십여 세 무렵부터는 여느 선비들과 마찬가지로 학업에 전념하며 청운의 꿈을 키워갔다. 그러나 어찌된 영문인지 나이 오십이 되도록 행운은 찾아오지 않았고, 계속되는 낙방의 고배에 몸과 마음만 지쳐갈 뿐이었다. 다른 사람 같으면 벌써 과거를 단념할 나이였지만 그는 끝내 포기하지 않고 오히려 노익장을 불태웠다.

그런데 하명상에게는 남다른 이력이 하나 있었다. 그것은 다름 아닌 이름을 자주 바꾸는 일이었다. 원래 그의 이름은 자륜이었다. 그러던 것이 하세륜(19세)→대륜(22세)→즙(34세)→인즙(43세)을 거쳐 46세 때는 하정황으로까지 무려 다섯 차례나 바뀌었다. 그러나 이때까지만 해도 개명의 사유는 분명치 않았고, 아마도 과거시험 때문이라 짐작만 갈 뿐이었다.

그러던 중 1751년 하정황 명의의 진정서 한 통이 진주목사에게 접수되었다. 개명확인서 발급을 요청한 이 진정서에는 과거에 대한 집념과 인간적 고충이 여과 없이 드러나 있었다. 내용인즉, 낙방의 원인을 재주의 부족으로만 돌리기에는 너무도 미련이 컸던 하정황은 마침내 자신의 이름에 주목하게 된다. 오십 평생을 살며 여섯 개의 이름을 번갈아 사용한 행적을 고려할 때 과거 낙방을 이름의 불길함에서 구하는 것쯤은 하나도 이상할 것이 없었다. 그랬다. 하정황은 필시 이름이 불길하여 행운이 찾아오지 않는 것으로 여기고 1750년 일곱번째 이름인 명상으로 개명해버렸다.

그러나 문제가 있었다. 당시의 법제상 개명은 식년 단위로 신청을 받았고, 나라에서 인준을 해야 효력이 발생했다. 하지만 명상으로의 개명은 공식 절차를 거친 것이 아니었고, 새 이름으로 응시했다가는 인적 사항 불일치로 실격을 당할 판이었다. 그렇지만 절차를 따르자면 다음 식년인 1753년까지 기다려야 했다. 이에 당장 눈앞에 다가온 과거에 마음이 급했던 그는 자신의 처지를 토로하며 목사 명의의 개명확인서를 애청했던 것이다. 절절한 사연에 감동을 받은 목사는 서리들에게 확인서를 발급해줄 것을 지시했고, 그해 가을 그는 하명상이란 이름으로 응시하여 당당히 과거에 합격했다. 무려 여섯 번의 개명을 통해 얻어진 광영이었으니, 다른 사람은 몰라도 하명상 자신만큼은 개명의 효험을 믿어 의심치 않았을 것이다.

## 팔순 노령 이씨의 편지

과거에 합격하여 비단옷에 어사화를 꽂고 고향으로 돌아오는 것을 두고 금의환향이라고 한다. 생각만 해도 가슴 벅찬 일이 아닐 수 없고, 이 장한 아들을 맞이하는 부모의 심정 또한 짐작이 간다.

아무리 과거 부정이 심하던 시절이라 해도 과장은 천하의 준재들이 모여 10년 학업을 겨루는 엄정한 공간이었고, 극히 제한된 인원만 선발될 수 있었다. 그러했기에 과거 합격은 자신의 영광임은 물론 부모에게 더할 수 없는 선물이요 보답이었다. 옛사람들이 자식의 과거 합격을 기념하기 위해 토지와 노비를 특별히 지급한 이유도 여기에 있었다.

슬하에 한 아들만 급제해도 온 고을이 들썩일 판인데, 무려 세 명의 아들이 소과(생원·진사) 또는 대과(문과)에 합격하고, 2명의 손자까지 소과에 입격하여 과경을 마음껏 향유한 부인이 있었다. 동계 정온 선생의 9세손인 정기필의 부인 진보 이씨(1799~1891)가 바로 그 주인공이다.

이씨 부인은 슬하에 4형제를 두었는데, 맏아들 기상은 1865년 소과를 거쳐 1874년 대과에 합격했고, 차자 현상 역시 1873년 소과를 거쳐 1877년에는 대과에 장원으로 합격했다. 여기에 셋째 아들 규상이 1882년 소과

왼쪽은 1873년(고종 10) 유학 조동협의 생원시 입격 증서로 흔히 백패라 한다. 오른쪽은 1880년(고종 17) 생원 조동협의 문과 합격증서. 붉게 물들인 종이에 쓴 합격증이란 의미로 홍패라 한다. 국립민속 박물관 소장.

에서 생원·진사 모두 합격하고, 3년이 지난 1885년에는 손자 연갑, 그다음에는 작은집 손자 연시까지 진사에 올랐다. 이보다 더한 경사가 또 있을까? 20년 동안 여덟 차례나 이어진 과경으로 집 안에는 홍패(대과) 합격증, 백패(소과) 합격증이 가득했고, 이씨 부인의 노년 역시 기쁨과 광영의 나날이었다. 다만 이 영광을 누리지 못하고 먼저 가버린 남편이 안타까울 뿐이었다.

이씨 부인은 팔순의 노령에도 불구하고 절제의 미덕과 현모의 자질을 지닌 교양 있는 여성이었다. 1873년 차자 현상의 진사 입격에 즈음하여 보낸 〈신은딘스보아라〉라는 편지 속에는 자식에 대한 격려, 인간적인 기쁨, 준엄한 당부가 함께 담겨 있었다.

마흔일곱 살에 합격한 아들이었기에 그간의 노고를 회상하노라면 기특함이 반이요 눈물이 반이었다. 그래서인지 합격을 전하는 서울 소식이 꿈결처럼 느껴졌고, 오래 살아서 아들을 축하할 수 있음에 감사했다. 편지에는 입신양명이 효의 근본이니 오늘의 영광을 거울삼아 조상과 부모의 은덕을 내내 명심하라는 도의적인 당부와 함께 큰아들과 작은아들에 이어 막내아들까지도 급제하기를 바라는 어미로서의 염원도 넌지시 담아두었다. 또한 객지에서 합격자 공고唱榜를 기다리며 고생하는 아들을 위해 여비를 챙겨 보내는 자정도 잊지 않았다.

바로 이런 모정이 있었기에 현상은 4년 뒤에 대과에 합격하는 영광을 안았고, 그런 영광은 동생과 아들, 조카의 소과 입격으로까지 이어졌다. 이렇게 성장한 이씨 부인의 자손들은 동계 가문의 든든한 버팀목이 되었으니, 어진 부모 아래에 훌륭한 자식이 난다는 옛말이 그르지 않음을 알겠다.

## 계회도契會圖를 통해 본 동기애

동방은 단순히 방목에 적힌 명부상의 인연이 아니었다. 출신 지역이 저마다 다르고, 가문의 지체 또한 각기 달랐지만 동기의식의 저변에는 과거라는 '능력시험'을 통해 맺어진 인연이라는 동질감이 있었다. 그러한 동질감 속에는 일종의 엘리트의식이 투영되어 있었던 것도 사실이다.

그런데 여기서 한 가지 재미있는 점은 생원·진사의 동기의식이 문과·무과·잡과 등 다른 과거의 그것보다 자못 각별했다는 점이다. 사마시는 예비시험으로 그 정원도 각 100명이나 되어 동기생의 수도 많았다. 그럼에도 불구하고 그들의 동기의식이 각별했던 데에는 나름대로의 이유가 있었다. 지금도 고등학교 동문회가 대학 동문회보다 훨씬 인간적이고 결속력이 크다. 나이가 젊고 이해관계가 적을수록 모임의 순수성도 큰 법이다. 반대로 나이가 들고 세상의 문턱에 가까울수록 순수성은 덜해지고 그 자리에 라이벌의식이 싹트기 마련이다. 사마시는 어디까지나 예비시험이었고, 그 중 일부만 문과에 합격할 수 있었기 때문에 동기의식이 컸던 것이다.

하지만 사마동기회도 관료를 중심으로 그 전통이 이어졌다. 아무래도 관료 조직의 일원으로 활동하고 있어야 자주 상면할 수 있고, 그 과정에서 정리도 돈독해졌던 것이다. 그나마 젊은 시절에는 공무에 바빠 정기적인 모임을 가지기 어려웠던 듯하다. 경북 상주의 진주 정씨 우복종택에는 「임오사마방회지도壬午司馬榜會之圖」라는 계첩 하나가 전해오고 있다.

연방동년일시조사계회도(부분), 필자미상, 지본담채, 104.5×62cm, 국립광주박물관 소장. 1531년 과거에 급제한 김인후를 비롯한 7인의 동기는 11년쯤 후 햇빛이 화사한 날 다시 모였고, 그것이 이 그림으로 남겨졌다.

이것은 1582년(선조 15) 사마시의 동방들이 1630년 48년 만에 가진 동기회를 기념하기 위해 만든 것이다. 모임은 동기생의 한 사람인 이준을 송별하기 위해 마련되었다. 당시 이준이 서울에서 무려 700리 떨어진 동해안의 삼척부사로 부임하게 되자 동기 중 누군가가 석별의 정을 달래기 위해 모임을 주선한 것이다. 50년의 세월은 많은 것을 변하게 했다. 이미 세상을 버린 이가 태반이었고, 살아 있는 사람도 백발이 성성한 노인이 되어 있었다. 하지만 동기의 정만은 달라지지 않았기에 연락이 닿는 동기생들은 먼 길 떠나는 친구를 배웅하기 위해 기꺼이 참석해주었다. 이렇게 해서 모인 이가 모두 12인이었다. 12인의 동기들은 저마다 문과에 합격하여 일국의 원로로 추앙되거나 관계의 중진으로 활동하고 있었기에 그 성대함이 비길 데가 없었다. 영의정 오윤겸을 비롯하여 정승의 반열에 오른 이가 두 사람이나 되었고, 판서급이 6명, 참판급이 3명이었다. 예컨대 윤방은 전직 영의정이고, 이귀는 인조반정의 원훈이었다. 후일 강화도에서 순절하여 청풍대절의 명신으로 칭송된 김상용, 서애 유성룡의 수제자로 이조판서를 지낸 정경세도 참석자의 한 사람이었다. 이름만 들어도 금방 알 수 있는 거물급 인사들이 대부분이었던 것이다.

하지만 이날만큼은 지위의 높고 낮음은 중요한 것이 아니었다. 청운의 뜻을 품었던 50년 전의 끈끈한 인연이 이들을 한자리에 불러 모은 것일 뿐이었다. 서로의 안부를 묻고 정담을 나누며, 머지않아 떠날 동기를 위로하며 술잔을 기울이기에 여념이 없었다. 술과 음악은 시심을 불러 일으켰다. 서너 순배 술잔이 돌자 너나없이 시재詩才를 뽐내었고, 그것은 두루마리에 감겨 그날을 추억하는 고사가 되었다. 흥겨운 춤사위 속에 석양이 찾아들어서야 자리를 파했다. 회포를 다하기에는 너무 짧은 하루였다. 누가 먼저랄

이귀초상, 견본설채, 73.7×53cm, 국립중앙박물관 소장.

김선원상용金仙源尙容, 견본설채, 37×29cm, 조종구 구장, 덴리대학 소장.

것도 없이 이들은 계회첩을 만들어 이날을 기념하기로 했다. 우복종택 소장의 계회첩은 바로 정경세 몫으로 만들어진 것이었다. 동반의 정 때문이었을까. 370년이 흐른 지금도 계회첩은 생기를 잃지 않고 그날의 광경을 전해주고 있다.

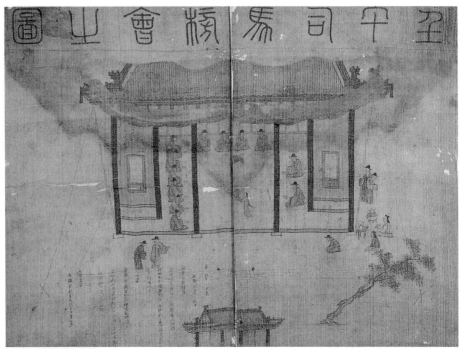

임오사마방회도첩壬午司馬榜會圖帖, 견본채색, 41.3×55.7cm, 17세기. 임오년에 소과에 합격한 급제자들이 48년 후인 1630년 회동하여 방회를 개최한 사실을 기록한 그림. 화첩은 그림, 좌목, 수창시, 서문으로 구성되었다. 정경세가 쓴 서문에 의하면 이 모임은 이준을 전별하기 위해 이배적이 처음 제안했고 윤방의 허락을 받아 결정되었다. 방회의 진행은 유순이 맡았다. 정경세를 시작으로 한 수창시에는 세월의 감개무량함이 담겨 있으며, 10명이 11편의 시에서 운을 맞추었다.

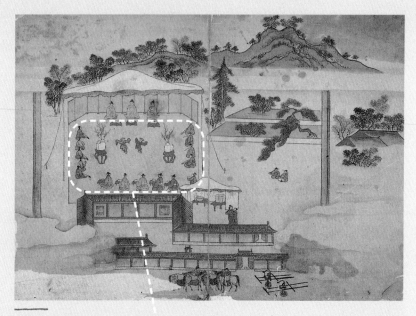

만력기유사마방회도첩萬曆己酉司馬榜會圖帖, 견본채색, 41.8×59.2cm, 17세기, 고려대 박물관 소장. 1609
년(광해군 1)의 사마시에서 급제한 이들이 60주년을 맞아 1669년(현종 10)에 회방연을 개최한 것을
기록했다. 회방자는 당시 생존해 있던 전 이조참판 이민구, 동지돈녕부사 윤연지, 동지중추부사 홍헌
세 명뿐이었고, 하객으로 이경석, 박장원, 심유, 이정, 권해 등이 참석했다. 모임 장소는 1등으로 합격
했던 이민구의 집이다. 마당의 넓은 공간에 차일과 병풍을 설치하고 지의를 깔았다. 차일 아래에는
회방자 3명이 북쪽에 앉고 이경석을 비롯한 참연한 5명의 손님이 남쪽에 마주 앉았다.

연회 장면에는 무동 2명이 춤을 추는 가운데, 여기와 악공이 마주보고 연주하는 모습이 특이하다. 연
주 악기로는 거문고나 가야금과 비슷한 현악기, 당비파, 관악기 등이 보인다.

萬曆己酉司馬廻年榜會座目

嘉善大夫前任吏曹叅判兼同知　經筵成均館事

世子右副賓客李敏求　己丑　子時　進士一等第一人　壬子增　生貞二等第一人

廣文科壯元　全州人

嘉善大夫同知敦寧府事尹挺之　己卯　仲豪　進士三　生貞三

等第二十七人

等第八人　榜中色掌　海平人

嘉善大夫同知中樞府事洪憲　正伯　乙酉　生貞三等第二十九人

丙辰　謁聖文科　南陽人

좌목. 방회 당시 생존해 있었던 동기 3인의 명단인데, 나이가 아닌 석차에 따라 순서를 정한 것이 흥미롭다. 장원 이민구는 『지봉유설』의 저자 이수광의 아들로 당대 남인을 대표하는 문장가로 명성이 높았다.

萬曆己酉司馬榜到今廻年見

存者三人耳豈不愴然目狀元

宅首開宴席以為輪設之地甚

盛事也敢將誅懷一律奉呈

狀元案下蕪示尹同知年伯

六十年光往復廻當時司馬幾人

東扶風治行高居最右文章早

占魁附驥仍隨耆耆會盡耆事

進獻酬杯拿達光〃堆　恩日共

喜襄頹得好開

己酉清和下澣　榜末洪憲稿

壯元少日文名籍甚尹令爲郎
治聲出峯以太白翁惰沈紙玉

홍헌의 시고. 동기회의 감회를 읊은 시. 장원 이민구와 동기생인 윤정지에게 바친다는 표현과 자신을 방말(동방 가운데 말석)로 칭한 것이 재미있다. 첫 모임은 장원 댁, 즉 이민구의 집에서 개최하고 그다음부터는 윤정지, 홍헌의 집 순으로 돌아가며 연회를 열겠다는 계획도 서술되어 있다.

시문. 방회의 감회를 노래한 이민구의 원운과 홍헌, 윤정지의 차운.

허목의 서. 1669년 당시의 방회 전말을 기록한 서문으로 1671년(현종 12)에 지은 것이다.

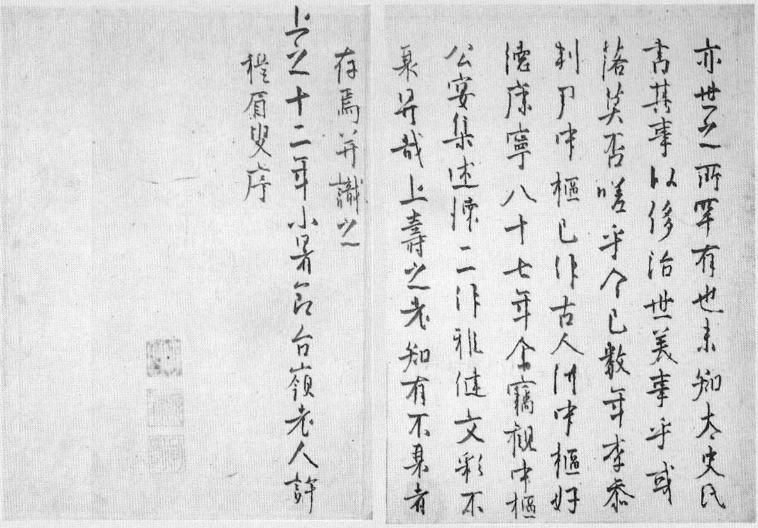

허목의 서.

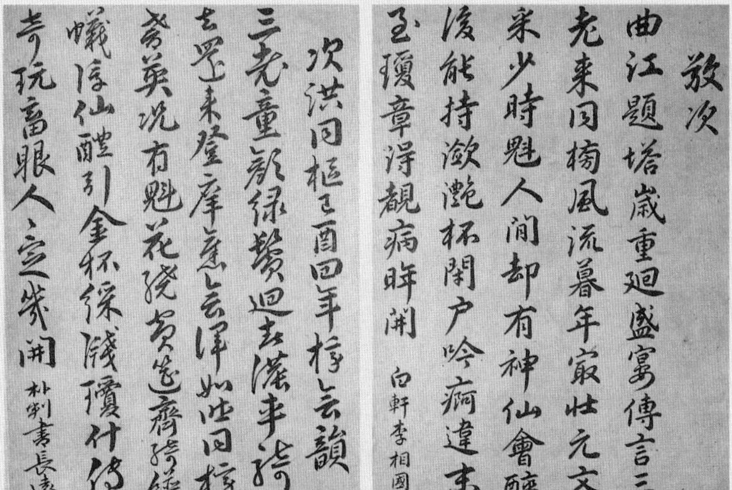

이경석 등 하객의 축시. 방회에 하객으로 참석한 박장원의 축하 시.

敬次
躍馬峕花陌上回 玄老春色家
重來卧龍識移 先胡傑陸日
士石風歳魁歌詠考輸污裏畫
風泳相屬尝中盃盡簪闌今洱
青眼亢水三清綺庸

卧龍綹用南陽
李挹貳五元

又次
重閱人間甲子廻兗迎花外小車
來三賢璧水同連榜二老金門近
斗魁綺語相酬青玉藥蒼頴皤
韋紇霧盃風流不问衆常債
鎮日何妨後宴開

兒孫青松沈攸祥

이정, 심유의 축하 시.

敬次
君兄六十一番廻更
綵慄林樣言是
歳重循前業多
三人子有百人魁

灧灧涼氣海上
日明發庸
玉碧老山
長向花堂開

安東權偕謹稿

권해의 축하 시.

# 조선 양반들은 어떻게 관직에 진출했는가

◉

조선 양반들의
관료생활

박홍갑 · 국사편찬위원회 편사연구관

조선시대는 타고난 혈통에 따라 귀천이 결정되어버리는 신분사회였다. 이는 국가의 녹을 먹는 관직이란 것이 명분상으로는 백성들에게 봉사하는 자리이긴 해도, 아무나 넘볼 수 있는 그렇고 그런 자리가 아니었음을 뜻한다. 다시 말해 관직에 진출할 수 있는 자들은 언제나 소수 특권층에 한정되어 있었다. 여기서 관직이란 문반직과 무반직을 합친 좁은 의미로 한정했을 때를 말한다. 소위 양반들이 독점하는 관직이 바로 그것이다. 그렇다면 양반이 아닌 자들이 진출하는 관직이 따로 있었다는 것인데, 이는 뒤에서 살펴볼 테니 잠시 접어두기로 하자.

## 고무줄 같은 신분, 관직 진출을 부채질하다

양반! 원래 문반인 동반과 무반인 서반을 합친 말이 양반이었다. 그런데 신분사회가 지속되다 보니 문·무반 관료만을 지칭하는 용어에서 점차 변질되어 관료의 가족과 친족까지를 포함하는 넓은 의미로 사용하게 되었다. 양반이란 용어가 순수한 직역 개념에서 신분 개념으로 바뀐 것이다. 그러다가 어느새 양반이란 단어에 부정적인 이미지가 덧붙여지면서 남자를 홀대하여 부르는 호칭으로까지 추락하고 말았다.

2009년 2월 김수환 추기경 빈소에 조문 왔던 김영삼 전 대통령이 김추기경을 '이 양반'으로 지칭하여 곤욕을 치른 사건을 보면서, 세상이 참으로 변했구나 하는 생각을 다시금 하게 되었다. 정보화 사회가 도래한 오늘날까지도 양반이 되기 위해 혈안이 되어 있는 것이 우리네 실정인데도, 다른 한편으로는 '양반'이란 용어가 부정적 이미지로 사용되는 아이러니한 사회를 어떻게 해석해야만 좋을까?

『표준국어대사전』에도 양반에 대해 ① 신분을 나타내는 뜻 ② 점잖고 예의바른 사람 ③ 남자를 범상히 또는 홀하게 이르는 말이라고 정의 내리고 있는 게 현실이다. 국립국어원 해석에 의하면, 면전에서 '양반'이라고 부를 경우 일반적으로 부르는 상대를 평범하게 보고 호칭하는 것이며, 제3자를 호칭할 경우는 또래나 다른 호칭이 애매한 상대에 한하여 사용한다고 되어 있다. 이렇듯 양반이란 용어가 비하된 것은 어제오늘만의 일은 아닌 듯하다. 왜냐하면 봉산탈춤 제6과장에서 말뚝이란 녀석이 양반을 비판하면서 상대 양반을 향해 "야! 이 양반들"이라고 고함치는 장면만 보더라도 조선후기에 이미 부정적 의미로 사용되었음이 분명하기 때문이다.

이런 좋지 못한 이미지를 지닌 양반임에도 불구하고, 면전에서 "당신은 양반이 아니다"라고 말한다면 절교를 각오해야 할 만큼 큰일을 벌인 것이 되고 만다. 왜 이렇게 되었을까? 이는 고무줄 같은 양반의 성격 때문이

조선시대 문관인 조관.

다. 양반이란 게 법적인 개념이 아니라 합의된 사회의식이나 관례상의 개념으로 사용되어 왔으니, 남들이 양반이라고 인정해주어야 진짜 양반이 된다. 좀더 부언한다면 조선의 신분제도가 신라 골품제도나 인도의 카스트제도처럼 태어날 때부터 죽을 때까지 고정불변의 신분사회가 아니었다는 데 문제가 있다. 그리하여 조선후기 상공업의 발전과 중세사회의 해체기를 맞아 신분제 역시 큰 변화를 겪게 되었고, 이 과정에서 신생 양반들이 대거 양산되고 말았다.

그러면 우리 전통시대에 양반의 조건은 무엇이었던가? 바로 관직이었다. 특히 유교적 정치 이념을 채택한 조선에서는 사농공상의 신분사회가 지속되었고, 지배층 신분을 유지하기 위해서는 반드시 관직에 나아가야만 했다. 그리하여 조선사회는 오로지 감투만을 바라보고 사는 세상이 되고 말았다. 한편으로는 관직에 진출하기만 하면 모든 특권이 보장되었기 때문에 감투사회를 더욱 부채질한 면도 있다.

조선시대 집권 사족은 경제적으로 지주요, 정치적으로는 관료 혹은 관료 예비군이며, 사회적으로는 향촌사회 지배자였다. 이들에게는 다양한 군역 면제라는 혜택들이 놓여 있었고, 교육과 과거를 독점하다시피 하는 지위를 누렸으며, 음직蔭職을 수여받기도 했다. 심지어는 형벌에 있어서도 특권을 누렸는데, 관료가 죄를 범할 경우 충분한 조사를 거쳐 왕에게 보고한 후에야 구속할 수 있었다. 죽을죄라도 반역죄나 패륜범이 아닌 이상 참형이 아닌 사약을 내렸고, 특히 정치범에게는 도형徒刑(죄인을 중노동에 종사시키던 형벌)이나 유형流刑(귀양 보내는 형벌)을 적용하였기에 언제든지 재기할 길도 열려 있었다.

그러니 모두가 양반이 되길 원하였고, 양반이 되기 위해서는 관직이 필수 요건이었다. 앞에서 양반이 법적인 것이 아니라 합의된 사회의식이나 관례상의 개념이라 했는데, 조선조에는 적어도 4조(부·조·증조·외조) 안에 현관顯官이 배출되어야만 다른 사람들이 양반으로 인정해주었다는 사실이다. 현관이란 문무 양반만이 차지할 수 있는 제대로 된 벼슬을 말한다. 물론 조선후기로 넘어가면서 학덕이 높은 산림처사山林處士를 배출하면 그 가문은 큰 양반으로 대접 받았듯이, 시절마다 다소 변동이 있었지만 기본적으로 양반의 잣대란 관직이었다.

그런데도 조선조 양반이란 것이 법적으로 확연하게 구분된 신분이 아니기에 애매모호한 면이 많았다. 따라서 지금까지 서로가 양반입네 하면서 도토리 키 재기를 계속하고 있는 것이다. 일본 사족士族 사무라이가 평민과 확연하게 구분되었던 것은 상투와 의복이었다. 무엇보다 칼 두 자루를 허리에 차는 것이 '특권 신분의 상징'이었는데, 메이지 시대에 단발령과 패도금지령으로 그 상징성을 없애버리자, 신분제가 말끔하게 타파되어버렸다. 이것이 바로 우리의 양반 문화와 크게 다른 점이다.

조선시대 무관인 선전관.

아무튼 조선시대에는 양반이란 신분에 속한 부류들이 문·무반 관직을 독점하면서 관료 조직을 이끌고 나갔는데, 문치주의를 표방하였으니 문반이 무반보다 우위를 점하고 있었다. 그럼에도 무반직이 고려시대보다는 한층 더 큰 지배층의 한 축을 형성하고 있었던 것은 틀림없다.

다른 한편으로는 기술직이나 천한 신분들이 차지할 수 있는 관직도 국가 운영상 없어서는 안 될 부분이었다. 그러니 의학, 통역, 천문지리 등과 관련된 관직은 양반 신분보다 한 단계 낮은 중인들에게 맡겨졌고, 왕실이나 국가에서 필요한 물품 조달에 동원되던 각종 공예품 제작자에게도 잡직을 따로 설치하여 등용하기에 이르렀다. 따라서 조선시대에는 천한 신분이라고 해서 관직에 진출할 기회가 전혀 없었던 것은 아니다.

하지만 양반들이 진출하는 관직 체계와는 전혀 다른 독자적 관직에 불과했다는 점을 알아야 한다. 만약 임금을 지근거리에서 모시는 내시가 관직을 받았다고 하자. 이때는 내시들에게만 내려주는 품계와 관직을 따로 두고

요람, 11×183cm, 국립민속박물관 소장. 조선시대는 가문이 중시되었던 사회였던 만큼 위와 같이 집안의 세계世系를 알기 쉽게 정리해두곤 했다. 황상로의 친가인 창원 황씨 세계와 외가인 영일 정씨 세계가 기록되어 있다.

운영했기에, 양반 관직과 뒤섞이는 일은 애당초 발생하지 않게 되어 있었다. 마찬가지로 임금의 가까운 피붙이들인 종친들도 종친계宗親階를 따로 두었고, 친진親盡이 되었을 때만 문무관 예에 따라 벼슬살이를 할 수 있도록 길을 열어놓았다.

## 100개도 채 안 되는 관직에 겸직까지

조선시대 관료 조직을 알려면 일단 품品·계階·관官·직職을 제대로 이해해야 한다. 오늘날 공무원 조직으로 예를 든다면, 5급 사무관인 김○○가 행정안전부에서 인사계장으로 근무한다고 하자. 그러면 여기에서 5급은 품, 사무관은 계, 행정안전부는 관, 인사계장은 직으로 분류된다 할 것이다. 조선시대의 품은 종9품에서 정1품까지 모두 18개 등급이 있었고, 또 품별로 더 세분화된 계를 두고 운영했던 것이 오늘날과 다를 뿐이다(오늘날은 계와 급이 1:1로 대응된다).

여기서 조선시대 관료 조직을 좀더 깊이 알고자 한다면 산계散階를 세분하여 이해할 필요가 있다. 즉 문관들이 받는 계급 체계는 문산계文散階, 무관들이 받는 계급 체계는 무산계武散階라 하였다. 오늘날도 일반 공무원 계급과 군인들의 계급 체계가 다르듯이, 조선시대에도 문·무반 계급 체계가 따로 운영되었다. 아울러 내시계內侍階와 종친계宗親階, 잡직계雜職階 등 직능별로 구분된 계급 체계를 운영하던 것이 조선조 관료사회였다. 이는 직능과 기능별 구분이란 점에서 세련된 행정제도의 모습이긴 하나, 양반 외에는 문무 관직 접근을 원천 봉쇄해버리는 기능도 있었다.

우선 문관들이 받는 품계를 살펴보면, 정1품부터 종6품까지는 품마다

2개의 계를 둔 반면, 정7품 이하는 1개의 계만을 두었다. 따라서 모두 30개의 계단으로 되어 있었다. 예컨대 정1품에는 대광보국숭록대부와 보국숭록대부를, 종1품에는 숭록대부와 숭정대부를, 정5품에는 통덕랑通德郎과 통선랑通善郎을 각각 두고 있었던 것이다.

이렇듯 세부적인 계는 모두 30개였지만, 이를 보다 크게 분류하면 4품 이상은 '~대부', 5품 이하는 '~랑'으로 칭했다. 따라서 4품과 5품 사이에 큰 벽이 가로막고 있었음을 알 수 있다. 호칭에 있어서 2품 이상의 고급 관료에게는 '대감', 3~4품 관료에게는 '영감'이라 불렸는데, 이런 관례와 연결해보면 자연스럽게 이해가 될 듯하다. 아무튼 문산계에 있어서는 4품 이상의 대부 그룹과 5품 이하의 랑 그룹으로 대별된다 하겠다.

아울러 무관들이 받는 품계를 보면 최고 반열이 정3품 당상관인 절충장군이다. 2품 이상의 무산계는 아예 설치되지 않았으니, 무반으로 2품 이상의 계를 받는 자는 동반계로 제수하도록 규정하고 있다. 3품 이하 6품까지는 복수의 계가 설치되어 있는 반면, 7품 이하는 단일 계만 설치되어 있는 점 또한 문산계와 동일하다. 그리고 정3품 이하 종4품까지는 '~장군', 5~6품은 '~교위校尉', 7품 이하는 '~부위副尉'란 명칭으로 구성되어 있으니, 무산계 역시 문산계와 동일하게 4품과 5품 사이를 큰 구분점으로 삼고 있다.

지금까지 품과 계에 대해 살펴보았지만, 관과 직에 있어서의 구분점은 이와는 다르게 나타난다. 정3품을 기점으로 크게 당상관과 당하관으로 구분했고, 6품을 기점으로 또다시 참상관과 참하관으로 구분했다. 정3품의 경우 통정대부通政大夫와 통훈대부通訓大夫 등 2개의 계가 설치되어 있는데, 통정대부는 당상관인 데 비해 통훈대부는 당하관이었다. 품계에 있어 같은

3품의 대부라 할지라도 관직에서의 당상과 당하 차이는 하늘과 땅만큼이나 컸다. 당상이란 조정에서 정사를 볼 때 대청堂에 올라가 의자에 앉을 자격을 갖춘 자를 가리키는 데서 온 말이다. 즉, 왕과 함께 정치의 중대사를 논하고 정치적 책임이 있는 관서의 장관을 맡을 자격 요건을 갖춘 사람들을 가리키니, 최고위 관료층이 바로 당상관이었다.

아울러 참상관과 참하관의 구분점을 6품으로 잡는데, 6품으로 승진하면 비로소 지방 수령으로 나아갈 지위를 획득한다. 이때 문과 급제자든 문음 출신이든 일단 참하관을 제수받아 근무 일수를 채워 차차 승진하게 되는데, 참하관들은 450일의 근무 일수를 채우면 한 계단 승진하지만, 참상관들은 900일을 근무해야 한 단계 승진이 이뤄졌다. 이렇듯 근무 일수를 따져 승진시키는 법을 순자개월법循資個月法이라 했다.

그러니 참하관을 제수받은 자가 규정대로 승진한다면 늙어 퇴직이 임박해도 당상에 오를 확률은 아주 희박했다. 대개의 경우 대가代加나 초자超資 등을 통해 산계의 지위를 높여놓았다가 실직으로 제수받을 당시 여기에 준해 바로 참상으로 제수받았던 자들이 많았고, 심지어는 실직實職 경험이

궁궐 앞에 신분을 표식한 품계석.

전혀 없는 이들 중에서도 산계가 당상으로 올라간 경우도 있었다. 대가란 조상이 공을 세웠을 때 그 자손들의 산계를 대신 올려주는 제도였으니, 조선 초 잦은 공신 책봉으로 품계 인플레 현상이 매우 심각했기 때문이었다.

대체로 조선시대 당상의 관직은 100개도 채 되질 못했다. 그것도 고급 관료 1명이 여러 자리를 겸직하도록 만들어놓은 것이 많아, 실제 그 수는 더욱 줄어든다. 그런데 성종 때 이미 당상 산계를 가진 자가 수백 명이 훨씬 넘었으니, 자리다툼이 심하게 일어났던 것은 당연지사다. 이는 결국 관직을 제수할 때 산계와 관직의 품계를 맞출 수 없게 하는 결과를 낳았는데, 특히 고위 산계를 가진 자가 낮은 관직으로 제수되는 일이 많아질 수밖에 없는 구조였다. 산계와 관직을 억지로 맞춰야 할 방법도 없거니와 그럴 상황도 아니었으니, 이를 해결하기 위해 고안한 것이 행수법行守法이었다. 계급은 높은데 낮은 관직에 제수하면 행行, 낮은 계급으로 높은 관직에 제수되면 수守란 글자를 붙여 구분한 것이 그것이다. 예컨대 여기 제시된 자료는 임진왜란 때 활약한 정기룡 장군(1562~1622)에게 나라에서 '충의'라는 시호諡號를 내린 교지이다. 죽은 지 150년이나 지난 뒤 1773년(영조 49) 정월 25일자로 내렸다. 시호란 살아 있을 때의 행적에 따라 나라에서 죽은 자에게 이름을 내리는 것이다. 여기서 보듯 정기룡 장군은 살아서의 마지막 직위가 행지중추부사 겸 오위도총부도총관이었다. 정 장군은 정1품 계급(보국숭록대부)이었지만 정2품 직위에 해당하는 지중추부사와 오위도총부의 도총관을 지냈기 때문에 앞에 행을 붙여 표기한 것이다.

재임 중인 관료들에게는 그 근무 성적을 매긴다. 이를 포폄褒貶 고과考課라 하며, 1년을 상반기와 하반기로 나눠 두 차례 실시하는데, 경관은 소속 기관의 당상관들이, 외관은 관찰사가 포폄권을 갖는다. 총 10차례에 10번

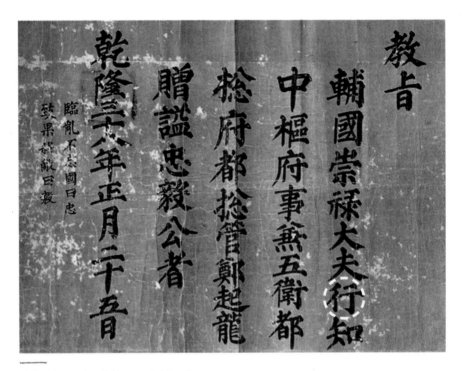

정기룡 장군 교지, 보물 669-5호, 정기묵 소장.

모두 상을 맞으면 1계급 특진이지만, 2번 중을 맞으면 무록관無祿官으로 좌천시키고, 3번 중을 맞으면 파직하도록 법으로 정해져 있었다. 한편 기술관이나 서얼들에게는 당상관 임용을 금지하고 있었는데, 이는 양반 관료 기득권자들의 파이 지키기에 불과한 것이기도 했다.

## 신참 신고식, 면신례免新禮

요즘에도 대학가 신입생 환영식에서 뜻하지 않은 사고로 사회 이슈가 된 것이 적지 않다. 소위 말하는 신참 신고식에서 선배들의 가혹 행위가 동원되었기 때문인데, 조선시대 근엄한 관료들의 신고식은 이보다 더 심했다 할 것이다.

일단 신참이 들어오면 말석에도 끼워주지 않는다. 동료나 사람 취급 않으니, '새 귀신新鬼'으로 불렸다. 그러니 면신이 끝날 때까지 얼굴에 분칠을

과거 급제자가 홍패를 받기 전에 선진자들이 찾아가고, 선진자는 과거 급제를 축하하는 뜻으로 삼진삼퇴를 시키며 피롭히는 모습. 당시 과거 급제자는 신래新來, 신은新恩 등으로 호칭했는데, 이처럼 과거 급제자를 피롭히는 통과의례적 풍습을 '신래新來 불리다'라고 표현했다.

한 채 다 떨어진 옷을 입고 선배를 찾아다니며 온갖 수모를 겪어야 했다. 새 귀신이 찾아오면 선배는 돌아앉아 맞았다. 사람 취급도 하지 않았기 때문이다. 잔치에 선배들을 초청해도 보이콧 당하기 일쑤다. 육체적 고통과 과도한 상차림 부담으로 좋은 직장을 기피한 사례도 있을 정도였다. 그러나 그 누구도 피해갈 수 없었던 것이 면신례였다. 이율곡 선생도 면신이 허락되질 않아 낙향했을 정도로 고생했다는 이야기는 이미 잘 알려진 사실이다.

조선 시대에는 신참을 '신래新來'라 불렀는데, 신래

딱지를 떼는 최종 의식이 면
신례다. 50일이 지나도록 면
신되지 않으면 그 관직에 앉
을 수 없었다. 동서고금을 막
론하고 엘리트 집단일수록
보다 가혹한 통과의례를 거
친다는 것이 통설인데, 조선
시대 면신례 역시 문과를 급
제한 당대 최고 엘리트 집단
에서 시작된 통과의례였다.
여기에는 특권층이 되기 위
한 좁은 문을 통과하였다는
것과 장차 국가를 짊어지고
갈 엘리트들이 결속을 다진

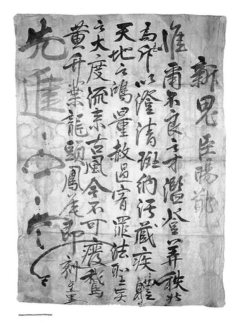

조선시대 면신첩의 사례. 신참 정양신에게 고참들이
갖가지 잔치용 물품을 요구한 내용이 기록되어 있다.

다는 의미가 동시에 내포돼 있었다. 가혹한 통과의례를 통하여 위계질서를
다잡고 이로써 다시 동료의식을 강화하여 업무의 효율성을 높이자는 것이
다. 고려 말 권문세족의 어린 자제들이 마구 관직으로 진출하자, 이들의 기
세를 다잡기 위해 생겨난 것이 면신례였다.

당시 면신례는 어떻게 진행되었을까? 우선 근무 부서 고참에게 인사를
다녀야 한다. 밉보인 선배 집에서는 문전박대 당하기 일쑤였다. 종들에게
뇌물을 준 후에 명함을 들이기도 하는데, 50일 넘게 지속한 사람들도 많았
다. 모든 고참들이 오케이 사인을 낼 때까지 돌고 또 돌아야 한다. 이와 동시
에 허참례 의식이 진행된다. 허참이란 동석에 끼워주는 자리다. 잔칫상은 3

의 수에서 시작한다. 청주가 세 병이면 무슨 물고기가 세 마리, 고기나 과일, 나물이 세 접시 등이다. 이같이 하기를 다섯 차례 하고 다시 5의 수로 음식을 준비하여 세 차례 잔치를 벌이고, 다시 7의 수로 시작하여 9의 수에 이른 뒤에야 그만둔다.

이 연회에는 온갖 벌칙이 동원된다. 벌주와 함께 온몸에 진흙을 바르고 얼굴에는 오물 칠을 하여 광대처럼 만들어 즐기거나, 겨울철이면 물에다 집어넣고 여름에는 볕에 쪼이게 하는 육체적 가학은 물론이요, 심지어 구타까지 동원되었다. 시커먼 부엌에서 거미잡이 흉내를 내게 한 후 씻은 물을 강제로 먹이거나, 사모관대 정장 차림으로 진흙뻘 연못에 집어넣어 고기잡이를 시키기도 했다. 때로는 미친년 오줌을 받아와 강제로 먹이기도 했다. 또자기 부모의 이름을 적은 종이를 태워 강제로 먹이는 방법이 동원되기도 했다. 이때가 되면 절정에 도달할 기세다. 우리 전통사회에서 가장 치욕적인 것이 부모를 욕보이는 것이기 때문이다.

이 모두가 신래들의 뻣뻣한 기세를 꺾기 위한 것이었다. 그러다가 조선후기에는 비슷한 출신이 아니면 신래를 부를 수 없는 사회로 변해가기도 했지만, 신래로 불러주지 않으면 스스로를 부끄러이 여기는 것이 당시 풍속이었다. 최종 관문을 통과하는 면신례 날에는 동료 관원들의 친목을 다지는

호조낭관계회도(부분), 필자미상, 1550년, 견본채색, 93.5×58cm, 국립중앙박물관 소장. 이 계회도의
제목이 적힌 상단부가 현재는 남아 있지 않으나, 좌목座目으로 미루어 호조戶曹의 정랑正郎이나 좌랑佐
郎을 지낸 관리들이 1550년경에 모인 계회로 여겨진다. 참석자들은 안홍安鴻, 이지신李之信, 강욱姜昱,
신희복愼希復, 유강兪絳, 김익金瀷, 신여즙申汝楫 등 일곱 명으로 되어 있으나 그림에는 한 사람이 더 그
려져 있다. 중앙에 가장 크게 그려져 있는 인물은 계원이 아닌 특별 초대 손님으로 여겨진다.

선전관계회도, 1789(행사), 115×743cm, 서울대학교박물관 소장. 하단 좌목에는 절충장군 선전관 이윤국 외 3명, 선략장군 선전관 윤재더 외 4명, 어모장군 선전관 유회원 외 2명, 효력부위 선전관 윤형동 외 11명 등 총 24명의 관직, 자字, 생년, 급제년도와 과거 명칭, 본관, 현재 거주지 등이 적혀 있다. 그리고 마지막에는 기유윤5월일이라는 연기年紀가 적혀 있다.

계가 결성된다. 그러고는 그날 잔치에 관한 그림을 그려 한 장씩 나눠 갖는다. 오늘날 많이 남아 있는 계회도契會圖가 바로 그것인데, 일종의 기념 촬영인 셈이다. 조선시대에는 이런 통과의례를 통해 보다 건강한 관료 문화를 형성해갔던 것이다.

## 문과급제가 아니면 얼씬도 못 했던 문주회

조선시대에는 문과 출신이 진출하는 관직과 문음 출신들이 임용되던 관직이 따로 있었다. 다시 말해 중요 관직에는 문음 출신들이 얼씬거리지 못하도록 제도적으로 막아버려 알짜배기 관직들은 문신들이 다 차지했던 것이다. 문과 급제자들이 배속되는 4관(예문관 · 성균관 · 교서관 · 승문원)을 비롯하여 홍문관, 승정원 등의 중앙 핵심 부서가 바로 그것인데, 이곳 참하관(9~7품) 자리는 겨우 40여 개에 불과했다. 그리고 나머지 참하관직 146자리를 놓고 비문과 출신들과 함께 나눠 먹었다.

그러니 문음으로 진출한 자들도 현직에 있으면서 과거에 응시하는 사례가 많았는데, 한사코 과거시험을 보려는 것은 크게 두 가지 이유에서였다. 하나는 현재 계급에서 몇 등급 올라갈 수 있기 때문이었고, 또다른 하나는 문과 출신들이 끼리끼리 놀면서 문음 출신들을 왕따 시키기 때문이다.

문과 출신들은 문주회文酒會라는 것을 만들어 정기적 모임을 가진다. 문과 출신들이 모여 있는 곳이 4관이니, 주로 이들 4개 관청 중심으로 술잔이 오간다. 이때 문과 선배들의 호칭은 선생이다. 고관으로부터 낮은 관직에 이르기까지 모두 그렇게 부른다. 그 모임에 참여한 자가 비록 달관 귀인이라도 만약 홍지紅紙(문과 합격증)에 이름을 올리지 못했으면 선생이라 부르지 않고 대인大人이라 불렀으니, 이는 고려 이래의 풍습이다. 홍지에 이름을 올리지 못한 자가 있으면 짐짓 사문회斯文會를 기피하였으니, 대개 대인이란 소리를 듣기 싫어서였다. 문음으로 영의정에 오른 황수신과 좌의정에 오른 남지는 탁월한 행정능력을 인정받으면서 세상을 호령했다. 그런데도 둘만 만나면 과거에 합격하지 못한 한풀이 술로 세월을 달랬다는 고사에서 그 속사정을 다소나마 짐작할 수 있겠다.

## 관직에 나가야 사람 노릇한다?

우리가 흔히 내뱉는 말 가운데 "한국인은 감투를 너무 좋아한다"라는 게 있다. 왜 이런 말이 나왔을까를 곰곰이 생각해보니, 이런 현상은 어제오늘에 한정된 것이 아니라 매우 뿌리가 깊은 듯하다. 즉, 전통사회의 관료 문화가 낳은 결과이기 때문이다. 오로지 관직에 나가야만 사람 행세를 하면서 살 수 있었던 저간의 사정이 잘 녹아 있다. 흔히 기성세대들이 자신을 돌보지 않은 채 오로지 자식을 위해 헌신하는 문화 현상을 보이는 것도 결국에는 전통시대 관료 문화와 맞닿아 있는 듯하다. 내 새끼만은 손톱에 흙 안 묻히고 살게 하겠다는 신념을 보면 거의 종교적이라 해도 과언이 아니다. 이것은 우리 조상들이 관료 권위주의에 얼마나 목매며 살았던가를 여실히 보여주는 대목이기도 해, 안쓰럽기까지 하다.

　권위라는 것은 지위나 나이 때문에 나타나는 서열적 구조 양상이다. 우리 사회에서는 자연스럽게 권위주의가 발달할 수밖에 없는 구조로 되어 있는데, 전통적인 유교의 가르침이라는 게 결국 효제孝悌와 충의 덕목에다 장유유서 같은 질서가 은연중에 머리에 박히도록 주입식 교육을 해왔으니, 한국인은 결국 나이와 기수를 따지는 서열 문화와 수직 문화에 익숙해지기 마련이었다. 장남이 동생보다 잘나야 하고, 장남이 동생보다 상속을 많이 받아야 하는 문화, 이것이 가부장 제도의 핵심이다.

이런 문화에 젖은 우리는 호칭만 봐도 연장자에 대한 배려만 있지, 연하자에 대한 배려는 찾아보기 힘들다. 오빠, 언니, 형, 누나 등 연장자 호칭은 매우 세분화되어 있는 반면, 연하자 호칭은 동생 하나로 끝이다. 외국인들이 한국어를 배울 때 가장 힘들어하는 것도 너무 복잡한 존칭어 때문이다. 이렇듯 존칭어의 까다로움 역시 윗사람 중심의 권위주의와 수직 문화의 산물임에는 틀림없다.

이에 따라 윗사람은 체면을 중시하고, 아랫사람은 아부와 눈치로 살아

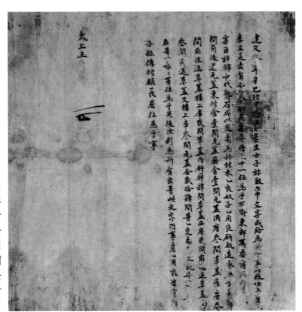

재산 상속에 관한 조선 최초의 문서다. 조선조는 알다시피 재산 상속과 장자 계승 등으로 수직적 권위가 강화되었던 사회였다. 위 자료는 태조가 숙신옹주에게 주는 가옥 문서다. 국립중앙박물관 소장.

가야 하는 처세에 익숙해져 있는 게 우리네 삶이다. 자기의 내면화가 중요한 것이 아니라 남들이 어떻게 바라볼까 하는 것에 온 신경을 곤두세워야 하니, 삶 자체가 늘 피곤하다. 주위와 비교하고 남이 잘되는 꼴을 쉽사리 보아 넘기지 못한다. 남이 잘되면 나는 그보다 곱절이나 더 잘되어야 직성이 풀리니, 사촌이 논을 사면 배 아픈 현상이 도처에 깔려 있다. 이런 것이 일종의 상향식 평등의식인데, 여기에 바탕을 둔 권위주의와 수직 문화라도 항상 부정적으로만 기능한 것은 아니다. 짧은 시간 안에 경제 개발을 훌륭하게 성공할 수 있었던 원천이 바로 일사불란 수직 문화에서 왔다는 점을 부정할 수도 없기 때문이다. 이 모두가 우리 전통시대 관료 문화가 낳은 모습들이다.

# 극과 극,
# 조선시대 유배의 재발견

◉

## 팔도유람과 노골적인 구박으로
## 나뉘었던 유배생활

심재우 · 한국학중앙연구원 한국학대학원 인문학부 교수

# 사형 다음으로 무거운 형벌

조선시대에 시행된 다섯 가지 형벌로는 사형死刑, 유형流刑, 도형徒刑, 장형杖刑, 태형笞刑이 있었는데, 이 가운데 유형이 바로 유배형을 가리킨다. 그렇다면 유배형은 어떤 형벌인가? '귀양'이라는 말로 잘 알려진 유배형은 중죄를 지은 자를 고향에서 멀리 떨어진 타관 땅에 보내 종신토록 살게 하는 형벌이었다.

유배형은 형기가 종신이라는 점, 유배지에서 노역에 종사하지 않는다는 점에서 오늘날로 치면 '무기금고'에 비유할 수 있다. 유배지에서의 활동이 자유로웠기 때문에 유배형이 지금과 같은 좁은 감옥살이에 비해 훨씬 나았다고 여길지 모르겠지만, 그 나름의 적지 않은 애환이 담겨 있었다.

먼저 유배형의 등급부터 알아보자. 유배형은 죄인의 거주지에서 유배지까지의 거리에 따라 2000리, 2500리, 3000리 등 세 가지 등급으로 나뉘는데, 죄가 무거울수록 더 먼 곳으로 귀양 보내는 것이 원칙이었다. 그런데 문제는 국토가 좁은 우리나라에서 3000리 밖으로의 유배가 가능했는가 하는 점이다.

중국의 경우 워낙 땅이 넓다보니 세 등급으로 유배 보내는 데 별 문제가 없었지만, 조선에서는 사정이 달랐다. 이 때문에 죄수가 정해진 유배지로 이동할 때 빙빙 돌고 돌아 해당 리만큼 채우게 하기도 했으며, 세종 12년(1430)에는 아예 등급별로 유배지를 정해버렸다. 이 세종 때의 규정에 따르면 '유 2000리'는 거주지로부터 600리 밖 고을을, '유 2500리'는 750리 밖

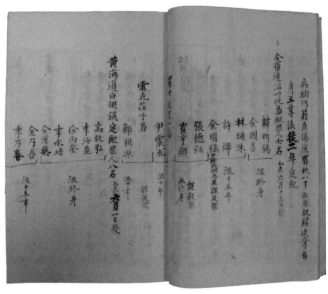

『도유배안島流配案』, 규장각한국학연구원 소장. 1895년 3월부터 1896년 4월 사이에 유배된 죄수들의 죄목, 유배지 등을 기록한 책자이다. 기재 양식은 유배지, 죄인 명, 죄목, 전교傳敎에 의한 시행 내용 순으로 적었는데 1896년부터는 자세한 죄목은 적지 않고 유배지, 유배 기간, 죄인 명만이 기록되었다. 죄인중에는 조병갑趙秉甲, 김문현金文鉉, 이용태李容泰, 민영준閔泳駿(閔泳徽), 민형식閔炯植, 민응식閔應植 등이 있고 협잡토색狹雜討索 살상장전殺傷贓錢의 죄목으로 유배된 이들이 대부분이다.

『대명률』에 등장하는 다섯 가지 형벌.

고을, '유3000리'는 900리 밖 해변 고을이 유배지가 된다. 말이 3000리이지 실제 유배지는 900리 밖이 되는 셈이다.

그러나 법에 정한 유배지 조항은 후에도 여러 차례 원칙이 바뀌었다. 또한 실제 운영 면에서도 원칙과 많은 차이를 보이기도 했는데, 유배지를 배정하는 데 정실이 개입되어 거주지 인근 고을에 형식적으로 유배 보내는 사례도 종종 있었다.

## 악명을 떨친 유배지들: 삼수, 갑산, 흑산도, 제주도…

유배지 가운데 가장 혹독한 곳으로는 아무래도 삼수, 갑산과 같은 함경도 변경 고을이나 흑산도, 추자도, 제주도 등 전라도의 외딴섬을 들 수 있다. 이들 지역은 거리도 거리지만 워낙 변두리이다보니 해당 지역 사람들이 살기에도 기후나 물자 등 생활 여건이 열악했다. 특히 섬지역은 육지와 차단돼 있어 유배인들의 배소 이탈 염려가 없는 최적의 유배지로 꼽혔다. 조선초기까지만 해도 아무리 먼 유배지라 해봤자 변경지역이나 해안 마을에 죄인을 유폐시키는 것이 고작이었다. 그러나 중기 이후 정쟁이 격화되면서 이들 지역 대신 섬으로의 도배島配가 크게 늘었다. 그중에서도 제주도를 비롯한 남해안 다도해의 여러 섬이 유배지로서 애용되었다.

조선의 다섯 관리의 위패가 모셔진 제주의 오현단. 김정, 정온, 송시열은 제주도에 유배왔던 인물이었고, 지금은 이곳에 그들 위패가 봉안되어 있다.

특히 육지에서 가장 멀리 떨어진 섬인 제주도는 본토와 격리된 지리적 여건으로 인해 조선시대의 관리들이 상당수 이곳을 거쳐갔다. 관리뿐만이 아니었다. 잘 알려져 있다시피 인조반정으로 쫓겨난 국왕 광해군의 최종 유배지 역시 제주도였다. 처음 강화도에 유배된 광해군은 몇 차례 옮겨 다니면서 15년을 떠돌다가 1637년 제주도에 들어와 예순일곱의 나이로 병사하기까지 3년여를 이곳에서 지냈다.

지금의 제주시 이도동에는 제주도 사람들이 추앙하는 조선시대 다섯 관리의 위패가 모셔진 '오현단五賢壇'이 있다. 이곳에 봉안된 제주 오현은 김정金淨, 김상헌金尙憲, 정온鄭蘊, 송인수宋麟壽, 송시열宋時烈 등인데, 이 가운데 김정, 정온, 송시열이 유배인이다. 제주도에서 유배인들의 영향력을 짐작할 수 있는 대목이다.

그런데 당시 제주도의 3개 읍 제주목, 정의현, 대정현 가운데 특히 대정현으로 유배객이 몰렸다. 이곳은 제주도에서도 가장 바람이 드세고 척박한 지역이었던 까닭에 중죄인을 종신 유폐시키기에 적합했던 것이다. 제주도 외에도 유배지로서 악명을 떨친 곳으로는 전라도 연안의 망망대해 외로운 흑산도, 추

『대전회통』에 나오는 유배지 제한 조치. 표시된 부분을 보면 흑산도, 추자도 등 섬지역에는 유배객을 보내지 말도록 규정하고 있다. 『대전회통』 형전 「추단推斷」 항목에 실려 있다.

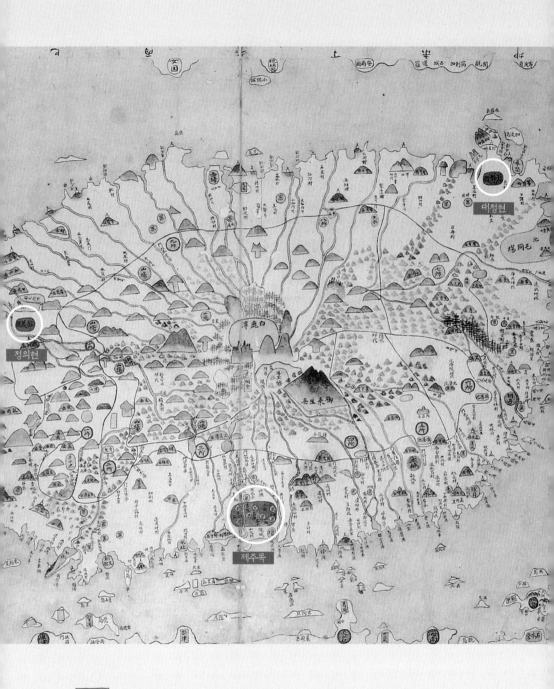

해동지도 중 7책 '제주삼현도', 보물 1591호, 1750년대, 종이에 채색, 규장각한국학연구원 소장.

『의금부노정기』, 규장각한국학연구원 소장. '각도절도各道絕島', 즉 각 도에 산재한 유배지 가운데 섬 지역을 기록한 것(위)과 강원도 지역의 유배지마다 도착 일정과 경유하는 역 등을 표시한 '강원노정 기록'(아래) 부분이다.

자도, 거제도, 신지도 등 조그만 섬들이었다.

　그런데 아무리 중죄를 범한 유배인이라 해도 열악한 섬에 평생 버려진다는 것은 가혹한 처사였다. 이에 중간에 절도絕島에 유배 보내지 못하게 하는 조치가 취해지기도 했다. 영조는 1726년(영조 2) 특별한 경우가 아니면 흑산도에 유배 보내지 못하도록 명했으며, 그 2년 뒤에는 관아도 없고 사람도 많이 살지 않는 조그만 섬에는 유배 보내지 말도록 지시하였다. 또한 고종 2년(1865)에 편찬된『대전회통大典會通』에서는 추자도, 제주목 유배를 원칙적으로 금지시켰다.

　그렇지만 규제 조치는 그리 오래가지 못했고 이후에도 이들 섬에 유배인들의 발길이 이어졌다. 예컨대 다산 정약용의 형 정약전丁若銓이 순조 1년(1801) 천주교에 연루되어 흑산도에 유배된 것은 유명한 일이거니와, 고종때 최익현, 김평묵, 김윤식 등 상당수 지식인의 경우 법전 규정에도 불구하고 제주도로 귀양 가곤 했다.

## 압송관의 수고비까지 챙겨 밤새 떠났던 길

먼저 유배인이 관원 신분일 경우 호송 책임은 의금부에서, 관직이 없는 평·천민은 형조에서 담당했다. 혹 같은 관원이라도 등급에 따라 호송관이 달랐는데, 정2품 이상, 즉 오늘날로 치면 장관급 이상 고위 관원은 의금부 도사都事가 맡았다. 그 외의 관원들의 경우 당상관은 서리書吏, 당하관은 나장羅將이 나누어 맡았으며, 관직과 무관한 평·천민은 지나는 고을의 역졸驛卒이 번갈아가며 호송을 책임졌다.

　지금처럼 편리한 교통 시설이 갖추어지지 않은 이상, 죄인들이 유배지까지 하루 이틀 만에 갈 수 있는 상황은 아니었으며 수일에서 수십 일이 소요되는 게 예사였다. 규정상 하루 평균 80～90리는 가야 했기 때문에 이동 수단으로는 말이 종종 이용되었다. 그럼 유배지까지 가는 비용은 누가 충당했을까?

유배지에 도착하기까지 드는 비용은 대개 유배인 자비로 해결해야 했으며, 더 나아가 압송관의 여행 경비까지도 어느 정도 부담하는 것이 관례였다. 압송관 입장에서도 죄인의 압송은 여간 성가신 일이 아니었기에 으레 수고비를 챙기곤 했다. 이는 유배인들에게 적지 않은 부담이 되기도 했는데, 실제로 선조 때 광해군 책봉을 건의한 정철鄭澈이 실각하자 그 일파로 몰려 1591년 함경도 부령富寧에 유배된 홍성민洪聖民의 경우 유배지로 떠나기 위해 타고 갈 말 여섯 필, 옷가지와 음식물 등을 장만하기 위해 가산을 턴 상황을 문집에 남기고 있다.

한편 어떤 직책, 어떤 신분인가에 따라 압송관도 달랐듯이 유배지로 가는 긴 여행길도 죄인의 처지에 따라 대우가 크게 달랐다. 평 · 천민 대부분의 유배길은 유배지에서의 비참한 생활 못지않게 힘들 수밖에 없었다. 새벽부터 밤늦게까지 이동하는 것은 예사였고, 밤새 잠도 자지 않고 가는 경우도 있었다.

이에 반해 조만간 정계 복귀 가능성이 높은 관리, 혹은 힘깨나 쓰던 양반이라면 유배길은 그리 불편하지 않은, 감내할 만한 것이었다. 고을 수령과 지인들로부터 극진한 대접을 받았으며, 지나는 길에 선산先山에 들러 성묘를 하거나 중간에 며칠씩 쉬어가는 여유를 부릴 수도 있었다. 심지어 관직자들의 유배길은 호화판 유람길이 되는 경우도 있었다.

예컨대, 경종 2년(1722) 위리안치의 명을 받고 갑산甲山 유배길에 오른 윤양래尹陽來의 경우 총 18일을 여행하는 동안 가는 곳마다 고을 수령으로부터 후한 접대는 물론이고, 노자도 두둑히 받았다. 그가 중간에 얼마나 많은 물자를 제공받았던지 수령이 챙겨준 물건을 싣고 가던 말이 무게를 이기지 못해 넘어지는 일까지 발생했다. 심지어 윤양래의 호송관인 의금부 도사는 동행하지 않고 별도로 출발했으며, 중간에 험준한 고갯길에서는 자신이 타고 가던 가마를 제공하기도 하였다.

선조 22년(1589) 함경도 길주吉州로 유배된 조헌趙憲은 경유지인 안변에서 부사와 활쏘기와 만찬을 즐기다가 다음 날 술이 깨질 않아 출발하지 못하는 일까지 발생했다. 광해군 10년(1618) 인목대비 폐비를 반대하다가 북청北靑 유배길에 오른 이항복李恒福은 가는 길에 함흥과 홍원에서 기생 덕선이나 조생 집에 묵기도 하였다.

한편 섬으로 떠나는 유배길은 육지와는 사정이 또 달랐다. 간혹 파도 때문에 목숨을 걸어야 했기 때문이다. 실제로 조선왕조실록에는 제주도로 가는 유배객을 실은 배가 풍랑 때문에 표류하여 행방을 찾을 수 없다는 전라도 관찰사나 제주 목사의 보고가 간혹 등장한다.

육지에서 제주도로 들어갈 때에는 전라도 해남, 강진, 영암 등지에서 출발하여 보길도, 소안도, 진도 등을 경유하는 경우가 일반적이었다. 이 과정에서 거센 바람 때문에 며칠씩 배를 띄우지 못해 지체하기도 했으며, 풍랑에 떠밀려 제주도의 어느 포구에 도착할지도 일정하지 않았다.

제주도 대정현에 유배된 추사 김정희金正喜가 아우 김명희에게 보낸 편

고위 관리라면, 또 힘깨나 쓰는 이라면 유배길은 유람길이나 다름없기도 했다. 즉, 대자연의 절경과
함께 산과 물이 만나고 갈라지는 곳에서 여흥을 즐기기도 했던 것이다. 강산무진도, 이인문, 조선 18
세기, 43.8×856cm, 국립중앙박물관 소장.

영의정 오성부원군 백사 이항복선생상, 지본담채, 59.5
×35cm, 서울대 박물관 소장.

지에서 전라도 강진을 출발해 무사히 제주도에 도착한 사실에 안도한 것을 보면 제주 유배길은 그곳 생활만큼이나 힘든 여정이었던 듯하다. 이처럼 유배길은 사람마다 천차만별이었다.

## 노골적으로 구박받은 유배자, 안조환

유배지로 떠나는 여정이 사람들마다 제각각이었듯이 유배지에서의 삶 또한 지역, 시기, 신분에 따라 다양했다. 우선 유배객의 생활을 좌우하는 자로는 아무래도 고을 수령을 첫번째로 꼽아야 할 것이다. 유배인 관리 감독을 총괄하는 수령은 유배생활에 큰 영향을 미치는 유배인들의 거처 및 보수주인保授主人 선정을 좌우하였다.

여기서 보수주인이란 유배지에서 유배인의 숙식을 책임진 사람을 말하는데, 수령의 명을 거역하기 쉽지 않은 읍내의 아전衙前, 군교軍校, 관노官奴 등 관속들이 맡는 경우가 많았다. 일반 백성의 경우 관에서 유배객을 배정할라치면 갖은 핑계로 빠져나가기 일쑤였고, 어쩔 수 없이 유배객을 떠맡는 경우에도 불만이 이만저만이 아니었기 때문이다.

윤양래尹陽來(위 오른쪽), 견본설채, 50.1×35cm, 조중구 구장, 덴리대학 소장.
『북천일기』, 규장각한국학연구원 소장. 유배길에서 물자를 너무 많이 제공받아 말이 넘어진 일, 잘 접 대받은 내용들이 상세히 기록되어 있다.

정조 때 대전별감 출신으로 추자도로 유배 간 안조환의 경우는 보수주인으로부터 노골적으로 구박받은 사례에 해당된다. 그는 추자도 유배지에서의 비참한 생활 모습을 유배가사 「만언사萬言詞」에 묘사하였는데, 추자도에 도착한 첫날 아무도 그를 맡으려 하지 않아 관원이 강제로 한 집을 지정하자 집주인은 그릇을 내던지며 그에게 역정을 내기 시작했다. 자기도 세 식구 먹고살기 힘든 마당에 무슨 유배객을 맞느냐는 것이었다.

이처럼 유배객이 유배지에 도착하면 거처를 정해야 했지만, 보수주인에 내맡긴 처지에서 돈이 없으면 궁색한 꼴을 면할 수 없었다. 관에서 특별히 보살펴주지 않는 이상 심한 경우 끼니 걱정을 해야 할 판이었다. 사실 조정에서도 고을의 골칫거리인 유배인 배정에 신경이 쓰이긴 매한가지였다.

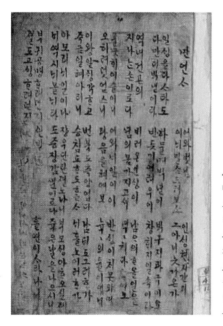

「만언사」, 안조환, 조선 정조 지극한 효행을 다하고 결혼해 잠시 행락에 빠졌으나 마음을 다잡고 공부하여 벼슬도 하다가 죄를 입고 귀양오게 된 일을 노래했다. 부모 친척과 이별하고 경기도·충청도·전라도를 거쳐 추자도에 이르는 노정을 쓴 다음, 유배지에서 괴롭고 힘든 생활을 늘어놓았다. 추자도에 도착해 거처할 집을 구하려 했으나 문전박대를 당하고 남의 집 처마 밑에서 자고 거친 음식을 먹거나 굶기도 하던 그는 옛 시절을 그리워하며 유배에서 풀려나기를 빈다.

이에 정조8년(1784)에는 흉년이 든 재해지역에는 유배인을 내려 보내지 못하도록 했으며, 그후 4년 뒤에는 아예 한 고을의 유배인 숫자를 10명으로 못 박았다. 고을민에게 유배객은 곱게 이야기해서 불청객이지, 한마디로 천덕꾸러기에 불과했다.

## 산 무덤이나 다름없는 '위리안치'

비록 생면부지의 땅에서 천덕꾸러기 신세로 전락하긴 했지만 유배지에서의 생활에 큰 구속은 없었다. 대개 한 달에 두 차례, 즉 초하루와 보름에 행하는 고을 수령의 점고點考 때 관아에 들어가 자신이 도망가지 않고 잘 있다는 것을 확인시켜주는 수고를 하는 것 외에는 관으로부터 별다른 통제를 받지 않았다.

고을 경내를 벗어나지 않는 한 이동에도 큰 제약이 없었으며, 원칙적으로는 유배지에 가족을 데리고 와 살 수도 있었다. 조선에서 법으로 쓰고 있는 명나라의 『대명률大明律』 규정에 가족 동반을 허용하고 있으며, 세종 31년(1449)과 정조 14년(1790)에 유배인의 가족들이 모여 살며 왕래할 수 있도록 배려하는 데서 이 점을 확인할 수 있다.

그런데 '위리안치圍籬安置'의 경우는 사정이 달랐다. 위리안치는 무거운 죄를 짓고 국왕의 큰 노여움을 산 왕족이나 관료들에게 종종 내려졌는데, 유배형 중에서도 가장 가혹한 조치였다. 위리안치에 처할 경우 가족 동반 자체를 금지시켰음은 물론, 집 주위에 탱자나무 따위로 가시울타리를 둘

위리안치된 유배인의 모습.

러 감옥살이나 다를 바 없는 감금과 격리 조치를 취하였다.

예컨대 조선왕조실록에는 형 금성대군과 함께 단종 복위를 꾀하다 전라도 익산 등지에 안치된 화의군 이영, 한남군 이어에게 의금부에서 1464년(세조10) 거주지 제한 조치를 취하는 기사가 나오는데, 이 무렵 위리안치 죄인의 감금생활이 어떠한지 그 일단을 엿볼 수 있다.

즉, 집의 담장 밖에 나무로 일종의 바리케이드를 치고, 열흘에 한 번씩 음식을 주는 경우를 제외하고는 집으로 들어가는 출입문은 항상 자물쇠로 잠갔다. 또한 담장 안에는 우물을 파서 생활하게 했으며, 행여 집안사람과 내통하거나 물품을 제공하는 자가 있으면 엄하게 처벌하였다.

한편 집 주위를 둘러싼 가시울타리는 우리가 짐작하는 것보다 훨씬 높아서 낮에도 햇빛조차 볼 수 없는 경우가 적지 않았다. 중종 때 기묘사화로 함경도 온성穩城에 위리안치된 기준奇遵의 경우 가시울타리의 높이가 4~5길丈, 울타리 둘레가 50자尺였다고 하며, 영조의 계비 정순왕후의 오빠로 1776년 흑산도로 유배된 김구주金龜柱도 문집 속에 자신의 거처 주변 울타리의 높이가 3길 정도였다고 쓰고 있다. 또한 경종 때 명천에 유배된 윤양래의 집 주위 울타리 높이도 5길이었다. 이들의 말을 곧이곧대로 믿는다면 위

清冷浦水回
如環周僅一里
許四面石壁嶒
巖削立以船
路只通西北一
隔而其中昔
年基址至今
宛然有
先大王朝御書
碑閣一間罗
蓋壇刻久處
又有短碑刻
清冷浦三字
距府治八里

刃山

월중도 중 '청령포', 1840년 이후, 지본채색, 55.7×46cm, 한국학중앙연구원 장서각 소장. 왕 역시
유배 대상에서 예외가 될 수 없었다. 그림은 조선 제6대 왕인 단종의 유배지였던 청령포의 모습. 청
령포는 영월 읍내에서 서남쪽으로 4킬로미터쯤 거리에 있으며, 3면이 강으로 둘러싸여 있고, 나머지
한 면은 높은 벼랑에 가로막혀 있어 배가 겨우 닿을 만한 곳이 하나 있을 뿐이다. 청령포 안에는 단종
이 살았던 집터와 영조 39년에 세워진 어필비와 1796년 이전에 건립된 비각이 있으며, 좀 떨어진 곳
에 영조 2년에 세운 청령포금표비가 있다.

리의 높이는 5~9미터에 달하는 셈이다.

이처럼 둘러친 높은 가시울타리가 처마를 가려 집 안에 햇빛이 들지 않아 대낮이라도 한밤중과 같았으며, 숨을 쉬려고 해도 공기가 통하지 않았다는 기준의 불평이 지나친 과장은 아니었던 듯하다. 실제로 고을 사람들은 기준의 집을 '산 무덤'이라 부를 정도였다.

중종 때의 기준에 비한다면 광해군 6년(1614)에 영창대군을 죽인 강화부사 정항의 처벌을 주장하다 제주도 대정현에 위리안치된 동계 정온鄭蘊의 경우는 사정이 그나마 조금 나았다고 할 수 있다. 정온은 대정현 동문 안에 위치한 작은 민가에 안치되었는데, 진흙으로 된 집에는 그나마 부엌과 노비들의 거처, 손님방까지 갖추고 있었고 대정현감의 배려로 서실書室 두 칸에 수백 권의 서가를 비치할 수 있었다고 한다. 그렇지만 정온의 집 또한 하자가 있었으니, 집이 너무 낮아 똑바로 설 수조차 없었다.

갑갑한 감금생활은 안치된 죄인에게 자연히 탈출을 떠올리게 했을 법하다. 실제로 인조반정으로 졸지에 폐세자廢世子가 되어 강화도에 위리안치된 광해군의 왕자 이지李祬가 땅굴을 파 울타리 밖으로 통로를 낸 뒤 밤중에 빠져나가다가 나졸에게 붙잡혔으며, 이보다 앞선 선조 2년(1569)에는 보성군에 안치된 종친 신의申檥가 아예 소홀한 감시망을 뚫고 제멋대로 밖으로 나가 대담하게도 남의 애첩 몸에 손을 대 조정에 압송되는 일도 있었다.


## 유람을 온 듯한 유배생활을 누린 김진형
## 막걸리 팔며 유지한 여성 최초 유배인 노씨

이처럼 유배인의 거처가 편안할 수는 없었고 처우 또한 조정에 있을 때와는

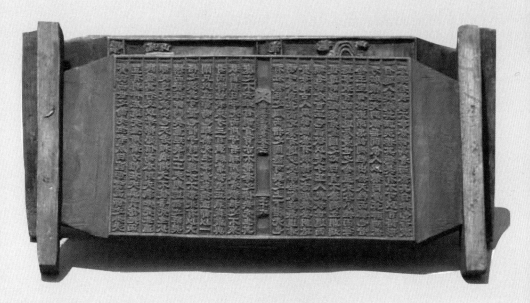

『동계선생문집』의 책판과 동계 고택, 경남 거창 강천리 소재.

自畫像, 김정희, 지본담채, 32×23.5cm, 선문대박물관 소장.

'아버에게 보내는 한글 편지'(부분), 김정희, 1840(55세), 22×80cm, 김일근 소장. 추사는 제주 유배 시절 줄곧 아버에게 한글 편지를 보냈다. 여태껏 알려진 것이 13통쯤 되는데, 밑반찬을 보내달라는 요구, 제사는 잘 지냈냐는 물음, 궁벽한 바다 끝에서 음식이 입에 맞지 않아 피로운 심정 등을 표현하고 있다.

비교할 수 없을 터였다. 하지만 사람에 따라서는 유배를 온 건지, 유람을 온 건지 알 수 없을 정도로 호화판 귀양살이도 있었으니 철종 4년(1853)에 함경도 명천에 유배된 김진형金鎭衡의 사례가 대표적이다.

과거에 급제하여 홍문관 교리를 역임한 김진형은 이조판서 서기순이란 자를 탄핵하다 관직을 삭탈당하고 명천에 유배되어 두 달 동안 생활했는데, 그곳 생활을 자신이 지은 가사 「북천가北遷歌」에 자세히 소개했다.

김진형은 명천 유배지로 오는 길에 이미 여러 수령으로부터 극진한 대접을 받았으며, 명천에 도착해서는 삼천석꾼을 보수주인으로 배정받아 넓은 집에 살며 그곳 선비들과 어울리면서 음주가무를 즐겼다. 배소를 벗어난 경성鏡城의 칠보산 구경을 떠난 것은 물론, 스무 살도 안 된 기생과 동침하며 꿈같은 날들을 보내기도 했다. 이처럼 기생과 만나 맘껏 즐기며 방탕하기까지 한 경험을 「북천가」 곳곳에 늘어놓았으니, 근신과 반성은 찾아볼 수도 없었다. 도대체 누가 그를 유배객이라 부를 수 있겠는가?

김진형보다 조금 앞선 1840년(헌종 6) 제주도 대정현에 유배된 추사 김정희의 경우도 딱히 군색한 생활을 했다고 보기 어렵다. 처음 대정현에 도착한 추사가 가시울타리를 두르고 거처로 삼은 곳은 읍성 안 송계순의 집이었다. 이후 그는 거처를 옮겨가면서 대정현에서 무려 9년 가까이 지내며 외로움을 달래야 했지만, 하인 서너 명이 서울과 제주를 오가며 그의 수발을 들었고 제자들도 몇 차례나 귀한 책을 사서 보내는 등 적어도 경제적으로는 여유로웠다.

이처럼 유배인의 삶이 늘 고단했던 것은 아니었다. 하지만 유배인 대부분의 경우 유배지에서의 삶은 외롭고 고단했으며, 정계 복귀 가능성이 없는 인물이나 빈한한 사람의 경우 유배생활이 길어질수록 생존을 위한 극도의 수치와 고통까지 경험해야 했다.

제주도의 최초 여성 유배인으로 알려진 인목대비의 어머니 노씨의 경우는 광해군 5년(1613) 제주에 유배되어 명색이 왕비를 낳은 귀한 몸임에도 불구하고 막걸리를 팔아 생활해야 했으며, 선조 24년(1591) 함경도 부령의 귀양길에 오른 홍성민은 그곳에서 식량이 바닥나자 데리고 온 종과 함께 상업에 나서면서 차라리 농부가 부럽다고 토로하고 있다.

그래도 이 정도면 다행이었다. 앞서 소개한 정조 때 추자도에 유배된 대전별감 안조환의 귀양살이는 비참함 그 자체였다. 유배지에 도착한 첫날부터 주인으로부터 온갖 냉대를 받은 그는 한동안 처마 밑을 잠자리로 삼아야 했음은 물론, 1년 내내 달랑 옷 한 벌로 버티며 버선이나 이불도 없이 추운 겨울을 지내야 했다.

두둑한 돈이 있는 것도 아니요, 코흘리개 애들이라도 가르칠 학식을 쌓아둔 것도 아닌 이상 척박한 외딴섬에서 살기 위해선 몸으로 때우는 수밖에 없었다. 흡사 종살이처럼 주인집 마당 쓸기, 불 때기, 쇠똥 치기, 도랑 치기, 집 지키기 등 하루도 편할 날이 없던 안조환. 그는 마침내 허기진 배를 채우기 위해 비렁뱅이처럼 동네를 돌며 동냥을 하기에 이른다. 도대체 이보다 눈물겨운 귀양살이가 또 어디에 있겠는가!


## 유배지에서 보낸 편지

조선시대 심각한 정치 대립의 와중에서 유배를 비켜간 관리들은 좀 과장해서 말한다면 행운아가 아니었나 싶다. 유배는 조선의 정치인들에게 결코 낯선 형벌은 아니었으며, 그들에게 처량하고 비참한 유배지에서의 삶은 떠올

전남 강진의 다산초당.

리고 싶지 않은 추억이었을 것이다. 그러나 현재의 우리가 잊지 말아야 할 것이 하나 있다. 척박한 불모의 땅 유배지에서도 학문과 예술은 꽃피운다는 진실을…….

　　허균許筠은 자신의 평론집 『성수시화惺叟詩話』에서 문장이란 부귀영화에 달린 것이 아니라 어려움과 고초를 겪으며 인고忍苦의 세월을 견뎌야 묘한 경지에 들 수 있다고 주장했다. 실제로 유배의 고통을 이겨내며 시대의 아픔을 극복해나간 조선의 지식인들은 적지 않았다. 이들 중에는 활발한 창

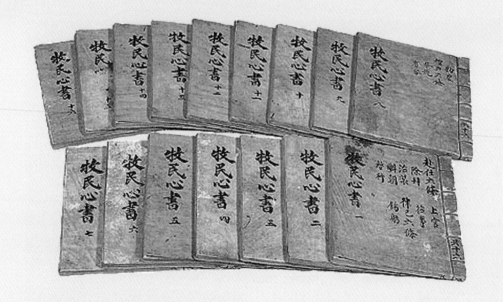

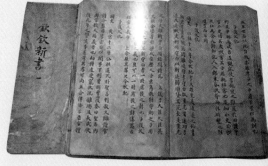

『목인심서』, 정약용 지음, 19세기, 9책, 24.3×17.2cm, 개인 소장. 다산이 유배생활 중 강진에서 고금의 관리들의 사적과 실제에 필요한 일들을 기초로 백성을 다스리는 방법과 도리를 논한 책. 농민의 실태, 서리의 부정, 토호의 작폐, 도서민의 생활 상태 등을 날날이 파헤치고 있는 자료다(위). 또한 『경세유표』와 『흠흠신서』에도 다산의 개혁정신에 잘 드러나 있다.

작활동을 통해 후세에 길이 전해질 만한 명작을 남기기도 했는데, 조선 최고의 지식인 다산 정약용이 그중 하나다.

다산은 정조가 죽은 이듬해인 1801년(순조1) 신유사옥으로 경상도 장기에 유배되었다가 같은 해 10월 조카사위 황사영黃嗣永의 백서사건에 연루되어 전라도 강진으로 이배되었다. 강진에서 그는 해배되던 1818년 9월까지 무려 18년의 세월 동안 외로운 귀양살이를 해야만 했다.

당시 다산이 유배지에서 가족들에게 보낸 편지는 박석무가 옮긴 『유배지에서 보낸 편지』에 수록되어 있는데, 그의 절절한 가족 사랑과 학문에 대한 불굴의 의지를 읽을 수 있다. 편지에서 다산은 자식들에 대한 남다른 사랑을 보여준다. 그는 구남매를 두었으나 모두 요절하고 2남1녀만 장성했는데, 늘 두 아들의 글공부를 걱정했다. 우리 집안은 화를 입은 폐족廢族이니 남보다 학문에 더욱 정진하라는 것이었다.

다산의 학문에 대한 열정도 애틋한 가족애 못지않았다. 그는 유배지에서 결코 좌절하지 않고 자신에 대한 채찍질에 힘을 쏟았다. 잘 알려진 것처럼 그의 불후의 저작 『목민심서』『경세유표』『흠흠신서』 등은 모두 유배지 강진에서 이룩한 쾌거였다. 그에게 있어 유배의 시련은 견디기 힘든 고통이 아니라 그저 빛나는 성취의 하나의 계기가 되었을 뿐이었다.

# 은밀한 거래는 어떻게
# 양반사회를 지탱했나

◉

선물경제가 양반가에 가져다준
빛과 어둠

이성임 · 규장각한국학연구원 책임연구원

# 150명 노비와 수천 두락의 전답을 소유했던 퇴계

우리는 양반의 경제생활이나 그들의 경제관념에 대하여 상당히 추상적으로 생각하는 경향이 있다. 양반이라 하면 으레 경제관념이 없으며, 대부분의 학자가 청렴淸廉했으리라 여기는 것이다. 즉, 선비는 모름지기 학문에만 전념하고, 빈곤을 견뎌야 하며, 재산을 축적하는 일쯤은 멀리해야 하는 게 당연하다고 여기기 때문이다. 그러나 그들도 당대를 살아갔던 생활인이며 경제활동의 주체였다. 조선시대는 토지와 노비 외에는 별다른 생산 기반을 지니지 못한, 경제적으로 어렵고 힘든 시기였다. 이러한 때에 살아남기 위해서는 나름대로의 경제관념이나 경제의식을 갖게 마련이다.

조선의 최고 성리학자라고 할 수 있는 퇴계 이황李滉(1501~1570) 역시 살아생전에 서너 채의 집, 150여 명의 노비, 수천 두락斗落의 전답을 소유하고 있었는데, 이는 퇴계가 규모 있고도 효과적으로 재산 관리를 한 결과라고 한다. 이러한 경제적 기반으로 인해 정치적 혼란기에 관직생활을 하면서도 관직에 나아가고 물러남에 어긋나지 않고, 시종 어렵게 나아가고 쉽게 물러나는 태도를 지속적으로 지켜나갈 수 있었던 것이다. 이는 퇴계뿐 아니라 당시의 양반들에게는 일반적인 현상으로, 즉 학자의 지조와 절개도 비교적 안정된 경제적 기반 위에서만 가능한 것이었다.

일반적인 생각과는 달리 양반들은 가계를 운용함에 있어서 매우 적극적이었으며, 경제관념 또한 철저했다. 아울러 고위 관직자들에게 관직은 그 자체가 광범위하게 재산을 확대할 토대가 되었으며, 개인이 형성하고 있는 친족망과 교유관계는 자신의 경제생활과 직결되어 있었다.

조선 최고의 성리학자이자 규모 있는 재산을 꾸려나갔던 이황.

## 유희춘과 이문건의 녹봉 사용 기록

조선시대 양반이 관직에 나아가면 국가로부터 녹봉祿俸을 받았다. 고위 관직자의 경우 제주提調職(본직 이외의 겸직)의 겸임 정도에 따라 구종丘從을 배

『미암일기』, 보물 제260호, 장산리 모현관 소장.

미암 사당, 전라도 담양군 대덕면 소재.

정받기도 했지만, 나머지는 녹봉만 받았다. 녹봉은 기본적으로 관인이 염치를 길러 부정에 빠져들지 않고 청렴하게 관직에 전념하도록 하는 취지에서, 국가에서 조세로 거두어들인 쌀 등을 현물 형태로 지급하는 것이었다. 고려시대 이래 16세기 중엽까지는 관리의 처우나 생활 보장 차원에서 과전科田도 지급되어 상당량의 수조권收租權을 지닐 수 있었던 데 반해 그 이후에는 녹봉만 지급되었다. 『경국대전經國大典』에는 "각 과의 녹祿은 실직實職에 따르며 사계절의 첫 달에 나누어준다"라고 규정되어 있다. 즉, 관직자가 지니고 있는 실직을 18과科(등급)로 나누어 1년에 네 차례 지급하도록 한 것이다. 그러나 녹祿과 봉俸은 기본적으로 서로 다른 것으로, 녹은 3개월마다, 봉은 월 단위 이하로 지급하는 것이다. 즉, 근무 일수가 채워지지 않았을 경우에는 녹이 아니라 봉을 지급했다. 그러다가 1671년(현종 12)부터는 관료들에게 급여를 매달 지급하는 월봉月俸 체제로 바뀐다.

그러면 1년간 관료들이 받는 녹봉은 어느 정도이고, 그것이 관직자에게 주는 경제적 의미는 무엇일까. 우리는 유희춘柳希春(1513~1577)과 이문건李文楗(1494~1567)이 각각 남긴 『미암일기眉巖日記』와 『묵재일기默齋日記』를 통해 그들이 어떠한 방식으로 녹봉을 받는지를 파악할 수 있다.

먼저 유희춘의 경우부터 보자. 유희춘은 1568년(선조 1)부터 1575년(선조 8)까지 총 17회의 녹과 1회의 봉을 받았다. 『경국대전』과 비교 검토할 때 유희춘이 정해진 양을 수록한 경우는 17회 가운데 6회(35퍼센트)에 불과하고 나머지는(65퍼센트) 모두 실제보다 적은 양을 받았다. 녹봉을 줄이는 명분은 여러 가지였다. 가령 흉년이 들었다거나 중국 사신의 왕래로 지출이 많아졌다는 이유를 들기도 했지만, 애초부터 실제보다 낮은 등급의 녹봉을 지급하는 경우도 있었다. 즉, 국가에서는 녹봉을 국가의 재정 위기를 타개

하는 방책으로 삼으려 했다.

그러면 이문건의 경우는 어땠을까. 이문건은 유희춘에 비하여 짧은 기간 동안 관직생활을 했다. 그런 까닭에 이문건이 녹봉을 받은 회수는 3회에 불과하다. 1545년(인종 1) 4월에는 쌀米 9섬, 보리小麥 3섬, 포布 3필을 수록했다. 당시 이문건의 관직은 승문원 판교로 정3품 당하관록(제5과 하등, 중미中米 2섬, 조미糙米 8섬, 보리 3섬, 명주silk 1필, 포 3필)을 수록해야 하나 실제로는 이보다 낮은 등급의 것을 받았다. 이처럼 시간이 지날수록 녹봉의 본래 의미는 점차 퇴색되어갔다.

그러면 유희춘이 1년 동안 받은 녹봉은 어느 정도일까. 이를 위해 비교적 중하위직을 지내던 때와 당상관 이상의 고위직을 역임하던 시기를 비교해보자.

선조원년(1568), 백미 32섬, 콩 14섬, 보리 6섬, 명주 4필, 포 12필
선조 6년(1573), 백미 50섬, 콩 16섬, 보리 8섬, 명주 4필, 포 14필

이를 『미암일기』에서 거래되던 물품의 가격으로, 바꾸어 계산하면 1568년(선조 1)의 경우 백미 51섬 정도가 된다. 같은 시기에 공노비로부터 수취한 선상가選上價가 26여 섬, 지방관이나 친인척들로부터 받은 선물膳物이 쌀로 186여 섬, 토지에서의 수확량이 83여 섬이다. 1573년(선조 6)의 경우는 전체가 81섬 정도 된다. 이 시기 수확량은 알 수 없으나 선상·보병가가 104여 섬, 선물로 받은 쌀이 49섬6말이었다. 당시 관료들에게 녹봉은 가장 중요한 수입원은 아니었다. 즉, 국가에서는 녹봉을 관료들의 처우 내지는 생활보장이라는 차원에서 지급하지만, 실제 관료들의 입장에서는 그렇

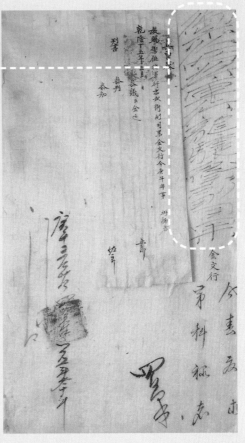

녹패, 1750년, 45.7×15.3cm, 북촌미술관 소장. 영조 26년 3
월 병조에서 어모장군 행추무위 부사과 김문행에게 발급한
녹패와 그것의 외피. 병조에서 김문행金文行에게 경오년 녹과
를 정해주고 입회관인 판서·참의·참지·정랑·좌랑 직명
이 있는데 참의만 수결하였다. 외피에는 특이한 서체로 김문
행의 관직명을 쓰고, 경오 3월 28일이라는 지급 날짜에 쌀 1
말, 콩 10말을 지급했음을 밝히는 내용을 기록했으며, 관인이
찍혀 있다.

지 못했다.

그렇다면 녹봉은 관료에게 어떠한 의미를 지녔던 것일까. 이는 녹봉의 사용처를 보면 대략 짐작할 수 있다. 당시 유희춘의 경제적 기반은 해남과 담양에 있었고, 관직생활을 하는 동안에만 임시로 남의 집을 빌려 지내고 있었다. 유희춘은 관직에 있는 내내 한양에 집을 마련하지 못했고, 남의 집 일부를 빌려서 생활하다보니 녹봉을 받아도 쌓아둘 창고가 없었다. 그렇다고 녹봉을 받는 즉시 고향으로 실어 보낼 수도 없었다. 적지 않은 운반비를 대기 힘들었기 때문이다. 그런 까닭에 그는 녹봉의 대부분을 한양에서 소비했다. 우선 한양에 올라와 있는 친인척에게 일부 나누어주고, 자신이 거느리던 노비에게 삭료朔料를 지급했다. 이는 한양에서 함께 생활하는 노비들의 생계를 보장해주기 위한 것이었다. 그러고도 남는 게 있으면 아는 사람 집에 쌓아두었다. 이문건의 경우도 마찬가지였다. 그는 녹봉을 받자마자 청파에 사는 누이 등 친인척에게 나누어줬다.

유희춘은 녹봉을 주로 한양에 올라와 있는 가족과 노비의 양식, 손님 접대에 사용했다. 또한 중국으로부터 필요한 책을 구입하고, 효과가 뛰어난 약재를 구입하는가 하면 품질이 좋은 관복을 사기도 했다. 유희춘은 귀한 중국산 물품을 사신을 따라가는 통사通事를 통해 사들였다. 즉, 그가 필요한 물품을 요청하면 통사들이 기꺼이 사다줬던 것이다. 또한 유희춘은 부인 송덕봉宋德峰을 위해 한양의 시전市廛에서 단자緞子와 명주明紬 등을 구입했다. 당시 품질이 좋은 비단은 한양에서만 구할 수 있었는데, 가격이 상당히 높았다. 유희춘은 관직생활을 하던 중 고향에 여러 차례 내려간 적이 있다. 짧게 다녀오기도 했지만, 때로는 달이 바뀌고 해가 지난 후 한양으로 올라오는 일도 있었다. 고향으로 돌아갈 때면 자신이 가지고 있던 나머지 물품을

소지, 1752년, 26.9×24.1cm, 북촌미술관 소장. 녹봉은 미뤄지거나 전량이 지급되지 않는 등 변동 사항이 많았다. 이 소지는 영조 28년 5월 김문행 집 노비 삼득이 녹봉을 수급할 수 있도록 광흥창에 분부해줄 것을 호조에 요청한 소지이다. 이에 따라 호조에서는 담당자의 확인을 받아 "전례에 비추어 제급해주라"는 제사題辭를 내렸다.

한양에 올라와 있는 친인척에게 넘기고 떠났다. 상당한 운반비를 감당할 수 없었기 때문이다.

그렇다고 해서 유희춘의 경제관념이 부족했던 것은 결코 아니다. 그는 녹봉에 큰 관심을 갖고 있었다. 녹봉을 받은 후에는 혹 그것이 줄어들었는지를 살피고, 그렇다 싶으면 그 까닭을 알아봤다. 또 규정량을 받았을 때는 갑자기 부자가 된 것 같다든지, 전에는 볼 수 없는 일이라며 기뻐했던 것이나, 쌀의 품질이 좋으면 흡족하다는 뜻을 기록으로 남겨두었다.

더구나 유희춘은 충의위忠義衛 박명성朴命星의 녹봉을 대신 받아 사용하기도 했다. 박명성은 담양에 연고가 있는 인물로 유희춘과는 친분이 두터

왔다. 이러한 사실이 밝혀지자 광흥창에서 봉사·부봉사가 나와 박명성 녹패祿牌를 반납하라고 요청했지만, 유희춘은 그러겠다고 대답만 했을 뿐 실제로는 반납하지 않았다.

요컨대 16세기 중엽 이후 녹봉의 의미가 점차 퇴색해가자 이제 양반들에게 새로운 방도가 필요하게 되었다.

## 10년간 2885회 선물을 받은 유희춘

양반 관료의 경제생활에서 녹봉이 제 구실을 못 하자 언제부터인가는 지방관으로부터 정례情禮로 거두어들이는 선물膳物이 보다 큰 경제적 의미를 지니게 되었다. 단순한 선물 수수가 아니라 일상화된 경제 형태로 유희춘, 오희문, 이문건의 경제생활에서 공통되게 드러난다.

유희춘은 지방관을 비롯한 동료 관인, 친인척, 제자, 지인으로부터 물품을 거두어들였는데, 10여 년간 총 2855회에 걸쳐 선물을 받았다. 이는 매월 평균 42회에 이르는 수치다. 그런데 선조 4년(1571) 3월부터 10월까지는 선물을 받기보다는 주는 입장이 되고 있다. 이는 유희춘이 지방관인 전라감사(1571년 3월~10월)로 재직하고 있었기 때문이다. 이로 미루어볼 때 지방관일 경우 물품을 받기보다는 주는 입장이었음을 알 수 있다. 유희춘에게 물품을 보내온 사람의 절반 이상이 지방관이라는 사실을 통해서도 확인할 수 있는 바다.

선물의 종류는 곡물류를 비롯하여 면포·의류, 생활용구류, 문방구류, 치계雉鷄·포육脯肉류, 어패류, 찬물류, 과채류, 견과·약재류, 시초柴草 등 일상용품에서 사치품까지 망라되어 있다. 물품의 종류가 다양할 뿐만 아니라 그 양도 상당히 많아 이것만으로 생활한다 해도 어려움이 없을 정도였다. 나아가 이는 유희춘 집안의 재산 증식으로 연결되기도 했다.

그렇다면 규모는 어느 정도였을까. 선조 즉위년(1567) 10월부터 다음해 9월까지 그가 비교적 중·하위직에 있었던 시기와, 또 고위직에 올라 있었던 선조 6년(1573)의 쌀과 면포의 선물 규모를 비교해보자. 앞 시기에는 쌀 187섬, 면포 49필을, 뒷 시기에는 쌀 50섬, 면포 29필을 받은 것으로 확인된다. 이는 앞서 살펴본 녹봉이나 토지 수확량보다 많은 양이었다.

쌀과 면포만으로 볼 때는 오히려 고위직보다 중하위직일 때의 규모가 큰 것으로 나타난다. 이는 유희춘이 처한 상황에 따라 달라짐을 뜻한다. 즉 고위직에 있을 때는 한양에서 비교적 안정적인 생활을 하고 있어 쌀·면포와 같은 생활필수품보다는 다른 물품을 받아들였다. 특히 쌀과 면포는 중하위직을 역임하던 선조 즉위년 10월부터 다음해 1월까지 4개월 동안 집중적으로 보내졌다. 쌀은 81퍼센트(150섬)가, 면포는 91퍼센트(45필)가 이때에 들어온 것이다.

유희춘은 오랫동안 유배생활을 하다가 성균관 직강으로 다시 관직에 나아가게 되었다. 선조 원년(1568) 10월 한양에 올라와 임금에게 사은숙배謝恩肅拜 한 후 11월에 다시 고향으로 내려가 다음해 1월에야 돌아왔다. 이때 그는 20여 년의 유배생활로 조상의 묘소를 재정비할 필요가 있었고, 여기에는 많은 재원과 물품이 들어가야 했다. 이에 충청도 논산에서 한양으로, 한양에서 다시 전라도 담양—해남—순천으로 옮겨 다니면서 그는 인근의 지방관으로부터 많은 선물을 거둬들였다. 이러한 선물이 겉으로는 지방관의 자발적인 형태로 나타나지만, 기본적으로는 유희춘과 증여자의 이해관계를 바탕으로 한 것이었다.

『쇄미록』(보물 1096호), 오희문이 임진왜란 때 난을 겪으면서 쓴 일기로, 선조 24~34년 2월까지 약 9년 3개월간의 사실을 기록한 것이다. 총 7책으로 되어 있고, 각 책의 끝에는 국왕과 세자의 교서, 의병들이 쓴 여러 글, 유명한 장수들이 쓴 성명문, 각종 공문서, 과거시험을 알리는 글, 기타 잡문이 수록되어 있다. 그 밖에 임진왜란 시기에 있어서 관군의 무력함에 대한 지적과 비판, 명나라가 구원병을 보낸 것, 화의 진행과 결렬, 정유재란에 관한 것 등 장기간에 걸쳤던 전쟁에 관하여 전반적이고 광범위하게 기록하였다.


　　이런 사례는 오희문吳希文(1539~1613)에게서도 확인된다. 해주 오씨는 한양 관동에 근거를 둔 양반집으로 오희문대에는 한미하지만 아들, 손자대에 상당히 번성했던 가문이다. 이들은 현재 경기도 용인에 근거지를 갖고 있는데, 오윤겸吳允謙(1559~1636)의 호를 따서 추탄공파楸灘公派라고 한다. 아들 오윤겸은 인조반정으로 서인 정권이 들어서면서 대사헌을 시작으로 이조판서, 좌의정, 영의정에 올랐고, 손자 오달제吳達濟(1609~1637)는 삼학사三學士의 한 사람이었다.

그러면 오희문이 받은 선물을 비교해보자. 오희문의 『쇄미록』은 임진왜란이 일어났을 때 피란생활 중 쓴 일기다. 그는 충청도 임천과 강원도 평강에서 피란생활을 했다. 주목되는 것은 임천과 평강의 선물 규모가 많은 차이를 보인다는 사실이다. 임천에서는 1년 동안(1593년 6월~1594년 4월) 153회인 반면 평강에서는 1년 동안(1597년 4월~1598년 3월) 357회의 선물을 받고 있었다. 매월 평균 13회와 30회를 받은 셈이다. 이처럼 차이를 보인 결정적인 이유는 오희문이 가지고 있는 인적 연망의 차이에 연유한다. 임천에서는 이 지역과 별다른 연고가 없었고, 평강에서는 아들 오윤겸이 평강현감으로 있어 많은 혜택을 입을 수 있었다. 아들이 수령인 까닭에 오희문은 필요한 물품은 언제든지 가져다 사용할 수 있었다. 또 다른 사람에게 보내고자 할 때에는 아들이 대신 보내도록 했다. 대체로 오희문의 선물 회수는 유희춘의 절반 정도다. 이는 유희춘이 고위 현직 관료로서 다양한 층위의 배경이 뒷받침되고 있었던 반면 오희문은 그렇지 못하다는 데에서 연유할 것이다. 하지만 임진왜란이라는 전쟁 시기에 놓였다는 점을 감안할 때 오희문의 선물 규모도 결코 작은 것은 아니었다.

오희문이 선물로 받은 곡물의 규모는 매년 62섬(임천 피란기)과 64섬(평강 피란기)으로 나타난다. 곡물류는 쌀 · 콩 · 보리 · 팥 · 녹두 · 조 · 기장 · 들깨 · 밀가루 등이었다. 평강 피란기의 선물 회수가 임천 피란기의 두 배를 넘는데도 불구하고 그 규모는 비슷했다. 이때에는 곡물보다는 다른 물품의 선물이 많았기 때문이다. 이는 유희춘의 경우와 유사하다. 가계가 넉넉지 못하고 형편이 좋지 못할수록 쌀과 같은 생활필수품의 규모는 증가하게 된다. 이는 선물이 대체로 양반가의 필요에 따라 결정되고 있었음을 말해준다. 평강 피란기보다 임천 피란기에는 잡곡류가 아닌 쌀의 비중이 높다. 이는 임천이 금강에 접한 평야지대이고, 평강은 산곡 간에 위치한 까닭이다. 선조31년(1598) 오희문 가의 경작 소출은 64섬 정도다. 그러나 이는 쌀이 아니라 잡곡류가 중심이었다. 따라서 경작 소출과 선물의 규모가 같더라도 경제적 가치는 선물이 훨씬 높은 것이었다.

## 끊이지 않는 선물로 유배생활이 녁녁했던 이문건

이문건의 경우도 마찬가지다. 이문건은 한양에 근거를 두고 있는 양반 관료로 중종·인종 때에 승문원 주서, 시강원 설서, 사간원 정언, 승정원 승지 등을 역임했다. 그러다가 조카 이휘李輝(?~1545)가 명종 초기의 을사사화에 연루됨으로써 능지처사를 당하게 되어, 연좌제로 경상도 성주로 유배를 가게 된다. 그는 이곳에서 22년간 유배생활을 하다가 풀려나지 못하고 죽고 만다.

주목할 만한 점은 유배 중인데도 이문건의 선물은 끊이지 않고 보내졌다는 사실이다. 물론 유배 초반기와 중반기의 상황이 매우 다르게 나타난다. 유배 초기(1545년 10월~1546년 9월)와 중기(1556년 1월~12월) 선물 받은 회수는 각각 535회와 269회로 나타난다. 즉 매월 평균 45회와 22회가 된다. 그러나 이는 이문건이 유배되기 이전 시묘살이를 하던 기간이나 관직생활을 하던 때보다 훨씬 많은 것이다. 유배기만을 볼 때 이문건의 선물 회수는 유희춘과 오희문의 중간 정도에 위치한다. 이는 유배생활이 우리가 생각하는 것과는 차이가 많다는 것을 말해준다. 이문건의 유배생활은 실은 그리 궁색하지 않았고, 오히려 상당한 여유까지 있었다. 그러나 유배자 모두가 그랬다고 보기는 어렵다. 이문건과 경상도 성주는 특별한 관계에 있었다. 성주는 이문건의 관향으로 선대의 산소와 토지가 분포해 있었으며, 같은 성씨들이 흩어져 살고 있었다.

유배 초기 그의 선물 회수는 유희춘을 능가하고 있다. 이문건이 유배되자 주위에서는 오래지 않아 유배에서 풀려 한양으로 올라갈 것이라고 생각했다. 유배는 양반 관료의 정치 상황에서 일상화된 형벌로 누구에게나 닥칠 수 있는 것이었다. 더구나 이 당시에는 유배가 갖는 종신형적 의미는 이미 흐려져 있었다. 따라서 인근의 지방관과 친인척들은 이문건에게 여러 배려를 아끼지 않았던 것이다. 또한 이문건 자신도 유배를 당한 이후 상당한 위기의식을 느꼈다. 이 때문에 그는 친분이 있는 지방관에게 도움을 요청하곤 했고, 이로 인해 상당수의 선물을 받았으며 사용하고 남은 것은 그의 본가가 있는 괴산으로 실어갔다. 괴산의 가족들도 이문건의 선물로부터 경제적인 도움을 받고 있었다.

그러나 10여 년이 지난 후에는 상황이 바뀌었다. 이문건뿐만 아니라 주위에서도 다시 관직에 나가리라는 기대를 하지 않게 되었고, 이문건 스스로 유배지에 정착하려는 모습을 보였다. 그러자 다시 선물의 횟수도 절반으로 줄어든 것이었다.

그러면 이런 선물은 누가 보내주는 것일까. 이를 알아보기 위해 유희춘에게 선물을 보낸 사람을 지방관과 비지방관으로 구분해보았다. 여기서 지방관이란 관찰사를 비롯하여 군현의 병사兵使 · 첨사僉使 · 수령守令 · 만호萬戶 · 훈도訓導 등을 말하고, 비지방관은 이들을 제외한 나머지 인물들로 친인척, 지인, 문도 등이 포함된다. 인적 관계가 중복될 경우 지방관으로 처리했다. 이는 선물의 재원이 사적인 것인지 혹은 공적인 것인지를 고려한 것이다. 여기서 561명 중 285명(51퍼센트)이, 468명 중 260명(56퍼센트)이 지방관인 것으로 나타났다. 평균 55퍼센트에 달하는 수치다. 이문건과 오희문의 경우는 유희춘보다도 지방관의 비중이 훨씬 높은데, 이는 교유 폭이 제한적이고 이들이 지방에 거주했기 때문인 듯하다.

또한 지방관과 비지방관은 보낸 물품에 있어 많은 차이를 보였다. 비지방관의 선물이 단순한 예물 형식이었던 반면, 지방관의 것은 규모도 상당히 많으며 종류도 다양했다. 따라서 경제적 가치로 환산하자면 지방관의 비중이 훨씬 높아질 수밖에 없었다. 즉 지방관과의 친분 정도와 양반가의 경제 생활은 일정한 상관관계에 놓여 있었던 것이다. 이는 친분관계가 높을수록 더 큰 경제적 혜택을 입을 수 있었음을 뜻한다. 그리하여 오희문은 피란생활 중에도 인근의 지방관이 바뀌면 누가 부임할 것이고, 자신과는 어떤 관계에 있는지 열심히 따져보곤 했다.

지방관은 유희춘 집안의 대소사와 가내 사정을 훤히 파악하고 있었다. 그래야만 제때에 필요한 선물을 보내줄 수 있기 때문이다. 즉 가토加土, 소분掃墳, 조사造舍, 혼례, 상례, 제례뿐만 아니라 토지와 노비를 구입할 때에도 선물을 제공하고 있다. 그러면 유희춘은 이를 거절하거나 사양하지 않고 대체로 흔쾌히 받았다. 혹 기대 이상으로 보내오면 흡족해하며 '매우 넉넉하다' '손이 크다' '후하다' '지나치게 많다'라는 기록을 남기기도 했다. 반대로 상대가 요구에 응하지 않거나 보내온 물품이 생각보다 적을 경우 섭섭함을 감추지 못했다. 이러한 반응을 보일 수 있었던 것은 유희춘이 이러한 선물을 뇌물이라고 여기지 않았기 때문이다.

이 선물은 유희춘 본인은 물론이고 강진과 남원에는 사는 누나와 여동생, 순천의 사촌동생, 해남의 첩과 그 자식들에게까지 보내졌다. 그렇기에 선물로 일족一族이 먹고살았다고 해도 지나친 말이 아니었다. 뿐만 아니라 그가 다른 사람에게 물품을 주고자 할 때에는 인근 지방관에게 대신 보내도록 했다. 마치 관물官物을 사물私物과 다름없이 사용하고 있는 것이다.

## 선물경제의 빛과 그늘

근대적인 시각으로 볼 때 16세기에 행해진 양반의 경제생활에는 부정적이고 불합리한 측면이 적지 않다. 그들의 생활에서 선물 수수와 청탁은 일상적으로 이루어졌으며, 관권官權을 등에 업고 둔전을 경작하기도 하고, 방납防納에 참여하기도 했다. 그러나 이러한 것들도 전근대 사회의 경제운용 체제에서는 나름대로의 합리성을 갖는 것이었다.

근대의 국가경제와 재정은 재원의 소비에 있어서 공公과 사私를 분명히 하는 방법으로 진행되었고, 징수에 있어서도 공적인 징수만이 정당성을 확보한다. 이외에 사적인 징수나 재원 지출은 바로 뇌물이나 공금 횡령과 직결되곤 한다. 반면 전근대 사회의 국가경제는 소비와 징수에 있어서 공사가 '분리되지 않은' 혹은 '명확하게 구분되지 않는' 데에 있다. 따라서 조선시대의 상황을 근대의 관점으로 살펴 부정부패와 연결지을 순 없다.

16세기 양반 관료의 선물 수수 행위는 상당히 보편화된 경제운용 체제였다. 더구나 관직을 매개로 한 선물 형태는 지방관이 양반 관료에게 지급하는 것이었으며, 관직을 배경으로 하고 재원을 지방 관아에서 출연한다. 선물에 국가가 일정 부분 관여하고 있다는 측면에서 국가 재분배 체제의 일환으로 이해할 수 있다.

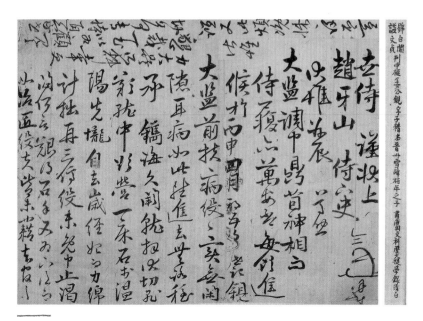

조선시대 청탁 편지의 한 예. "…아뢸 말씀은, 상석床石 하나를 온양의 선산에 놓으려고 작년부터 시작하였는데, 힘은 약하고 계획은 졸렬해서 두세 번 역사를 중지함을 면치 못했습니다. 몹시 민망함을 어떻게 말할 수 있겠습니까? 어렵게 석수石手를 구하여 또 버려 보냈지만, 야장冶工과 역부役夫 같은 경우는 모두 해당 지역 수령의 힘을 빌지 않으면 생각한 바와 크게 다르게 됩니다. 다시 청하옵건대 서찰 한 통을 작성하여 돌봐주실 구실을 삼으심이 어떻겠습니까? 오로지 통가세의通家世誼를 믿고 또 이와 같이 번거롭게 하니, 송구스럽습니다."

양반 관료가 지방관이나 친인척으로부터 정례적으로 받은 선물은 정형화된 하나의 경제 형태였다. 즉, 선물 수수는 소소하면서도 빈번하게 그리고 공공연하게 이루어졌다. 선물을 주고받는 당사자도 당연하게 여겨 도덕적으로 문제의식을 느끼지 않았다. 오히려 필요로 하는 물자를 요구했고, 상대가 호의적이었을 경우 대단히 만족함을 내비쳤다.

만약 당시 사람들이 선물을 뇌물로 인식했다면 그 상황을 일일이 기록하지 않았을 것이다. 조선시대의 일기는 개인의 일상에서 일어나는 것을 잊

어버리지 않기 위해 기록하는 일종의 비망기備忘記였다. 선물 수수를 자세히 기록함은 그 사실을 잊지 않겠다는 것을 의미하며, 기회가 되면 보답하겠다는 의지를 보여준다. 즉, 선물은 갚을 기한이 정해지지 않은 일종의 빚이며 부담이다.

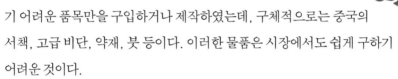

구매력이 높은 양반 관료의 선물 수취는 장시 활용을 제한하여 시장경제의 발달을 저해하는 요인으로 작용했을 것이다. 실제로 유희춘이 10여 년 동안 물자를 구입하거나 제작한 경우는 극히 제한적이었다(물품구입 66회, 물품제작 37회). 이들은 선물로 구하기 어려운 품목만을 구입하거나 제작하였는데, 구체적으로는 중국의 서책, 고급 비단, 약재, 붓 등이다. 이러한 물품은 시장에서도 쉽게 구하기 어려운 것이다.

반면 오희문과 같이 일반적인 양반은 선물의 규모가 제한되어 시장을 활용하는 비율이 높았을 것으로 여겨진다. 그러나 이들은 구매력은 상대적으로 약하여 시장경제를 활성화시키기에는 역부족이었다. 뿐만 아니라 오희문의 경우도 시장보다는 선물을 통해 필요한 물자를 취득하는 사례가 훨씬 많았다.

지방관의 선물은 물자 획득을 위한 효과적인 방법이지만 정도가 지나칠 때는 문제가 되기도 했다. 서로의 묵인 아래 선물을 주고받더라도 서로 간의 이해가 달라지면 상황은 반전될 수 있었다. 이는 유희춘과 남원판관 이원욱李元旭의 관계를 통해 확인된다.

전라감사였던 유희춘은 선조 4년(1571) 4월 남원판관 이원욱이 오랫

서간, 김장생金長生(1548~1631), 1625년, 지본묵서, 32×39.6cm.
김장생이 그의 제자로 보이는 태인 현감의 선물을 받고 쓴 답장이다. 낙마, 전염병, 혼인 등의 내용이 있고, 또한 장끼, 까투리, 메추리 따위의 선물 등에 관한 내용이 보인다. 이 편지를 비롯해 이어지는 서간들은 모두 조선시대에 선물이 얼마나 흔한 것이었는가를 보여준다.

甲寅季夏廿八日

逑頓首

程數日之遠而
再發專价
惠致存問之厚意
令義出乎至情豈此昏陋之所堪感荷已深
懇悚亦多奏展
令札欣悉靈署
令覆萬福傾慰之至又不自已逑今年之衰病
沈舊益加常伴枕席事事呻吟至於
書冊之役有近於專廢者竊自悲歎而
已禮說重修事四月間後生數十輩筆相
裏寫之未畢而纔想於七月旬望後
當爲之再會矣至其竣事之期時不敢
預料爾每發
留念詢問之勤而久未奏遂
今望亦使人不禁愧恨俱集也　別錄三珍
盛惠謹領　至意感荷榮增墳祝
令順厚珍番副脫遠懷不宣謹拜謝狀

서간, 정구鄭逑(1543~1620), 1614년, 지본묵서, 33.2×45.1cm.
"며칠이나 걸리는 먼 길에 거듭 전개專价를 보내 존문하신 후의를 입었습니다. 지극한 정성에서 나온 영감의 의리를, 어찌 이 보잘것없는 사람이 감당할 수 있겠습니까. 너무 고마우며 부끄러움 또한 많습니다. (…) 별록別錄대로 보내신 세 가지 진귀한 선물은, 지극한 성의이니 삼가 받겠습니다. 고마움과 부끄러움이 더욱 많습니다. 철따라 몸조심하시어 멀리 있는 사람의 바람에 부응하시기를 기원합니다. 이만 줄이고 삼가 답장을 올립니다. 1614년 6월 28일 구 올림."

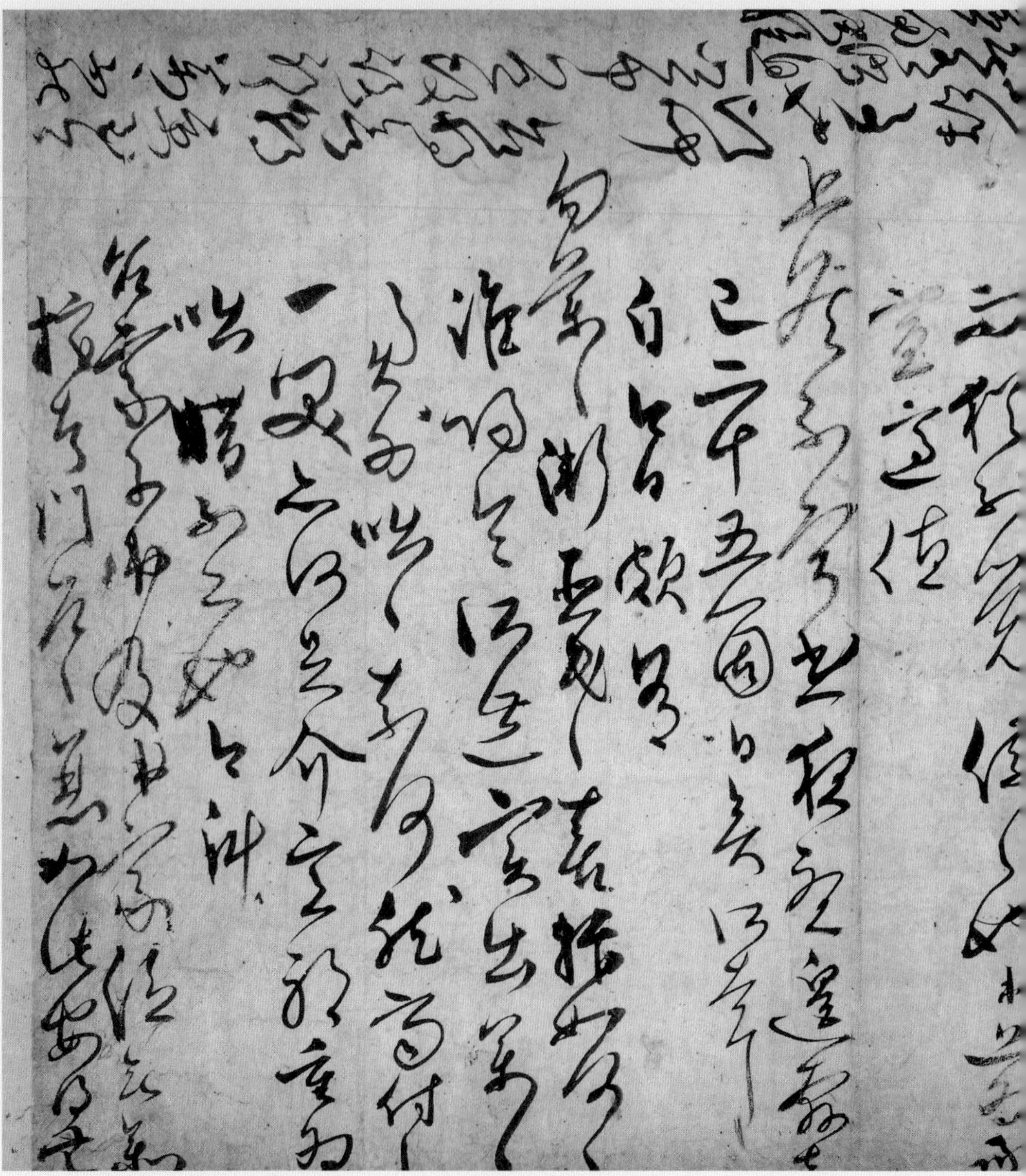

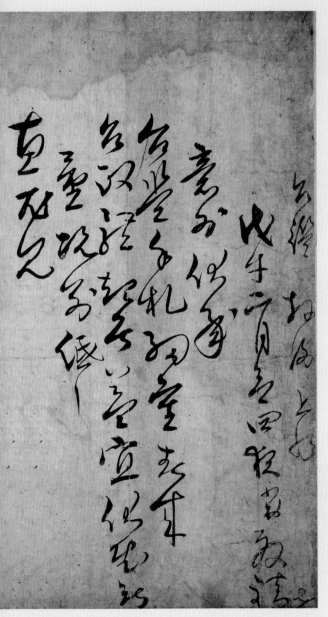

서간, 이하진, 1678년, 지본묵서, 30.1×44.6cm.
"뜻밖에 대감 편지 받고 봄 후로 행정 중에 더욱 건강하심을 자세히 아니, 위로가 헤아릴 수 없습니다. 게다가 별지에 적어 보내신 선물은 대감께서 저를 두터이 사랑하시는 마음을 볼 수 있는 것으로, 그 마음을 본래 알고 있으면서도 저도 모르게 거듭 절했습니다. 저는 근래에 승선承宣이 되었는데 마침 임금께서 편찬으셔서 밤낮으로 마음을 졸이며 뛰어다닌 것이 벌써 25일이나 되었습니다. (…) 이번 파거에는 대감 자제와 제 집에 급제자가 전혀 없습니다. 가문이 이렇게 쇠약하니, 어찌 그러한 일이 없겠습니까. 전에 들으니 대감께서 서울에 오신다고 하면데 지금까지 소식이 없으니, 혹 중도에 길을 바꾸었는지요? 할 말은 많지만 이만 줄이고 삼가 답장을 올립니다. 1678년 2월 24일 소제 하진 올림".

동안 병석에 누워 있어 정사를 돌보지 못하자 자리를 오래 비워둘 순 없다 하며 파직시켰다. 자신의 접대와 향응에 맞지 않는 유희춘의 처사에 섭섭함을 느꼈던 이원욱은 한양에 올라가 유희춘에 대한 잡다한 소문을 퍼뜨리고 다녔다. 즉, 유희춘이 순행巡行할 때 사사로이 개인 집에서 자고, 관장官匠을 이용해 집을 짓는가 하면, 영리營吏로 하여금 집짓는 일을 감독하게 했다고 한 것이다. 이 문제는 한양에서 상당한 파장을 일으켰던 것으로 보인다. 이 때 유희춘은 한양의 동향에 대하여 민감하게 반응했다. 자칫 잘못하면 커다란 위험을 초래할 수 있었기 때문이다. 다행히 이 사건은 별 탈 없이 무마되기에 이른다. 여기에는 유희춘의 학문적인 위치, 선조 임금의 특별한 신임, 유희춘의 두터운 인적 배경 등이 작용했다. 그러나 만일 유희춘의 정치적인 상황이 좋지 않았다면 크게 문제가 될 수도 있는 사건이었다.

## 특별한 선물, 칭념

조선중기 일기류 자료에는 정형화된 형태의 용어가 자주 등장하는데 칭념稱念도 그중 하나다. 이는 양반의 생활방식이나 경제운용 형태, 교유관계 등을 담고 있는 용어다. 전근대 사회일수록 경제생활은 개인이 가지고 있는 사회·정치적인 역량이나 인적인 연계망과 밀접한 관련을 지녔다. 그동안 칭념은 수령을 통해 자신의 노비를 통제하는 방식으로 이해되었다. 여기에 서로 친분이 있는 인물들 사이에 마음을 전달하는 예물禮物이라는 또다른 의미를 추가할 수 있다. 양반은 이러한 칭념을 통해 자신의 인적 연망을 강화시킬 수 있었다. 여기서는 노비 문제는 제외하고 선물로서의 칭념에 대해서만 살펴보자.

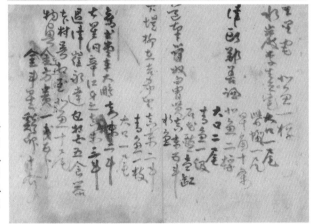

物目, 미상, 20.7×21.8cm, 북촌미술관 소장. 민어와 꿩, 서초西草 등 물품을 적은 문기. 서초는 담배를 가리키며, 끝에 제際는 문서가 끝남을 뜻한다. 간찰이나 기타 문서에 첨부된 별지로 보인다.

『미암일기』와 『묵재일기』는 상호 보완적인 자료다. 『미암일기』는 유희춘이 충청도 은진恩津에서 유배생활을 하다가 곧바로 풀려나 중앙에서 관직생활을 하던 시기의 기록이다. 반면 『묵재일기』는 이문건이 중앙에서 잠깐 활약하다가 성주로 유배되어 생활했던 모습이 중심을 이룬다. 즉, 『미암일기』에서는 칭념(부탁)하는 모습을, 『묵재일기』에서는 칭념받는 모습을 확인할 수 있다.

칭념이라는 용어는 원래 불교의 칭념제불稱念諸佛에서 비롯되었다. 즉,

'마음속에 염원한 바를 드러내다' '부탁하다' 라는 뜻이다. 이러한 칭념은 대체로 지방관을 통해 전달되었다. 신임관은 부임하기 전에 중앙의 고위 관원 및 해당 군현 출신자를 만나 교사와 조언을 청취하고 하직 인사를 하였다. 또한 신임관이 부임할 때는 관례적으로 동료 관인들이 전별연을 열어주었다. 칭념은 대개 이러한 자리에서 이루어졌던 것이다.

이는 유희춘도 마찬가지여서, 전라도 지역에 임명된 지방관은 부임하기에 앞서 의례적으로 그의 집을 방문했다. 유희춘의 본가는 물론 외가 · 처가 모두 이 지역에 있었기 때문이다. 뿐만 아니라 다른 지역으로 부임하는 자들도 유희춘을 찾아뵙는 것이 원칙이었다. 당시 유희춘이 중앙의 유력한 관료였기 때문이다. 이러한 자리를 통해 필요한 정보를 주고받는 것은 물론이고, 개인적인 부탁稱念이 오가곤 했다. 만일 직접적으로 선이 닿지 않을 경우 다른 통로를 통해 부탁할 수도 있어 칭념의 범주는 상당히 넓은 편이었다.

이들 지방관은 임지에 도착하면 곧바로 칭념을 처리했다. 즉, 수령은 현지에 있는 양반을 직접 찾아가 칭념 사실을 전달하고 있다. 경상도 성주에서 유배생활을 하던 이문건은 지방관의 부임을 계기로 하여 한양에 있는 중앙 관료로부터 칭념을 받게 된다. 227개월 안에 107회에 걸쳐 받은 셈이다. 이는 대개 두 달에 한 번 정도였던 것이다.

문제는 칭념의 내역이 '현물의 전달' 이라는 사실이다. 일반적으로 물품은 칭념자가 부담하는 것이고, 수령은 단지 전달자의 역할만을 한다고 볼 수 있다. 그러나 실제로 그렇지 않았다. 부탁하는 자는 단지 칭념자의 명단만 전달할 뿐이고, 나머지 과정은 지방관이 처리하였다. 사실 새롭게 부임하는 지방관이 부탁받은 물품들을 싣고 간다는 것도 쉽지 않았다. 임지에 도착한 지방관은 그 지방의 재원을 가지고 이들에게 칭념을 지급했다. 칭념을 지방의 재원으로 처리하는 만큼 지방 재정을 압박할 수밖에 없었다.

칭념은 결국 양반이 관아의 힘을 빌려 서로간의 마음을 확인하는 과정이라고 하겠다. 선물을 받은 자는 지방관이 아니라 칭념자에게 고마운 마음을 갖게 된다. 이로써 서로간의 인적 연계망을 보다 공고히 해갈 수 있었던 것이다. 칭념의 전달자가 지방관이고, 재원이 지방 관아에서 출연된다는 점에서 훗날 이는 지방 재원을 고갈시키는 원인이 되기도 했다. 물론 선물 중에도 지방관이 보내는 부분이 절반 이상이라는 사실은 앞서 언급한 바와 같다. 그러나 선물은 지방관이 직접적인 시혜자이지만 칭념의 경우는 중간 전달자에 불과했다. 16세기는 조선후기와 달리 교유관계가 학파나 붕당과 관련되지 않고 지연·학연·혈연의 복잡하고 중층적인 교유망을 형성하고 있었다. 따라서 칭념자와 이문건과의 관계를 추적한다면, 16세기의 교유 형태가 드러날 것이다.

그러면 칭념은 어느 정도의 규모였을까. 앞서 살펴보았듯이 칭념은 선물만큼 흔한 것은 아니다. 게다가 물목이 다양한 것도 아니었다. 대개는 쌀 1섬, 콩 1섬으로 액수가 정해져 있었다. 칭념의 규모는 지방관의 교체와 일정하게 관련되어 있었다. 지방관의 교체가 잦을수록 칭념의 규모가 늘어났다. 그러나 여기에는 정치적인 상황도 한몫 작용했다. 이문건은 유배 초기와 명종 20년(1565)에 칭념이 다소 늘어났다. 유배 초기는 유배를 위로하는 안타까운 마음에서였을 것이고, 명종 20년은 정치적인 상황의 반전과 관련이 있다. 명종 중반기부터 을사사화에 화를 입은 자들에 대한 신원伸寃의 기운이 감돌더니 문정왕후가 죽고 윤원형尹元衡이 축출되면서 본격적인 신원이 시작되었다. 그러자 이문건 자신은 물론이고 주위에서도 머지않아 상경할 것이라는 기대를 품었다. 멀리 떨어져 있는 중앙의 관료들도 같은 생각을 가지고 있었다. 따라서 이때가 되면 갑자기 칭념의 수효가 늘어나고, 하나의 단자에 여러 명이 칭념을 하기도 했다. 경우에 따라서는 30명이 한꺼번에 칭념한 경우도 확인된다. 그렇다고 칭념자의 수효와 물품의 규모가 일치하는 것은 아니었다. 30명이 칭념을 하더라도 물품의 규모는 큰 차이가 없었던 것이다.

# 국가가 견제한 양반들의
# 화려한 주거 문화

◉

양반의 거주지와
주거생활

이재희 · 국사편찬위원회 고서전문원

인곡정사, 『퇴우 이선생 진적첩』, 1746년, 32.3×
22cm, 개인 소장. 정선이 자신이 살았던 집을 그린
것으로, 조선시대 선비 가옥의 한 면모를 보여준다.

조선의 가옥 형태는 중국에서 가져온 것도 있다. 중국 선비들의 가옥과 그 주변 산수풍경을 보면 조
선의 선비들이 누리던 것과 유사한 것이 많다. 그림은 1679년 중국 선비 가옥의 여름 풍경.

사람이 한평생을 살아가는 집에는 자연환경과 함께 시대에 따른 가치관, 제도, 생활문화 등 다양한 면이 반영된다. 조선시대 양반들이 살던 집도 마찬가지여서 이 땅의 자연환경에 대응하기 위해 만들어진 것이 있는가 하면, 전근대 신분제 사회여서 그에 따른 제약도 있었으며, 조선사회를 이끈 성리학적 이상과 생활문화를 실현하기 위해 나타난 특징 등 여러 요소가 복합되어 조선시대 전형적인 양반집이 출현하게 되었다.

## 양반들은 어디에 집터를 정했을까?

조선시대 양반이 살던 마을이 자리 잡은 곳의 특징 중 하나가 대부분 수령의 관아인 동헌이 있던 읍치 밖에 있었다는 것이다. 2007년부터 2009년에 걸쳐 경상북도 안동시 하회마을에 있는 겸암종택謙庵宗宅 양진당養眞堂(입암고

하회마을 양진당.

택立巖古宅)을 해체 · 수리하던 중 상량문上梁文이 발견되었다. 이 상량문은
임진왜란으로 불탄 양진당을 1620년대 다시 지은 집주인 유원직柳元直이
쓴 것이다. 상량문에 따르면 풍산 유씨는 본관명에도 나오듯이 원래 풍산
읍내에 살았으나 유원직의 8대조 유종혜柳從惠가 고려 말 처음 하회마을에
자리 잡았다고 한다.

　　풍산 유씨는 원래 고려시대 풍산현의 유력한 향리 집안이었으나 품관
品官이 되어 사족士族이 되었다. 즉 고려시대의 중앙집권이 강화되면서 전국
각 지역에서 큰 영향력을 행사하던 향리직의 지위가 낮아지고 향역이 고역
이 되면서 고려 말 사족과 이족吏族으로 나뉘었는데, 수령을 돕는 향리직을
수행한 이족은 읍치邑治에 그대로 살고 사족은 읍치 바깥, 즉 경제적 기반인

安東府

음치

유종혜가 살던 하회마을

광여도 중 '안동부', 19세기 전반, 36.8×28.6cm, 규장각한국학연구원 소장.

소유 토지가 있는 곳으로 이주한 변화와 연결되어 있다. 이렇게 이주한 사족은 고려시대의 향리를 조선시대의 향리와 동일시하여 조상이 향리였다는 사실을 감추는 것이 일반적이었다. 유종혜의 하회 이주는 그러한 대표적인 예라 할 것이다. 오늘날 조선시대에 지어진 많은 양반집 중 당시 읍치가 있던 곳에 자리 잡고 있는 예를 극히 찾기 어려운 것은 읍내에 있던 집들이 급격한 사회 변화로 사라졌기 때문이 아니라, 이처럼 조선시대 양반의 주거지가 대부분 읍치 바깥에 있었기 때문이다.

읍치 바깥이라는 원칙이 정해져도 실제 터를 잡는 것은 간단한 일이 아니었다. 조선후기 이중환李重煥이 지은 『택리지擇里志』는 흔히 팔도지리라고 하지만 택리지 또는 팔도가거지八道可居志라 부르는 이름 그대로 어디가 살기 좋은 곳인가를 찾아보고 그 결과를 소개한 책이라 할 수 있다. 이중환은 사람이 살 곳을 고를 때 고려해야 할 사항으로 지리地理, 생리生利, 좋은 인심, 아름다운 산수를 들고 이 네 가지가 잘 갖춰져야 살기 좋은 곳이라 하였다. 평생 여러 번 이사 다니는 요즘과 달리 조선시대에는 집을 한 번 지으면 자자손손 이어 사는 까닭에 그만큼 더 신중하게 고를 수밖에 없었다.

집터를 정할 때 크게 영향을 미친 것으로 풍수지리를 많이 든다. 풍수지리는 온 세상이 기氣로 되어 있고 당연히 땅에도 기가 있어서 그 기가 사람들의 삶에 영향을 준다고 믿어 좋은 기가 넘치는 곳을 찾는 것이라 할 수 있지만 한편으로는 자신들이 살고 있는 곳을 기를 빌려 좋은 땅으로 설명하기도 하였다. 즉 풍수지리의 명당론을 들어 자신들의 입지를 정당화하는 주장이었다고도 할 수 있다.

조선시대 사람들이 주택 건축과 관련하여 저술한 책에는 집터를 잡고, 집을 짓는 과정에서 지켜야 할 것, 피해야 할 것이 매우 자세하게 실려 있다.

이중환의 『택리지』.

그 내용을 보면 중국에서부터 전해온 것도 있고 조선에 들어와 처음 더해진 것도 있는데, 오늘날에도 쉽게 이해되는 것이 있는 반면 어떤 것은 왜 그럴까 쉽게 납득이 가지 않는 부분도 있다. 하지만 현재의 관점이 아니라 과거 상황 속에서 살펴보면 적어도 처음 그것이 기록될 당시는 의미 있는 것이었음을 알 수 있다. 가령 뒷간을 지을 때 자방子方과 축방丑方은 흉하다는 등 방향에 따라 길흉이 있다고 하는 부분은 왜 그런지 알기 어렵다. 반면 뒷간에 갈 때 뒷간과 3~5보 떨어진 거리에서 두서너 번 기침을 하면 뒷간 귀신이 사라진다는 말은 예전의 뒷간을 떠올리면 왜 이런 말이 나왔는지 쉽게 이해할 수 있다. 또 방이 깨끗하면 좋은 기운을 받지만 그렇지 않으면 나쁜 기운을 받아 무엇이든 이루어지지 않는다고 한 것은 위생을 기를 통해 강조한 것이다.

## 양반집은 99칸까지?

양반들은 경제적인 능력만 되면 마음껏 크게 집을 지을 수 있었을까? 먼저 오늘날 집 크기는 대지와 건물의 면적(제곱미터)으로 표시하지만 과거에는 칸間으로 나타냈다. 칸이라 하면 방으로 생각하여 몇 칸 집을 방이 몇 개 있는 집으로 받아들이기 쉽지만 과거의 칸은 기둥 두 개 사이 또는 기둥 네 개로 이루어진 공간을 가리키며, 따라서 칸에는 절대적인 크기가 없고 어떤 부재를 사용하느냐에 따라 같은 한 칸이라도 그 크기는 다양했다. 한옥은 건물 한 채로 완성되는 것이 아니라 여러 채를 합해야 비로소 집이 완성되어 각 채의 칸수를 모두 합하여 집의 규모를 표시했다.

단원 김홍도가 노년에 그린 「삼공불환도三公不換圖」는 향촌에 사는 삶을 삼정승과도 바꾸지 않겠다는 뜻을 담은 그림이다. 이 그림에 등장하는 집은 전체가 보이지는 않지만 안채와 사랑채, 서실, 연꽃 위의 누마루, 마굿간, 솟을 대문이 있는 행랑채를 갖춘 큰 규모의 집이다.

이에 비해 17세기에 활동한 초려草廬 이유태李惟泰가 지방에 은거하기 적당한 집으로 권한 주거는 소박하다. 우암 송시열, 동춘당 송준길 등과 같이 교유활동을 했던 그는 함경도 유배 중 후손들에게 집 안을 어떻게 꾸려야 하는지를 가르치기 위해 가정교훈서인 『정훈庭訓』을 저술하였다. 이 『정훈』의 「거실지의居室之儀」에서 집의 모델을 제시하고 있는데 그 규모를 보면 사당 3칸에 제고祭庫 2칸, 안채는 5칸, 아래채는 2칸, 헛간채 3칸, 사랑채 3칸,

삼공불환도, 1801년, 견본수묵담채, 133.7×418.4cm, 리움미
술관 소장.

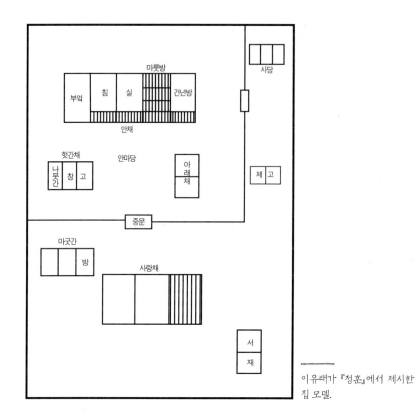

이유태가 『정훈』에서 제시한 집 모델.

서실 2칸, 마구 3칸, 별고 2칸 등 모두 25칸 정도였다. 이유태가 제시한 집은 단원의 「삼공불환도」에 나오는 집보다 훨씬 단출하다.

한편 흥부가에서 흥부가 형에게 쫓겨나 처음 집을 지을 때는 수수밭에 들어가 수숫대 한 뭇을 베어다가 집을 다 짓고도 반이 남을 만큼 옹색했다. 그러나 제비가 물어온 박씨를 심어 그 박을 타자

"그때의 박통 속에서 사람들이 나오는듸 석수, 목수, 와수, 토수, 각색 장인

수백 명이 각기 연장 짊어지고 돌과 나무, 기와들을 수레에 싣고, 썰매에 싣고, 소에 싣고, 말에 싣고, 지게에도 짊어지고 떼미로 줄로 끌며 지레로 밀고 나오는듸 (…) 흥보가 눈을 가만히 뜨고 보니 그 사람들 간곳없고 초막집도 간곳없고 기와집 수백 간을 대궐같이 지었났는듸, 강남 사람 재주들은 이와 같이 기이헌가, 벽 붙인 그 진흙을 어느 겨를 다 말리워 도배 장판 반자마자 흰칠하게 하였겄다.

집 형상을 살펴보니 동산 하 너른 곳에 팔괘를 놓아서 원담 치고, 네모기둥에 도리 얹고, 부연 달고, 차양 달고, 모년 모월 모일 모시 입주상량이라 뚜렷이 새겨놓고 새 걸고 산자 얽어 암개와는 뒤집어놓고 수개와는 엎었으니 와가 장군 내렸난듯 안벽치고 밖벽치고 장유지 굽도리 도배까지 고루거각에 개와 집으로 지었구나. 안채를 살펴보니 간좌곤향 오문에다 좌향대로 앉혀놓고 사랑채, 행랑, 별당, 초당, 서당, 곳간을 빼트러 지었는듸 안팎중문, 솟을대문 이며 벽장 다락이 좋을시고……"

하여 대궐 같은 집을 지었다고 하였다. 이 같은 집이 조선시대 실제로 가능했을까?

『삼국사기』에는 신라에서 골과 두품에 따라 집의 크기뿐 아니라 부재, 장식품에도 제한이 있었던 것이 자세히 나온다. 신분에 따른 규제는 전근대 사회에서 늘 있는 것이었고 조선에서도 예외는 아니었다.

세종은 "대소 신민의 가옥이 정한 제도가 없어, 서민의 가옥은 참람하게도 공경公卿에 비기고 공경의 주택은 참람히 궁궐과도 같아서, 서로 다투어 사치와 화려함을 숭상하여, 상하가 그 등위等位가 없으니 실로 온당하지 않은 일"이라면서 신분에 따라 집 칸수를 규제하고 부재와 장식에도 제한을 두도록 하였다. 세종대와 성종대에 칸수만이 아니라 칸의 크기도 제한하는 논의가 있었지만 『경국대전』에는 대군大君 60칸, 왕자군이나 공주 50칸, 옹주나 종친, 2품 이상의 문무관 40칸, 3품 이하면 30칸, 서민 10칸이 신분별로 지을 수 있는 집의 최대 크기로 나온다.

## 매끈하게 다듬은 돌, 단청도 규제 대상

조선 초 새로이 도읍을 정한 서울에서 저마다 원하는 대로 집터를 정하면 대지가 부족하게 되므로 지위에 따라 대지를 차등 분배하기로 했다. 태조대에는 정1품 35부부터 시작하여 5부씩 줄여 6품 10부, 서민은 2부씩 주는 것으로 정했다. 그러나 이것도 『경국대전』에서는 대군·공주 30부, 왕자군·옹주 25부, 1·2품은 15부, 3·4품은 10부, 5·6품은 8부, 7품 이하 및 유음자손有蔭子孫은 4부, 서인은 2부를 주는 것으로 하여 태조대보다 줄어들었다.

이처럼 칸수를 제한하고 서울에서는 대지를 제한하는 논의가 일찍부터 있었고 법전에까지 실렸지만 규정은 처음부터 제대로 지켜지지 않았다. 세종대 조서안趙瑞安처럼 애초 집을 크게 지으려고 재목과 돌을 준비했으나 제도가 정해지자 스스로 한도 안에서 작게 지은 극히 드문 예도 있었고, 법제보다 크게 지은 집을 적발하여 헐어버리고 또 주인을 파직하는 때가 있기는 하였다.

그러나 대부분 이 규제를 가장 크게 어긴 것은 시기마다 당대의 실세들이어서 제대로 적발하거나 처벌하기 쉽지 않았다. 서울에서 호화 주택을 적발한 책임을 진 한성부에서 당시 실권자의 집은 적발하지 못하고 작은 것들만 잡는다고 비난받는 경우도 있었다. 거기에 더해 조선시대 내내 가장 논란이 되는 것이 왕자나 공주의 집이었다. 법제상 왕자와 공주는 가장 큰 규모로 지을 수 있었지만 왕이 자녀들의 집을 제도보다 더 크게 지어주려 했기에 계속 논란이 되었다.

영의정이라도 50칸까지만 지어야 하나 이것을 지키는 경우는 별로 없었다. 또 이대로만 지으면 좁아서 살기 어렵다면서 현실에 맞게 제도를 고치자는 논의가 17세기 현종대에 있기도 했으나 새로운 한도를 정하지는 못하고 고종대 『대전회통大典會通』에서도 『경국대전』의 조항과 달라지지 않았다. 이런 연유로 법전에 실린 칸수 규제는 별로 의미가 없었고 우리가 흔히 듣는 양반집은 99칸까지 지을 수 있다는 말이 나오게 된 듯하다.

하지만 실제 조선후기에는 100칸을 훨씬 넘는 집들도 있어서 조선 말에 그려진 것으로 보이는 장서각 소장 가사도면을 보면 가장 넓은 집은 180칸이 넘었다. 또 18세기 후반에 지은 전라남도 구례의 운조루雲鳥樓도 처음 80칸 가까이를 아들에게 물려주었고 현재 남아 있는 것도 70칸 이상이어서 법제상의 규제를 벗어나 있다. 이렇게 보면 가사 칸수 제한을 넘어서는 것은 서울이나 지방이나 차이가 없었던 듯하다.

칸수 제한 말고도 살림집에는 주춧돌 외에는 매끈하게 다듬은 돌과 공포, 단청도 쓸 수 없지만 조상에게서 물려받은 집이거나 구입한 집, 사당은 예외로 하였다. 공포 금지는 꽤 엄히 준행되어 오늘날 익공 형태의 단순한 공포라도 쓴 집은 대개 조선전기에 지어진 집이다.

건물을 장식하고 보호하는 단청은 특히 그 제한 규정이 엄격하게 적용된 것 같다. 중종대 송일宋軼은 자신이 정승이 될 것을 알지 못하여 집의 칸수가 제도를 벗어났고 단청까지 했다고 하면서 사직하자 중종이 받아들이

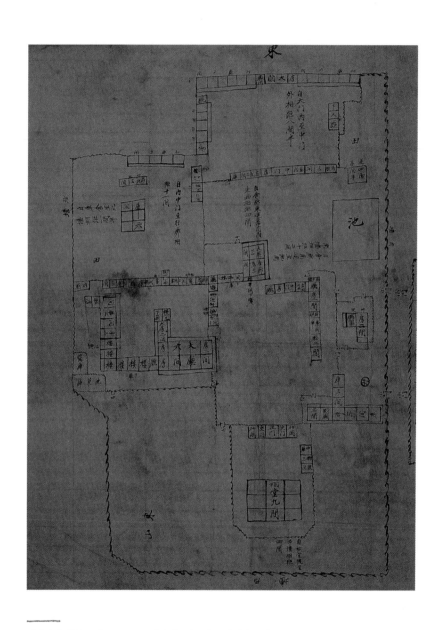

사대부가 배치 도형, 57×70cm, 한국학중앙연구원 장서각 소장.

구례운조루가도, 구례 운조루 소장.

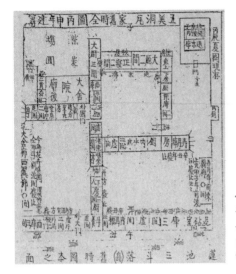

구례 운조루 가도家圖의 건축 도면. 전체 건물 구도를 한눈에 볼 수 있으며, 가옥의 평면과 규모, 건물의 존폐 현황을 수치로 표시했다.

지 않은 예가 있기는 하지만 더 잘 지켜진 듯하다. 연산군대에 한강변 두모 포豆毛浦에 지은 정자를 중종이 제안대군齊安大君에게 하사하였는데 신하 된 자로서 거처할 수 없다는 주장이 제기되자 중종은 단청을 긁어내도록 할 정도였다. 실제 오늘날 남아 있는 양반집에서 사당을 제외하면 단청을 쓴 예는 극히 드물다.

　이외에도 살림집에서 둥근 두리기둥보다는 네모기둥을 쓰고, 지붕도 부연이 없는 홑처마로 하고, 기와도 막새를 쓰지 않아 수키와를 아구토로 마감한 것이 일반적이어서 궁궐이나 관아 건물들보다 격을 낮춘 것을 볼 수 있다.

　조선시대에는 위세 있는 양반가에서는 많은 노비를 소유하여 주인집과 떨어져 농업에 종사하는 외거노비도 있었지만, 양반가의 의식주 생활에 필요한 노동력의 대부분을 제공한 솔거노비들도 있었다. 집에 함께 생활하

양동마을 월성 손씨 노비들이 살았던 가랍집.

　는 노복들이 사는 곳이 행랑이었다. 행랑은 대문에 붙어 있거나 안채로 들어가는 중문에 붙어 있었으며, 사랑채나 안채보다 기단부터 낮게 하고 전체적으로 규모도 작게 하여 낮은 신분의 사람들이 쓰는 공간임을 쉽게 알 수 있다. 이 행랑은 집의 칸수를 지나치게 많게 한 경우에도 규정된 칸수 계산에서 제외해야 한다는 주장이 제기될 정도로 양반가에서는 필수적인 공간이었다.

　　양반집 중에는 행랑채 이외에 집 주변에 독립된 노비 가옥을 지어 때로는 쉽게 부릴 수 있게 하는 한편 집 주변을 지키는 역할을 하게 한 집도 있었다. 이런 노비 집을 지역에 따라 호지집 또는 가랍집이라 하였다. 『정훈』에

양진당의 행랑.

서 집안일을 위해 부릴 노비를 각각 2명, 3명을 들면서 이들이 거처할 공간을 따로 언급하지 않은 것은 집 근처에 이런 집들을 두는 것을 전제했기 때문일 것이다.

## 성리학적 세계관에 따른 사당과 내외 구분

고려 말 성리학은 받아들인 사대부들은 생활문화를 주자朱子가 제시한 『가례家禮』에 따라 바꾸려 하였다. 대표적인 것이 상례喪禮에서 삼년상을 적극 권하고, 삼년상이 끝난 후에는 신주를 집 안에 모시기 위해 가묘家廟(사당)를 세우도록 한 것이다. 처음엔 지지부진하던 것이 정착되면서 사당은 집에서 정신적인 중심으로 자리 잡게 되었고 특히 적장자 상속이 점차 사회의 대세가 되면서 가계를 계승하는 상징적인 공간이 되었다. 더구나 공신이거나 유학에 큰 업적을 남겨 불천위不遷位를 인정받은 인물이 있는 경우 별묘를 세웠으며 이는 가문의 영광이었다.

사당은 대체로 남향한 집에서 사랑채나 안채 동쪽 높은 곳에 세우고 따로 담을 둘러 구역을 나누었다. 대개 전면 3칸으로 된 사당은 맞배지붕에 조선시대 살림집에서 쓸 수 없던 공포와 부연, 단청을 쓰기도 하여 주거 공간의 중심인 안채나 사랑채보다 더 공을 들였다. 이는 왕실의 종묘에서 궁궐과 달리 공포를 다포로 하지 않고 지붕도 부연을 쓰지 않은 홑처마로 하였으며 단청도 두 가지 색만 칠하는 단순한 것으로 하여 엄숙함과 경건함을 느끼게 한 것과 매우 대비된다.

성리학의 도입에 따라 달라진 생활문화의 하나가 남녀의 구분과 차별이었다. 조선초기 태종대에 서울 오부五部에 부부가 침실을 따로 쓰도록 명을 내린 데에서도 알 수 있듯이 지극히 사생활의 영역이라 할 만한 부분까지 국가에서 성리학적 이념에 따라 바꾸려 했다. 남녀 내외가 강화되면서 실제 집을 지을 때 반영된 것이 원래 주인 부부가 살던 살림채를 안채와 사랑채로 나누어 남주인을 위한 공간으로 사랑채를 짓는 것이었다. 사랑채를 별도로 짓는 것도 처음부터 널리 보급된 것이 아니었음은 양진당 상량문에서 처음 하회로 이주하여 수백 년 동안 사랑채가 없다가 1500년대 중반에야 처음으로 지었다는 데서도 확인할 수 있다.

이렇게 독립된 사랑채는 대문을 들어서면 정면에 높은 기단을 올리고 세웠다. 이 사랑채는 방문자에게 집의 권위를 보여주는 곳이고 주인의 일상 생활이 이루어지는 곳으로 특히 손님을 접대하는 '접빈객接賓客'과 교류가

함양 일두고택 사당, 정면 3칸에 두리기둥, 익공, 겹처마, 단청으로 장식하였다.

행해지는 공간이었다.

이유태는 『정훈』에서 남자가 열 살이 되면 사랑방에 나가 자며 여동생을 안방에서 보더라도 한자리에 앉지 않으며 같이 장난하고 농담을 해서도 안 된다고 하였다. 안채에는 대청을 가운데 두고 안방과 건넌방이 있어서 안방에는 안주인이 건넌방에서는 딸이나 며느리가 생활했고, 사랑채 역시 사랑방에서는 주인이 건넌방이나 작은 사랑에서는 아들이 생활했다. 우물과 뒷간도 안팎이 함께 써서는 안 된다고 하였다. 또 남종은 안뜰을 청소할 때가 아니면 중문 안으로 들어가지 못하도록 했다. 사랑채 쪽에서 안채가 그대로 들여다보이는 것을 막기 위해 논산 명재明齋 고택 중문 안쪽에 내외 벽을 두어 시선을 차단하기도 하고 경주 양동마을 서백당書百堂처럼 안채와

양동마을 서백당 내외담.

사랑채가 앞뒤로 붙어 있을 경우는 그 사이에 내외담을 쌓기도 하였다.

　한편 안채를 들어갈 때는 중문을 통하도록 했지만 사랑채에 머무는 주인이 매번 중문을 거쳐 들어가는 것은 불편했기에 바깥에서는 쉽게 눈에 띄지 않게 안채와 사랑채를 잇는 통로를 만들어두기도 했다. 하지만 서유구는 서울의 ㅁ자집이 바깥채와 내실을 연결하여 비올 때 출입하기 편리하도록 한 데 대해 안팎을 구분해야 한다며 비판했다.

## 방보다 넓은 마루와 온돌의 완성

우리 한옥에서 보이는 큰 특징 중 하나로 마루와 온돌의 결합을 들곤 하는데

이 결합이 완성된 때가 조선시대라 할 수 있다. 조선시대 양반집은 대개 넓은 마루를 안채와 사랑채의 중심에 두었다. 안방이나 사랑방은 커봐야 두 칸이나 네 칸 정도였지만 마루는 여섯 칸 이상인 경우도 흔하여 단일 공간으로는 가장 넓었다. 양진당 상량문에서도 처음 사랑채를 지었을 때 마루가 동쪽으로 여섯 칸이고 그 서쪽에 방이 두 칸이었다고 한다.

이처럼 마루가 넓은 것은 관혼상제의 장소로 이용되었기 때문이다. 혼례는 안마당에서 초례청을 차리는 것이 일반적이었고, 이유태는 『정훈』에서 제사는 항상 사랑채에서 지내도록 하였다. 겸암종택 양진당의 경우 4대 기제사는 안채에서, 불천위제사는 사랑채에서 지낸다. 이때 방만으로는 좁기 때문에 대청에서 안방이나 사랑방으로 들어가는 문을 미닫이나 분합문으로 만들어 많은 사람이 모였을 때 문을 떼거나 들어올려 방보다 훨씬 넓은 마루로 방 공간을 확장할 수 있었다.

고구려의 쪽구들에서 시작된 바닥 난방 방식이 방바닥 전면에 구들을 놓고, 또 방에는 전부 온돌을 깔게 된 것도 조선중기 이후부터다. 성호 이익은 『성호사설』에서 '백 년 전만 하더라도 공경대부의 큰 집이라도 온돌은 1~2칸에 불과하여 노인과 병든 자가 머물고, 나머지는 모두 마루를 깐 방에서 생활하여 마루방 가운데 병풍을 두르고 두터운 요를 깔아 여러 자녀가 거처하는 방을 삼았으며 온돌이라고 하여도 겨우 말똥을 때어 연기만 나게 할 정도' 라는 노인들의 말을 전하고 있다.

인조대에 양반집에서 온돌이 보급되자, 궁궐의 나인들이 사대부 집종들도 온돌에 거처하는데 나인이 마루방에 살아서야 되겠느냐고 하여 대궐 안에 온돌이 늘어남으로써 기인의 땔나무 조달하는 부담이 커졌다고 이를 되돌리려는 시도가 있었지만 성공하지는 못한 듯하다. 숙종대 송시열도 궁

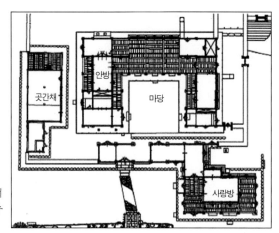

논산 명재고택 평면도. 집에서
마루가 차지하는 비중을 볼 수
있다.

인이 마루방에 살던 제도를 회복하자고 했지만 윤허를 받지 못했다.

　온돌이 일반화된 시기에 활동한 서유구는 온돌을 제대로 만들지 않아
땔감의 낭비가 심하며 그에 따라 나무가 점점 귀해지고 또 산이 벌거벗어 홍
수가 나면 산의 모래와 진흙이 씻겨 내려가 논밭을 덮어버리는 폐단이 있다
고 지적했다. 또 조선후기 각 지방의 수령이 처리한 소송 중 가장 큰 비중을
차지한 것이 산의 무덤 자리와 나무를 둘러싼 갈등인 산송山訟인 것에서도
온돌 보급의 영향을 볼 수 있다.


## 집을 어떻게 매매했을까?

조선시대에 향촌에 거주하는 양반의 경우 한 집에서 평생을 살고 자자손손
이어 사는 것이 일반적이었다. 그러나 오늘날처럼 빈번하게는 아니지만 조
선시대 양반들도 이사와 부채 등의 이유로 집을 매매했다.『경국대전』에는

토지와 집의 매매는 15일이 지나면 물리지 못하고 100일 안에 관에 보고하여 공증을 받도록 규정했다.

그런데 조선시대 양반들은 토지, 노비, 집 등 대부분의 매매에서 자신이 전면에 나서는 것을 꺼려 노비를 통해 거래하는 것으로 모양새를 갖췄다. 이를 위해 노비에게 위임장인 배지牌旨를 작성해주는 일이 먼저 있었고, 이 위임장을 받은 노비가 사려는 사람을 찾아 매매계약서를 작성했다. 이 계약서를 가지고 관에 공증을 신청하면 관에서는 매도자, 증인, 작성자를 불러 사실 여부를 확인하고 입안立案이라는 이름으로 공증하는 절차를 밟는 것이 원칙이었다.

규장각에 소장된 고문서를 통해 가옥 매매의 예를 살펴보면 상전인 직장直長 이씨는 1719년(숙종 45) 11월 2일 3년 전 소송을 통해 소유를 확정한 서울 중부中部 정만석계丁萬石契에 있는, 기와집과 공대지를 합한 49칸을 이전의 소유 변동을 보여주는 문서와 소송문서를 주면서 팔도록 노 순상順尙에게 위임했고, 다음 날 순상은 위임장대로 송세빈宋世彬에게 정은丁銀 260량을 받고 매도하면서 만약 상전의 자손·동생·족류族類 중에서 다른 말을 하는 사람이 있으면 이 문기를 가지고 관에 고하여 바로잡도록 하라는 계약서를 작성했다.

그리고 다음해 정월 송세빈은 매매계약서를 첨부하여 한성부에 공증을 요청하는 소지所志를 제출했고, 한성부에서 정월 10일 위임받은 노 순상을 불러 매매의 사실 여부를 확인하고 아울러 거래의 증인인 강후영姜後英, 한수장韓壽長과 계약서를 작성한 필집筆執 송도창宋道昌을 불러 매매 계약서를 작성할 때 증인과 작성인으로 참여했는지의 여부를 확인한 후 같은 날 매매 계약에 대해 공증하는 입안을 발급했다.

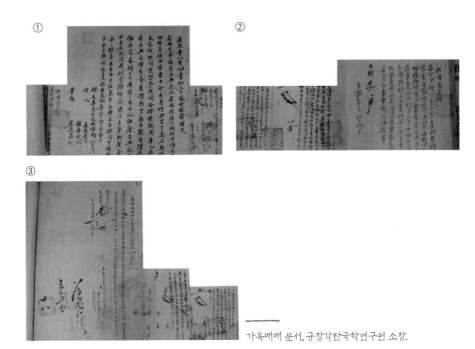

가옥매매 문서, 규장각한국학연구원 소장.

　　이렇게 매매가 이루어질 때는 이전 매매 문서들을 모두 건네주었기 때문에 여러 장의 문서가 붙어 있어 그동안 집의 소유가 어떻게 변해왔는가를 알 수 있는 경우도 있다. 그러나 조선후기에는 관에 공증을 받는 절차는 생략되고 매매 당사자와 증인 필집이 참여하여 거래가 완성되는 것이 더 흔했다.

　　한편 지방에 거주하던 양반이 벼슬길에 나와 서울로 오게 되었을 때 집을 사는 경우도 있었지만 세 들어 살기도 했다. 요즘이라면 당연히 집을 가진 사람이 큰 소리를 내겠지만 조선시대에는 세입자가 벼슬을 이용해 집주인을 위협하는 경우도 있는 것이 다른 점이다.

조선시대 서울에서는 궁궐의 확장이나 신축으로 집이 수용되는 일도 있었으며, 궁궐에서 일정한 거리를 두고 집을 지어야 하는 금령을 어긴 채 바짝 붙여 짓거나, 금지된 산줄기에 지었다가 철거당하는 일도 있었다.

# 알고 보면 권력자,
# 조선의 양반 여성들

◉

양반가의
여성생활

이순구 · 국사편찬위원회 편사연구관

# 어떻게 혼인했는가?

"식후食後에 광선이 남원의 장인가로 돌아갔다. 광연과 어린 누이동생 봉례
가 울어 눈물이 줄줄 흐른다. 형제간에 지극한 우애의 정이 어려서부터 나타
나니 우리 집안의 기맥氣脈이다." (『미암일기』)

1576년 4월 27일 유희춘(1513~1577)이 쓴 일기의 한 대목이다. 광선
은 유희춘의 손자인데, 그가 처가로 간다고 하니 동생들이 슬퍼서 울고 있
는 것이다. 그런데 금방 돌아올 것인데도 이렇게까지 울고불고 했을까?

광선은 남원의 김장金鏘 집안으로 장가杖家를 들었다. 2월 19일 혼례
를 치렀으니 이때가 혼인한 지 두어 달이 지난 때다. 처음 집에 온 것은 혼인
한 지 나흘 만이었다. 집안 여기저기에 인사를 하고 며칠 후 다시 장인 집으
로 돌아갔다. 그러고는 한 달쯤 뒤에 두번째로 본가에 왔다. 이후 40여 일간
집에 머물다가 위에서처럼 다시 장인 집으로 돌아가는 것이다. 그런데 두번

째는 처음과는 분위기가 사뭇 다르다. 처음 왔다 갈 때는 동생들이 우는 장면이 없었다. 그런데 두번째에는 다시는 못 볼 듯 아쉬워한다. 이는 광선이 완전히 처가로 살러 간다는 것을 전제로 하지 않으면 나올 수 없는 분위기다.

'남원의 장인가로 돌아갔다歸南原丈家'는 표현은 단순히 장인 집으로 갔다는 뜻으로 받아들여지지 않는다. 중국에서 '귀歸'는 여자가 본래 자기가 있어야 할 곳인 시집으로 간다는 의미이다. 그것이 조선에서는 남자에게 적용된 것처럼 보인다. 초기에는 특히 남자가 여자 집으로 '귀' 하는 것이 더 일반적이었다.

> "우리나라는 중국과 같이 친영親迎하는 식이 없으므로, 모두 처가를 내 집으로 삼아 처의 아비를 아비라 부르고, 처의 어미를 어미라고 부르며, 평소에 부모의 일로 여기니, 이 또한 강상綱常입니다. 비록 무지한 백성이라도 하더라도 오히려 차마 범하지 못할 것인데, 더욱이 사대부이겠으며, 사대부도 감히 범하지 못할 것인데, 하물며 재상이겠습니까?"

성종 21년(1490) 한환韓懽이 처부모를 구타하는 사건이 생겼을 때 신하들이 한 말이다. 우리나라에서는 친영의 법을 쓰지 않기 때문에 처부모와 함께 사는 경우가 많고 그래서 처부모는 친부모나 다름없는데, 처부모를 구타하고 능욕한 것은 강상을 범한 것과 같다는 논의다. 중국은 혼인할 때 남자가 여자 집으로 가서 여자를 맞이해와 남자 집에서 혼인식을 하고 생활을 시작하는 이른바 친영을 했다. 그에 반해 조선은 여자 집에서 혼인식을 하고 대개 여자는 여자 집에 그대로 머물고 남자가 자신의 집과 처가를 오가거나 아니면 아예 처가에서 살았다. 그리하여 광선이 남원의 처가로 가서 살게 되고 동생들은 이별을 아쉬워했던 것이다.

17세기 이전 조선의 혼인은 이렇게 대체로 남자가 움직이는 시스템이었다. 김종직의 아버지 김숙자는 고향이 선산이었지만 처가인 밀양에서 살았고, 또 신사임당은 혼인 후 20년 가까이 강릉이나 강릉 주변에서 생활했다.

그렇다면 이런 혼인제하에서 여자들의 삶은 어떠했을까? 광선의 처나 김종직의 어머니 밀양 박씨, 또 신사임당은 어떻게 살았을까? 광선 처는 혼인 후 큰 변화를 느끼지 않았을 것이다. 자신의 집에서 그대로 살고 있었기 때문이다. 아마도 자신이 유희춘가의 '며느리'이기보다는 그저 자기 집의 '딸'이라는 생각을 더 많이 하지 않았을까?

물론 남자가 여자 집에 와 있는 만큼 여자 집의 경제적인 부담은 크다. 아이가 생겼을 경우 육아에 대한 부담도 일정 기간 여자 집의 책임이었다. 그러나 이런 부담을 진다는 것은 곧 그만큼 발언권이 세진다는 것을 의미한다. 정도전이 '조선의 여자들은 교만하다'고 말한 것은 바로 이러한 사실을 반영한 것이라고 볼 수 있다. 자신의 집에 그대로 거주하는 여자들은 새로운 환경에 적응해야 한다는 부담 없이 생활할 수 있었다. 이는 거주지를 바로 옮겨야 하는 중국 여자들의 상황과는 매우 다른 것이었다.

신사임당이 뛰어난 포도 그림을 그릴 수 있었던 것도 사임당이 친정 근처에 오래 살았기 때문에 가능했을 것이다. 만일 친정을 떠나 시댁에서 생활했다면 그림에 집중하기는 어려웠을 것이다. 그래서인지 신사임당은 시댁으로 완전히 살러 온 후에 늘 강릉을 절절히 그리워했다. 38년이라는 오랜 기간 친정 권역에 살았던 까닭에 시댁에 적응하는 것은 그만큼 힘들었을지 모른다.

그런데 조선 정부는 이러한 혼인 관습을 문제라고 봤다. 조선은 당시

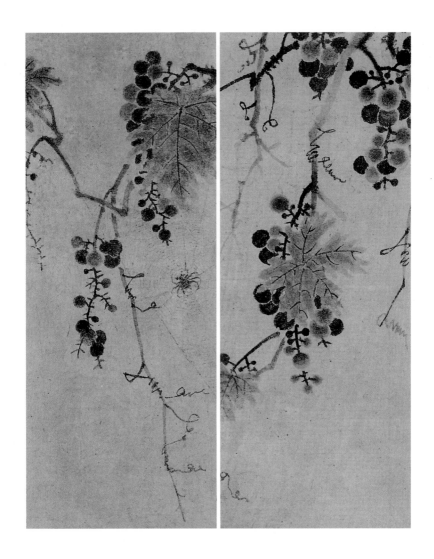

신사임당의 작품으로 전해지는 묵포도도 그림. 신사임당이 뛰어난 포도 그림을 남길 수 있었던 것은 친정 근처에 살며 몸과 마음이 좀더 자유로웠기 때문 아닐까?

중국적인 것을 더 선진적이라고 생각했다. 따라서 남자 집안이 주도하는 혼인 형태를 원했고 친영을 보급하고자 했다. 그러나 조선의 양반들은 친영을 원하지 않았다. 남자 집안 중심의 혼인보다는 두 집안이 공조하는 혼인 시스템을 더 이롭게 생각했던 것으로 보인다.

남자가 움직이는 혼인 시스템은 조선후기까지도 완전히 사라지지는 않았다. 19세기까지도 '해묵이'라고 해서 여전히 여자가 친정에 1~2년 머무는 형태가 유지됐다. 이렇게 보면 조선의 여자들은 적어도 17세기 이전까지는 어느 집안의 '며느리'라는 의식이 그렇게 강할 수 없었다. 오히려 '딸'로서 사는 경우가 많았다. 사실 조선후기 여자들이 그렇게 시집살이를 힘들어했던 것은 그 이전까지 시집살이를 별로 하지 않았기 때문일 수 있다. 조선의 여자들은 며느리가 아닌 딸로서의 정체성을 꽤 오랫동안 유지했다.

## 지참금이 아닌 상속권

송대 사마광은 『예기』의 "며느리는 자기 자신의 어떤 것도 가지고 있지 않아야 한다. 개인적인 저축도 없어야 하고 사유물도 없어야 한다"는 구절을 잘 인용했다. 결혼한 여자들은 자기가 받은 선물조차 시부모에게 드려야 했으며 임의로 사용하기 어려웠다. 사마광은 딸들이 가족의 재산에 대해 권리를 행사할 수 있다는 사실을 용납하지 못했다.

물론 이 당시 사람들이 모두 사마광의 생각을 따른 것은 아니었다. 대부분의 사람은 혼인해야 할 여자들의 운명이 상당 부분 여자가 가져갈 지참금에 달려 있다는 사실을 인정하는 분위기였다. 그 때문에 송대에 재산을 분할할 때 아직 결혼하지 않은 여자 형제들이나 또는 결혼하지 않은 고모가 있다면 분할 전 그들의 결혼 비용, 즉 지참금을 따로 떼어놓았다. 중국에서 여자들의 재산 몫은 어디까지나 결혼 비용 또는 지참금의 형식으로, 남자 형제들의 재산 분배와는 달랐다.

그런데 조선에는 지참금이 없었다. 조선의 여자들은 남자 형제들과 같은 재산 상속권을 가졌기 때문이다. 이는 물론 혼인 형태와 밀접한 관련을 가진다. 혼인을 해도 딸이 바로 집을 떠나지 않으니 딸에게 상속을 해도 그 재산이 남의 것이 된다는 생각이 들지 않았다. 따라서 딸들에게도 똑같이 재산을 나눠줄 수 있었다.

"죽은 감찰 이효근李孝根의 아내 안씨는 참의 안구경安九經의 누이동생이다. 구경이 죽자 안씨는 구경의 처 홍씨 집으로 가 아버지 수산壽山의 재산을 나누고자 하였는데, 오히려 구타를 당하고 알몸으로 문밖으로 쫓겨났다. 안씨는 홍씨 아들 호문好問이 머리를 휘어잡고 구타했다며 헌부에 고소했다. 헌부가 탄핵하여 아뢰니, 다시 의금부에 내려 추국하게 하였는데, 안씨와 홍씨는 경기에 안치하게 하고, 호문은 장 80대에 처하게 하였다."

1441년(세종 23) 4월에 있었던 재산 분쟁 사건이다. 즉, 시누이가 요구하는 재산 몫을 올케가 거절하고 있다. 과연 이들의 재산 분쟁은 어떻게 결말이 났을까? 실록의 후속 기사가 없어서 알 수 없지만, 결국 안씨는 자신의 몫을 받을 수 있었을 것이다. 그것은 조선의 오랜 상속법이고 국가도 인정하는 것이었기 때문이다. 이 사건이 있기 전 세종은 다음과 같은 말을 한 적이 있다. "혹 부모가 죽은 뒤 같은 어머니에게서 난 한 가족이면서 노비와 재산을 모두 가지려는 욕심에서 혼인한 여자에게 재산을 나누어주는 것을 꺼리는 자가 있으면 엄히 죄를 주도록 하라."

이는 『경국대전』에도 그대로 반영됐다. 이른바 집안의 대를 이을 승중자承重者에게는 20퍼센트를 더 주지만, 그 외에는 아들딸에게 똑같이 1씩 주도록 명시하고 있다. 그런데 이렇게 해서 소유하게 된 여자들의 재산은 혼인 후에 어떻게 됐을까? 중국에서처럼 며느리 재산은 모두 시집 재산에 속하게 됐을까? 균분상속에 익숙한 조선 사람들은 혼인 후에도 부변夫邊, 처변妻邊으로 재산을 명확히 구분했다.

분재기. 미상, 45.9×158cm, 북촌미술관 소장. 재주財主인 아버지가 선조에 대한 제사祭祀의 중요성을 말하고 제사위와 묘위를 먼저 정한 뒤 4녀 1남에게 자신의 재산을 나눠주면서 이를 명문화한 문서다. 출가한 딸과 아들을 구분하지 않고 균등하게 분배하는 원칙 등에서 보듯 딸은 출가한 자식이 아니었다.

세종 때 좌의정 이원李原은 자기 집안의 노비가 이미 많은데 김장이라는 노비를 김도련의 처에게서 사들였다고 했다. 이 매매가 실제로 이루어졌든 아니든, 김도련의 처가 양반 부인으로서 노비를 사고파는 데 아무런 문제가 없다는 사실을 확인할 수 있다. 아마도 김도련의 처는 오랫동안 이 노비를 부려왔을 것이다. 말하자면 소유, 관리, 매매 등 재산권을 행사하는 데 있어서 조선의 양반 부인들은 아무런 불편을 느끼지 않았다. 거의 부부 별산제 형태라고 할 수 있다.

물론 조선후기가 되면 변화가 일어난다. 혼인이 남자 집안 중심으로 되면서 무엇보다도 승중자 몫, 즉 봉사조奉祀條가 늘어난다. 남자 집안의 가계 계승, 제사가 중요해지면서 장자 이외의 자식들 몫은 줄어들 수밖에 없었다. 여자들의 몫도 줄었다. 그러나 상속분이 줄어들었다고 해도 그것은 지참금과는 성격이 달랐다. 적은 몫이라도 그것은 어디까지나 상속분이지 혼인할 때 가져가는 지참금 형식은 아니었기 때문이다. 장자 위주의 상속이라고 하더라도 조선말기까지 형제간에 재산을 나누는 경우가 없지 않았는데, 이때 여자들은 상속이 이루어지는 한에 있어서는 자신의 몫을 챙길 수 있었다.

조선의 양반 여성들이 이렇게 오랫동안 자신의 재산권을 가지고, 또 재산을 운영했다는 것은 중요한 경험이었다. 재산을 상속받고 그것을 관리·매매하며 아울러 상속까지 하게 한다는 것은 여자들에게 경제 주체성을 갖게 했다. 지참금을 통해 남자 집안으로부터 단순히 인정을 받는 것과는 달랐다. 이는 여타의 사안에서도 여자들의 위치를 다르게 하는 의미 있는 요소로 작용했다.

## 권리이자 의무인 제사 상속권

"사직골 대기大忌에 제물을 차려서 보냈다. 닷젓골댁의 차례지마는 우리가 했다."

17세기 조씨 부인이 쓴 『병자일기』의 한 구절이다. 사직골 대기는 시아버지 제사이고, 닷젓골댁은 손위 동서이다. 그러니까 시아버지 제사를 손위 동서가 준비해야 할 차례인데, 자신이 대신 준비했다는 것이다. 시아버지의 제사를 윤회輪廻 형태로 하여, 장소는 맏아들 집에서 제물은 돌려가면서 마련했던 것으로 보인다.

조선에서는 균분상속을 하는 만큼 제사도 윤회나 분할 봉사를 하는 것이 자연스러웠다. 아들 딸 구분 없이 자식들 간에 돌아가면서 또는 나누어서 지냈던 것이다. 17세기 전까지는 이러한 틀이 유지되었다.

> "문밖 어머님 기제사였는데 조별좌가 오려고 하였으나 비 때문에 못 오시는가 싶다. 천남이를 데리고 띠를 띠우고 관을 씌워 제사를 지내니 슬프고 설운 정이 그지없다. 외손자라도 있었으면 하고 생각하니 가슴이 아프기 그지없다. 조카들도 하나도 못 오니 그런 섭섭함이 없다."

역시 조씨 부인의 일기다. 문밖 어머님은 조씨 부인의 친정어머니로 보이는데, 그 기제사를 지내는 장면이다. 외손자도 하나 없고 조카인 조별좌도 못 오니 쓸쓸하기 그지없다는 것이다. 조씨 부인은 아들을 셋이나 낳았는데, 모두 어려서 죽어 현재는 자신이 낳은 아들이 없다. 그것이 쓸쓸함을 더하고 있다. 그런데 그렇다 하더라도 조씨 부인은 자신의 친정어머니 제사를 지내고 있는 것이다. 아마도 조씨 부인은 친정으로부터 재산 상속을 받았을 것으로 생각된다.

제사와 재산권은 동전의 양면과 같다. 제사는 재산 상속을 가능하게 하는 권리이고 또 받은 만큼 제사를 지내야 하는 의무이다. 조선 17세기 이후에 딸들이 어떻게 제사에서 빠져나가게 되는가를 살펴보면, 이러한 제사의 양면성을 잘 이해할 수 있다.

제사 지내는 장면. 조선에서는 균분상속을 했던 만큼 제사 역시 돌아가며 지내거나 분할봉사하는 것이 일반적이었다.

"이 명문을 작성하는 것은 처가의 제사를 먼 곳에서 준비하여 지내기 어려우므로 처변으로부터 몫으로 받은 비婢 막개(52세, 무오생) 및 장하場下 답8두락지 등을 처부모의 기제사와 사명절 소분제掃墳祭 비용으로 영원히 허급하니 뒤에 잡담하는 경우가 생기거든 이 문기로써 바로잡을 일이다."

어느 매부가 처남에게 재산을 돌려주는 문서이다. 이 매부는 왜 받은 지 1년밖에 안 되는 재산을 다시 처가에 돌려주고 있는가? '처가 제사를 먼 곳에서 준비하여 지내기 어렵다'는 이유를 들고 있는데, 그 이면이 궁금하다.

> "남매가 재산을 나누는 것이 마땅히 한결같이 공평해야 하나, 이에 공평하게
> 나누면 제사 또한 똑같이 윤회해야 한다. 내가 보건대, 사대부가의 딸들은 시
> 집간 후에는 본가의 제사를 마음대로 실행하지 못하고 폐하게 될 염려가 있
> 으니 이는 가히 한심한 노릇이다. 딸에게는 몫을 나눠주되 약간을 감하여 주
> 고 본가의 제사를 윤회하지 말라."

1701년 오재훈 남매의 상속 문서이다. 18세기면 이미 조선의 상속에
는 변화가 온 때이다. 제사가 한곳으로 모아지는, 즉 장자에 의한 제사가 주
가 되었다. 이른바 봉사조가 점점 커지고 있었다. 이에 따라 딸들이 친정 제
사를 지내는 것이 어렵다는 말이 자연스럽게 나오게 됐다. 재산을 돌려주는
것은 이러한 의식으로부터 영향받은 듯하다.

봉사 몫이 중요하니 딸에게 상속을 적게 하자는 사회 분위기는 알게 모
르게 딸과 사위에게 전해졌을 것이다. 이제 딸과 사위 입장에서는 약간의
상속을 받고 제사를 계속할 것인지 아니면 아예 상속을 포기하고 제사를 맡
지 않을 것인지를 두고 고민하게 됐다. 그리고 점차 실속이 없는 제사를 그
만두는 게 낫다는 쪽으로 결론을 내렸을 것이다. 매부가 처남에게 재산을
돌려주는 것은 여기에 해당하는 듯하다. 더군다나 혼인 후 거주지가 점차
남자 집 쪽이 되면서 딸과 사위는 실제로 멀리 살게 되어 현실적으로도 제사
지내기가 어려워졌다. 결국 제사를 지낸다는 명목으로 받는 재산 몫은 점차
줄어들고 딸들은 스스로 제사에 대한 의무와 권리를 포기하는 현상이 나타
났다. 조선후기로 갈수록 제사를 지내는 딸들과 사위는 적어졌다.

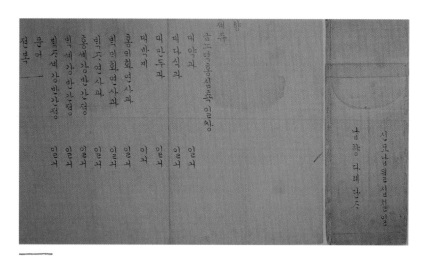

납향다례단자(한글필사본), 1891, 12.1×24.2cm, 서울역사박물관 소장. 신묘년(1891년으로 추정) 12월 17일 납일제사에 쓸 음식물을 적은 물목. 이것은 궁궐에서 사용된 것으로 보인다.

한편 딸들은 제사권을 잃어간 반면 며느리들은 더 확고한 제사 권한을 갖게 되었다. 장자의 제사가 중요해지면서 그 파트너인 종부의 권한이 강해졌기 때문이다. 조선후기 여자들은 딸로서 제사 지내는 일은 줄어들었지만, 종부로서는 수많은 제사를 담당해야 했다. 종부는 집안 내 여자로서는 최고의 위치에 있었다. 조선후기 여자들은 제사에서 한편으로는 권리를 잃고 다른 한편으로는 권한을 확보해가는 양면성을 보였다.

## 가정관리 능력

중국에서는 가장들이 했을 법한 일을 조선에서는 여자들이 하는 경우가 많았다. 다음은 『주가가례』에 나오는 가장의 역할이다.

"무릇 가장은 반드시 예법을 잘 지켜서 여러 자제와 가족을 통솔해야 하고 직분을 나누고 할 일을 주어야 하며 그 성공을 채근하고 재용이 절도 있도록 하고 들어오는 것을 헤아려서 지출하며 집안의 있고 없음을 가늠하여 위아래의 음식과 의복 및 길흉의 비용을 지불해야 한다. 이 모두는 절도가 있어야 하며 균일하지 않으면 안 된다. 쓸데없는 비용을 살펴 생략하고 사치를 금지하며 항상 모름지기 조금 남겨 부족한 때를 대비해야 할 것이다."

조선에서는 '곳간 열쇠'라고 해서 가정관리 경영권이 여자들에게 있는 경우가 많았다. 위의 사례에 보이는 '집안의 있고 없음을 가늠하여 위아래의 음식과 의복 및 길흉의 비용을 지불'하는 역할을 조선에서는 대개 여자들이 담당했다. 특히 남자가 관직생활을 하고 있을 경우는 더욱 그렇다.

"거리실 논을 집의 종 다섯과 정수 삼형제가 가래 둘과 소 한 마리로 갈려고 갔다." "집의 종 넷과 정수 형제가 달겨들어 거리실 논을 갈고 가래질하고 파고 왔다." "흙당 논에 다섯 이서 추수하였다. 정수와 용수도 갔다." "벗고개 논 열 서 마지기를 삶으려고 집의 종 넷과 용수가 갔으나 못 다 삶았다." (『병자일기』)

『병자 일기』

이는 앞의 조씨 부인이 집안 농사일에 대해 기록한 것이다. 남편 남이 웅南以雄이 소현세자를 모시고 심양에 가 있는 동안 조씨 부인이 혼자 집안 관리를 할 때의 이야기다. 물론 남편이 없어서이겠지만, 농사일을 꼼꼼하게 챙기고 있다. 직접 나가지는 않지만, 어느 논에서 어떻게 농사가 진행되고 있는지를 정확하게 파악하고 있다. 뿐만 아니라 농사가 끝난 후 거둬들이는 것에 대해서도 정확하다. 부인이 직접 집안의 큰 경제를 운영하고 있는 것이다. 남편이 바쁘기는 하지만, 기본적으로 부인에게 경제운영 능력이 없다면 할 수 없는 일이다. 동등한 상속권을 가지고 있었던 조선의 양반 부인들은 경제활동 전반에 대한 감각이 있었고 그것은 일정 수준의 경제능력을 보유하게 했다. 양반 부인들은 가정 경제를 운영하는 데 큰 어려움이 없었고, 따라서 남자들은 가정 경제 운영을 부인에게 맡겨도 그다지 우려할 것이 없다는 생각을 한 것으로 보인다.

또한 17세기 이후 시댁에서의 생활이 더 보편화되면서 여자들의 가정 관리 능력으로 봉제사 접빈객이 중요해졌다. 정부인 안동 장씨는 『음식디미방』에 150여 가지의 음식을 수록했는데, 그중 3분의 1에 해당하는 50종이 술 담그는 법이었다. 음식 중에서도 술은 봉제사 접빈객의 핵심이라고 할 수 있다. 술 없이는 제사와 손님 접대는 원천적으로 불가능했다. 조씨 부인은 『병자일기』에서 "이현 승지와 임판사가 와서 술을 석 잔씩 잡숫고 어두워질 무렵에 권집의가 와서 술을 여섯 잔씩 잡수셨다" "정인동과 이첨지가 와서 약주 잡수셨다" "식사 후에 사직골 이판서 댁에 가셔서 취하여 어둡게야 들어오셨다" 등의 내용을 기록을 하고 있다. 양반 남자들의 방문과 교류에는 늘 술이 빠지지 않는다는 것을 보여준다.

송시열은 딸을 위해 쓴 『계녀서』에서 손님 접대 잘할 것을 강조하고 있다. 손님을 박대하여 손님이 찾지 않는 집은 하루아침에 문지가 낮아질 수 있다고 했다. 집안의 품격 유지를 위해 손님 접대를 잘해야 하는 것은 역시 그 집안 며느리인 부인의 몫이다. 장씨 부인은 이러한 사실을 인식하고 있었던 것으로 보이며 시댁 집안을 위해 50여 가지의 술 담그는 방법을 연구했던 것이다.

조선 양반 여성의 역할로는 봉제사 접빈객이 늘 강조되는데, 사실 이 역할은 기본적인 것이었고 상당수 양반 부인들은 가정 관리의 큰 부분, 즉 재산이 들고 나는 것에 대해서도 깊이 관여했다. 심지어 조선후기 궁색한 양반 가정에서는 여자들이 전적으로 생계를 책임지는 경우도 적지 않았다. 강정일당이 삯바느질로 생계를 꾸리

『음식디미방』

『우암선생계녀서』, 17세기, 23.2×21.4cm, 국립중앙도서관 소장. 우암 송시열이 출가하는 큰딸을 위해 지은 것으로 시부모 공양, 시댁의 화목, 자식 교육, 제사 모시기, 손님 접대, 의복과 음식, 아랫사람을 부리는 도리 등 현모양처로서 여성이 지켜야 할 도리와 해야 할 일을 20개 항목으로 정리하고 있다.

면서 늘 남편에게 독서를 권면했던 것이 좋은 사례이다.

## 나쁘지 않았던 부부관계

조선은 철저히 가족 중심으로 움직여진 사회였다. 국가
는 국가가 해야 할 일의 상당 부분을 가족에게 일
임하고 있었다. 조선에서 가정의 안정은 필수 요건이었
다. 그런데 가족이 견고하려면 가장 기본이 되는 것
은 역시 좋은 부부관계이다. 부부가 중심을 잡고
있어야만 여타의 관계들도 원활하게 돌아갈
수 있기 때문이다. 이에 국가는 부부가 부부

정성왕후가 친잠을 행하는 형식과 절차를 기록한 『친잠의궤』(위, 서울대 규장각한국학연구원 소장)
와 목화씨를 빼는 도구인 씨아(서울역사박물관 소장)는 조선시대 여성의 경제생활과 그 능력을 여실
히 보여준다. 삼, 누에, 모시 등을 원료로 옷감을 짰던 길쌈은 조선시대에도 역시 국가경제의 근간이
되었으며 그 담당자는 여성들이었다.

『사제첩』 중 '바느질'. 조영석, 종이에 수묵담채, 개인소장.

로서 잘 존재하도록 하는 노력을 기울이지 않을 수 없었다. 일단 조선은 기본적으로 이혼을 허락하지 않았다. 특히 양반들의 이혼은 사실상 불가능해 조선시대 공식 기록에서 이혼 사례는 거의 찾아볼 수가 없다.

그러나 일방적으로 이혼을 금지하는 것으로 모든 문제가 해결될까? 조선은 부부 간에 갈등이 첨예화되지 않도록 여러 가지 장치를 마련해둘 필요가 있었다. 우선 정식 부인 이른바 적처嫡妻의 위치가 확고했다. 한 가정 내에는 한 사람의 부인만 존재했다. 또 그 부인에게서 난 아들만이 정식 양반으로서 권한을 누릴 수 있었다. 적처는 상당히 안정적으로 가정을 운영해나갈 수 있었다. 자신과 자식의 위치가 보장된다고 느끼는 한 여자들은 이혼을 생각할 이유가 별로 없었다.

게다가 여자들이 아들을 낳지 못한다고 하더라도 그것이 부부관계를 해소할 결정적 이유가 되지는 않았다. 무자無子가 '칠거지악七去之惡'의 하나이기는 하지만, 조선은 이 문제를 다른 방식으로 해결했다. 즉 양자를 들였다. 양자는 직접 낳은 아들과 신분이나 권리상에서 차이가 없었다. 양반 부인들은 아들을 낳지 못한다고 해서 위치가 불안정해지지는 않았다. 조선 후기 아들을 낳지 못하는 양반 부인들은 양자를 들이면 됐다.

물론 때로 애정 문제로 첩과 갈등관계에 놓이기는 했지만, 이 문제도 첨예화되지 않을 수 있는 장치가 있었다. 대개 부인과 첩은 따로 거주했다. 유희춘의 경우 자신은 부인과 함께 담양에서 살고 첩은 해남에 거주하게 했으며, 노상추(1746~1829)가 변방생활에서 얻은 첩을 고향으로 데려와 따로 거처를 마련해준 것들이 그렇다. 노상추가 파견 근무 때마다 첩을 데리

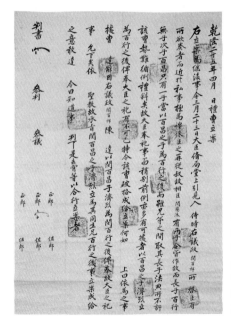

예조입안, 예조, 1760년, 118.8×84cm, 국립중앙박물관 소장. 영조 36년 예조에서 故 승지 민백창閔百昌의 아들 제열濟烈을 민백창의 형 故 민백행閔百行의 양자로 들일 것을 허락하며 발급한 공증문서다. 민백행에게는 아들이 없고 민백창도 아들이 제열 하나인 까닭에 원칙적으로는 양자로 줄 수가 없다. 그러나 민백창의 재종숙인 당시 우의정 민백상閔百祥은 민백행의 가계 승계가 중요하다고 여겨 예조의 허락을 받아 냈다. 조선시대에는 가계 상속을 위한 양자를 들일 때 예조에 보고했고, 예조는 이에 증명서를 발부했다. 이 문서는 18세기 후반의 부계 중심, 적장자 중심의 가계 계승을 위한 양자 제도가 성행했음을 보여준다. 말미에는 양자 사실을 공증하는 예조판서와 예조정랑의 수결手決이 적혀 있다.

조선의 무관 노상추가 68년 동안 기록한 일기들.

고 간 것은 생활의 불편함 때문이었지 부인에 대한 소홀함은 아니었다.

　부인은 집안에 남아서 주인 역할을 하는 것이 더 중요했다. 양반 부인들은 신분적으로 확실하게 차이가 나고 또 매일 마주치지 않는 첩들에 대해 그렇게까지 스트레스를 받지는 않았다. 첩은 첩일 뿐이었다. 양반 부인들은 집안의 주인이자 가계 계승자의 어머니라는 위치에 비교적 만족하면서 살았다.

　"돌림병까지 겹쳐 끝내 죽음에 이르렀으니 애통하고 애통하다. 사람이 좋고 나쁜 것은 죽은 후에 판가름이 난다. 세상 부녀자들 중에 의로운 행동과 아름다운 덕으로 소문난 이가 많으나 눈으로 직접 보고 마음으로 인정되는 사람은 부인만 한 이가 없다. 혼인한 지 25년에 일찍이 서로 거스른 적이 없으니 부부의 도는 모름지기 이와 같아야 한다. 그 성품은 온화하고 자상하며 기질은 강고하고 정직하여 선을 보면 좋아하고 악을 보면 미워했다."

　노상추가 세번째 부인 서씨를 잃고 나서 쓴 일기다. 덕으로 알려진 부인들이 많지만, 서씨만큼 진심으로 인정되는 사람은 흔치 않다는 것이다. 부인에 대한 존중을 엿볼 수 있다. 또한 부부의 도를 말하면서 '서로 거스른 적이 없다'고 한 말이 주목된다. '서로'라는 표현은 부부의 도가 부인 일방에 의한 것이 아니라는 사실을 보여준다. 조선의 양반 남성들은 부인을 존중함으로써 집안을 안정시키고 그것을 통해 사회적인 이익도 얻을 수 있다는 사실을 잘 파악하고 있었다. 조선의 부부관계는 국가의 적극적인 지원 하에 부부 양방에 대한 존중이라는 방식으로 꽤 우호적으로 유지될 수 있었다.

# 양반들의
# 성인식·결혼식의 모든 것

◉

인생의 봄,
관례와 혼례

정종수 · 국립고궁박물관장

新郎宴席

신랑 연석.

新婦宴席

신부 연석.

출생·성년·결혼·환갑·사망과 같이 중요한 시기에 행하지는 개인적인
의례를 평생의례 또는 통과의례通過儀禮라고 한다. 이는 동양인이 중요한 의
례로 여겨온 사례四禮, 즉 관례·혼례·상례·제례와 비슷한 말이다. 서양
에서는 제례 대신 출생의례를 포함시켰지만, 우리나라에서는 민간의 습속
으로 간주하여 의례라 하지 않고 흔히 산속産俗이라 칭했다. 이 글에서는
'인생의 봄'이라 할 수 있는 관례와 혼례에 대해 이야기하고자 한다.


## 머리만 굵다고 다 어른인가: 관례

머리가 컸다고 다 어른인가. 나이 먹는다고 다 성인이 아니듯, 어른이 된다
는 것에는 그만큼의 사회적 책임이 뒤따른다. 비성적非性的 혼미 단계를 벗
어나 남녀의 성이 분명한 단계로 넘어가는 의식을 성년식 혹은 입사식入社式

이라 한다. 하지만 머리를 틀어올려 어른의 옷을 입히고, 남아에게는 모자(갓)를, 여아에게는 쪽을 지우고 비녀를 꽂는 성년식은 점잖다 못해 고리타분하게 느껴질 정도다. 이러한 성년식을 남자들은 관례라 하고 여자들은 계례笄禮라 한다.

관례 홀기物記, 연대미상, 21.3×14.9cm, 북촌미술관 소장.
관례를 거행하는 절차를 적은 필사본.

조선시대 양반사회에서는 이러한 성년식을 관례로 대치해왔다. 관례란 한마디로 어른으로서의 책임을 일깨우기 위한 예이다. 장차 아들로서 자식의 도리를 다하게 하고, 아우로서 동생의 도리를 다하게 하며, 신하로서 제 할 일을 다하기 위한 것이다. 중종 때의 기록을 보면 관례冠禮는 양반과 같은 상층에서는 행해졌고 하층에는 없던 예식이다.

관례는 대개 남자의 경우 15~20세, 여자는 15세에 행해졌다. 원래 중국의 옛 예법에서는 남자는 20세, 여자는 15세에 계례를 하도록 했는데, 그 이유는 "남자는 양이고, 스무 살은 음수陰數로 음양이 서로 맞기 때문"이었다. 또 스무 살은 생식기능이 왕성한 시기로, 남자구실을 할 시기와도 일치했던 것이다.

그렇다면 굳이 관례의 최소 연령을 15세로 한 것은 무슨 까닭에서인가. 그것은 혼인을 스무 살 이전에 할 수도 있었기에 필요했고, 또 남자가 자식을 낳기 위한 생식기능이 15세는 되어야 가능하다고 여겼기 때문이다. 조선후기에는 10세가 지나면 혼인을 했기에, 관례 또한 이에 맞춰 10세만 지나면 행해지기도 했다. 여자의 계례를 15세쯤으로 정한 이유는 "여자는 음이고, 열다섯 살은 양수로 음양이 서로 잘 맞기 때문이었다. 여성 역시 15세라면 여자구실, 즉 아기를 생산할 최소 연령이라 여겨졌던 것이다.

관례는 1년 중 어느 때고 정해진 달 없이 이뤄졌다. 좋은 날짜를 가려 예를 행하되, 정월에 하는 것이 제일 좋다. 그 이유는 관을 쓰는 것이 인도人道의 출발이기 때문이다. 또한 어른의 시초를 그 해가 시작되는 때에 맞추는 것이 좋다고 여겼기 때문이다. 정월에 못 하면 4월이나 7월 초하루에 행했다. 하지만 집안이 상중일 경우는 상喪을 마친 다음에 행했다.

관례의 절차는 복잡한 듯하지만 한 꺼풀 벗겨보면 그리 어렵지 않다는 것을 금세 알 수 있다. 한마디로 관례는 어린이에서 성인으로 태어나게 하기 위한 의식이라고 보면 된다. 관례 날이 되면 아침 일찍 대청마루에 관자가 입을 의복과 모자 등을 준비해놓으며, 크게 3단계로 진행되었다. 머리를 빗겨 올려 상투를 틀고 모자를 씌우고 어른의 옷을 갈아입히는 가례, 빈賓이 관자에게 내린 술을 마시는 초례, 새로운 이름인 자를 지어줌으로써 성인으로서 제2의 탄생을 상징하는 자관자례字冠者禮가 그것이다.

관례 때 쓰던 초립.

먼저 그동안 입었던 어린이의 옷을 벗기고 어른의 평상복으로 갈아입히는 시가례始加禮를 행하는데, 이를 초가례初加禮라 한다. 시가란 관례의 시작이라는 뜻으로 어른의 평상복을 입히고 관을 씌우는 절차다. 관례 준비가 다 되면 성년이 될 관자를 불러 아이의

관례상

옷을 벗기고 어른의 평상복으로 갈아입힌다. 그동안 댕기머리를 한 관자의
머리를 빗겨 상투를 틀고 망건을 씌운 후 이렇게 축사를 한다. "좋은 달 좋은
날을 가려서 비로소 어른의 옷을 입히니 너는 이제 어린 마음을 버리고 어른
으로서의 덕을 이루어 오래 살고 행복을 누리거라."

　두번째 절차로 어른의 출입복을 입히고 갓초립을 씌우는 재가례再加禮
를 행한다. 초가례를 마치면 관자는 방으로 들어가 먼저 입었던 평상복을
벗고 어른의 외출복으로 갈아입고 나오면 빈이 두번째 축사를 한다. "좋은
달 좋은 때에 너는 이제 어른의 출입복을 입었으나 삼가 위엄을 갖추고 행동
을 의젓하게 할 것이며 덕을 쌓아 오래 살도록 큰 복을 받으라." 이어 관자의
건을 벗기고 초립을 씌워준다.

세번째로 어른들 입는 예복으로 갈아입는 절차인 삼가례 행한다. 여기에도 빈이 축사를 한다. "성년이 되는 해 아름다운 날에 너는 이제 어른의 옷을 다 갖추었다. 형제간에 화목하고 덕을 이루어 건강하게 오랫동안 평안하도록 하늘이 주는 복을 받을지어다." 이때 재가례시 썼던 초립을 벗기고 복두유건을 씌운다. 복두를 쓴 관자는 방에 들어가 어른의 출입복으로 다시 갈아입고 나온다.

이처럼 빈자는 어른들이 입는 평상복→출입복→예복을 세 번 갈아입는 의식을 거침으로써 어린이에서 성인으로 태어난다. 하지만 어른 옷을 입었다고 어른이라고 할 순 없는 법이다. 이제는 제대로 술 마시는 법을 가르쳐주는 데, 이를 초례醮禮라 한다. 이런 과정은 전 세계 문화권에서 공통으로 행하는 의식으로, 술을 나누어 마시는 것은 새로운 지위나 관계, 그리고 질서의 형성을 상징하는 일종의 정화의례라 할 수 있다.

초례를 마치면 관자에게 자字를 지어준다. 비록 어른이 되었지만, 본명은 존귀해 남이 함부로 부를 수 없기에 쉽게 부를 만한 별명으로 자를 짓는 것이다. 이를 관명冠名이라고도 한다. 빈은 미리 덕행을 표시하는 좋은 글과 좋은 뜻의 이름을 지었다가 이 자리를 통해 관자에게 준다. 자를 줄 때 "이제 어른이 되었으므로 자를 지어주니 아름다움 글자와 깊은 뜻에 맞도록 행세할 것이며 길이 간직하여라. 너의 자는 ○자 ○자니라"라고 축사를 한다. 그러면 관자는 간단한 답사를 하고 절을 한다. 이로써 기성사회로의 통합은 이뤄진 것이다.

이러한 관례가 모두 끝나면 주인이 관자를 데

복두유건

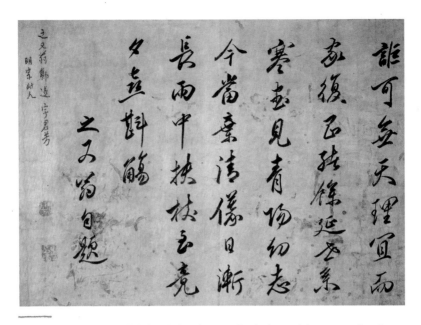

정수영(1743~1605)이 어떤 사람의 관례에 손님으로 초대받아 이를 축하하는 뜻으로 지은 시고詩稿. 관례를 거행한 집안은 무슨 변고로 가세가 거의 기울었다가 당시에 신원된 듯 보인다. 나머지는 관례를 올릴 때의 축하의 말로, 어릴 적 뜻을 버리고 헌헌장부로서 위의威儀를 지니라고 당부하고 있다. 정수영은 지리학자 정상기의 증손자로 관직에 나아가지 않고 여행과 시서화로 일생을 보냈다. 글 끝에 '군방群芳' '지우옹之又翁' 이라는 주문방형 인장 2과가 찍혀 있다.

리고 사당에 가서 조상에게 알리고, 잔치를 벌여 빈을 비롯해 손님들을 대접한다. 영조 때, 이춘제가 아들의 관례를 위해 정승과 판서를 비롯한 고관대신들을 초청해 잔치를 베푼 바 있다. 사대부 집안에서는 관례 잔치를 혼례 못지않게 성대하게 베풀었다. 하지만 이날 차려진 음식을 먹고 10여 명이 죽는 비극적인 사건이 일어나기도 하였다.

　　이와 같은 관례의식은 중국의 『가례』가 유입됨과 더불어 우리나라에 정착한 것으로 보인다. 그러나 고려시대에도 관례에 대한 기록은 보인다.

『가례』

『고려사』에 "관례는 의행議行함입니다. 대개 예전에 남자가 20세이면 관冠을 한 것은 성인의 도道를 일깨우려는 것입니다. 송宋나라 말년에 진사 윤곡尹穀은 성중에 갇혀 있으면서 관례를 행하여 향인이 이를 기롱하자 대답하기를, '아이들兒曹로 하여금 관대冠帶하게 함은 선인을 지하에서 뵙게 하려는 것이다' 하였으니, 그 관례를 중하게 함이 이와 같았습니다"라고 한 기록이 나온다.

## 왜 결혼을 혼인이라 했나

공자는 남녀가 예禮로써 사귀지 않는 것을 음淫이라 했다. 한마디로 남녀가 혼례를 치르지 않고 관계 맺는 것은 불륜이요 음란이라는 것이다. 혼례는 삼강의 근본이요, 인간 도리를 바로잡는 시초라 여겨 성인들은 그 예를 매우 중요시하였다. 특히 우리 조상들은 혼인의 예가 바른 뒤에야 모든 일이 이뤄지고 천명을 보전하는 일이라 여겼다. 따라서 혼인하지 않은 자는 성인 취급도 받지 못했고, 심지어 혼인하지 않고 죽으면 상여를 탈 수도 없으며, 부모에게 불효라 하여 제사 대상에서조차 제외되었다. 혼례를 치를 때 평소 입지 않는 의관, 즉 벼슬아치들이나 입는 관복을 입고 사모관대를 한 이유 도 그만큼 혼인을 중히 여겼기 때문이다.

그렇다면 남녀가 부부의 연을 맺는 것을 결혼이라 하지 않고 혼인婚姻 이라 한 까닭은 무엇인가. 혼婚이란 여자의 집이란 뜻으로, 남자가 여자에게 장가든다는 말이다. 인姻은 여자가 의지하는 곳이란 뜻으로 남자의 집을 가 리킨다. 고로 혼인은 장가들고婚, 시집간다姻는 말이 된다. 또한 '장가든다' 함은 남자가 여자의 집으로 살러 들어감을 뜻하기에 여자의 부모를 호칭할 때도 장인, 장모라 부르는 것이다.

혼婚이 장가간다는 뜻의 글자가 된 까닭은 저녁 때昏에 남자가 여자의 집으로 가 신랑을 맞는 행위가 여자 집에서 이뤄졌기 때문이다. 후한 때 유 희劉熙가 저술한 『석명釋名』에도 "혼이란 예를 어두울 때 올리는 것을 말함 이요, 인이란 여자가 음이라 어둡기 때문이다"라며 혼인은 저녁때 하는 것 이라 정의했다.

인姻이 시집간다는 글자가 된 까닭은 여자의 집에서 신랑감을 구하는 데 반드시 중매하는 부인인 매씨에 의해 이뤄졌기 때문이다. 즉 혼婚자를 풀 면 여자女 중매쟁이로 인因해 남자를 만나 시집간다는 뜻이다. 그리하여 사 돈 간에 신부 댁 부모를 지칭할 때는 '혼婚'이라 했으며, 신랑 댁 부모를 지 칭할 때는 인姻이라 했다. 이처럼 심오한 뜻이 담겨 있는 '혼인'이지만, 오 늘날에는 결혼結婚이란 말을 많이 쓴다. 결론부터 말하자면 결혼은 잘못된 표현이다. 남녀가 부부가 되는 일을 결혼이라 한다면, 남자가 여자에게 장가만 가는 꼴이 되기 때문이다. 여자는 단지 거기에 곁붙어서 따라가는 모양새다. 우리나라의 헌법이나 민법에서도 결혼이란 말 대신 '혼인'이라고 쓰고 있다.

더욱 우스운 것은 신부에게 보내는 축의금 봉투를 쓸 때 흔히 '祝 結婚', 혹은 '祝 華婚'이라고 쓰는 경우다. 이것은 시집가는 신부에게 장가드는 것을 축하한다는 꼴이 되니, 망발도 이만저만이 아니다. 그렇다면 어떤 용어를 써야 하는가. 장가가고 시집간다는 뜻이 담긴 '婚姻'이나 혼인을 밝게 비추어 축하한다는 뜻이 담긴 '華燭'이라는 어휘를 쓰는 게 예에 맞을 것이다.

## 혼례의 절차

우리나라의 전통 혼례는 시대와 지역에 따라 많은 차이점이 있다. 더욱이 예서에서 말하는 것과는 더 많은 차이를 보인다. 예서에 나오는 중국의 혼례 절차로는 주자의 '주자 사례朱子四禮'가 있다. 이는 남송 때 주자(1130~1200)가 쓴 『가례』에 실린 네 가지 혼인 절차로 ① 의혼議婚 ② 납채納采 ③ 납폐納幣 ④ 친영親迎을 가리킨다. 주자는 당시 혼인 절차가 여섯 단계로 돼 있어 번잡하다며 이를 네 가지로 조정하여 시행했다.

우리나라의 전통 혼례는 고려 말 들어온 『주자가례』가 조선전기에 준용되면서부터 규범의 틀이 잡히기 시작했다. 그후 도암 이재는 1844년 『주자가례』와 고금의 예를 정리하여 우리 현실에 맞게 『사례편람』을 편찬해 이것이 혼례 지침서 역할을 했다. 『사례편람』의 혼례도 『주자가례』와 마찬가지로 ① 의혼 ② 납채 ③ 납폐 ④ 친영의 네 단계로 되어 있다. 여기서도 중국

도암 이재가 편찬한 『사례편람』.

의 예를 따라 '신랑이 친히 여가에 가서 신부를 모셔다 신랑 집인 본가에서 혼례를 치르도록' 되어 있다. 그런데 이러한 정부의 강력한 권고에도 불구하고 조선시대에는 남자 집이 아닌 여자 집에서 혼례를 치르는 반친영이 내내 시행되었던 것이다.

이처럼 『사례편람』 같은 혼례 규범조차 현실과는 거리가 있었다. 때문에 세속에서는 우리의 실정에 맞게 육례六禮로 조정해 시행했다. 이는 ① 혼담昏談, 선보기 ② 납채納采＝사주四柱 보내기 ③ 연길涓吉＝擇日 ④ 납폐納幣 ⑤ 대례大禮, 醮禮 ⑥ 우귀于歸 순이다.

이러한 혼례가 어떻게 진행됐는지 구체적으로 살펴보자. 혼담昏談은 '매파' '중신애비' '중신애미'로 불리는 중매인이 처녀총각의 집을 드나들면서 성사시킨다. 양반집에서는 신랑 신부의 아버지나 조부가 지인들과 편지 왕래를 통해 혼담이 오가기도 했다.

### ⌇ 납채: 사주 보내기

중매인을 통해 혼담이 오간 후 양가의 승낙을 받고 남자 쪽에서 여자 쪽에 공식적으로 혼인을 청하는 예이다. 신랑 측 혼주는 예서의 서식에 따라 신부 집에 청혼서와 남자의 사주를 보낸다. 서식은 주소·관직·성명을 적고 간단한 문구로 혼인을 하게 되어 기쁘다는 뜻을 전하는 것이다.

보통은 청혼서 없이 남자의 사주만 여자 집에 보내기도 한다. 사주는 사성四星·사주단자, 주단柱單·단자單子, 강서剛書 또는 용첩庸帖이라고도 한다. 사주에는 신랑의 생년월일 즉 'O년 O月 O日 O生時(예: 甲子年 正月 初八日 丑時生)'이라 쓴다. 이를 다섯 번 접어 봉투에 넣는다. 봉투 전면에는 '사주' 또는 '사성'이라 쓰고, 후면에는 '근봉謹封'이라 쓴다. 납채는

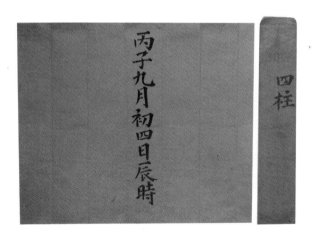

사주四柱, 34.7×6.9cm, 북촌미술관 소장. 신랑의 사주로 병자丙子 9월九月 초사일初四日에 진시辰時를 적어 신부 댁에 보낸 문기. 주단柱單이라고도 한다.

사실상의 약혼에 해당된다.

사주를 보낼 때는 싸릿대를 쪼개어 사주 봉투를 끼우고 양끝을 청홍실로 묶은 후 붉은 보자기에 싸서 복이 많은 사람으로 하여금 신부 집에 보낸다. 싸리나무를 쪼개 사주를 끼운 이유는 도포 소매에 넣거나 보자기에 싸면 구겨질 염려가 있기 때문이다. 사주는 신부가 평생토록 장롱 속에 잘 간수했다가 죽은 후 관 속에 넣어준다.

### ✦ 연길: 택일

연길涓吉이란 납길納吉과 같은 의미로, 신랑 측으로부터 청혼서나 사주를 받으면 신부 집에서 혼인날을 잡아 신랑 집에 택일단자를 보내는 절차다. 연涓이란 꼭 맞는다, 고른다는 뜻으로 "좋은 길조를 골랐다"는 의미가 된다. 또 길일을 점쳐 보낸다 하여 연길涓吉, 속칭 '날받이'라고도 한다. 반대로 택일단자를 신랑 집에서 신부 집으로 보내는 경우 '맞택일'이라 한다. 우리와 달리 중국은 남자 측에서 규수의 어머니는 누구이며 규수의 생일을 물어 길흉을 점쳐 날을 잡아 여자 측에 알렸다.

사주를 받으면 신부 집에서는 신랑과 신부의 생년·월·일·시 등을 보아 생기복덕을 가리고 살을 피해 혼인 날짜를 정한다. 택일은 신부와 신랑의 부모가 혼인한 달과 조상의 제삿날이나 '썩은 달', 즉 삼복이 낀 달이나 2·4·6·8월과 같이 짝수에 해당하는 달, 12월 등은 피한다.

연길은 신랑이 신부 집에 기러기를 바치는 전안일奠雁일과 납폐 시간을 쓰는 것이다. 전안일과 납폐일이 다르면 따로 기입하기도 하나, 둘이 같으면 전안 일시만 쓰고 납폐 일시는 동일선행同日先行이라고만 쓴다. 납폐동일선행이란 납폐를 같은 날 먼저 행하고 혼례를 치르라는 것이다.

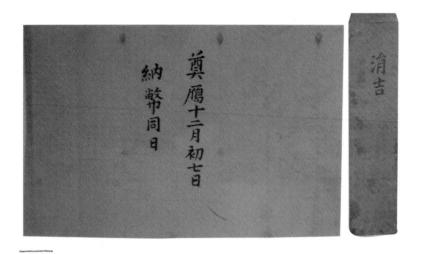

연길涓吉, 28.1×6.5cm, 북촌미술관 소장. 사주단자를 받은 신부 집에서는 신부의 생일과 일기 및 집안 형편 등을 고려해 혼인 날짜를 잡아 신랑 집으로 보내는데, 두터운 백지에 쓰고 봉투에 넣어 붉은 보자기에 싸서 보냈다. 전안奠雁은 12월 초7일에 거행하고 납폐도 같은 날同日에 한다고 적혀 있다.

격식을 따지는 집에서는 전안·납폐 일시 외에 신랑 신부가 봐서는 안 될 사람의 간지, 앉아서는 안 될 방위 등도 기입한다. 택일단자는 봉투에 넣어 겉 전면에 '연길涓吉'이라 쓴 후 중매인이나 복 많은 사람 편으로 신랑 집에 보낸다. 이때 택일단자에 허혼서許婚書와 신랑의 의양衣樣(옷 치수)을 청하는 편지를 넣어 보내기도 한다. 혼례 날짜를 적은 연길서장을 받은 신랑 집에서는 신랑의 의복 길이와 품을 잰 의양을 신부 집에 보낸다.

### ✤ 납폐: 함 보내기

납폐는 혼인의 증표로 신랑 집에서 신부 집으로 혼서지와 폐백幣帛(청단과 홍단)을 넣은 함을 보내는 절차를 말한다. 민간에서는 예장, 납징納徵,

혼수, 봉채, 큰짐, 예물이라고 했다. 폐백을 보내는 것은 서로 공경하여 부부의 분별이 있음을 밝히는 것이다.

원래 폐백에 쓰는 비단은 검은 비단玄緞과 붉은 비단纁緞이었다. 하지만 뒤에 검은색이 푸른색으로 바뀌어 청단·홍단 두 필의 끝을 청실홍실로 묶어 혼서지와 함께 함에 넣어 보냈다. 붉은색은 5색 중에 가장 화려하고 영광스러우며, 푸른색은 색 중의 우두머리로 동방의 시작으로 여겼기에 택해진 것이다.

예물이 많을 경우 채단의 내용과 수량이 적힌 물목物目을 넣은 봉투로 보내기도 한다. 함은 붉은 보자기에 싸서 보냈는데 보자기의 네 귀를 맞추나 묶지는 않고 근봉謹封이라 쓴 종이띠를 돌려 감고 무명 한 필로 끈을 만들어 어깨에 메도록 했다.

함에 넣는 예물은 지방과 계층 등에 따라 다르지만 반드시 넣는 것은 신부의 상·하 두 벌의 채단과 패물·혼서지婚書紙이다. 혼서지란 납폐서로서 예장지禮狀紙라고도 하며 일종의 혼인문서이다. 이는 누가 누구에게 왜 예물을 보내는가를 정중하게 글로 쓴 것이다. 함에는 이외에 이불감, 솜, 돈을 넣고, 부귀다남富貴多男을 상징하는 곡물이나 목화씨, 숯, 고추, 서석, 부들 고리, 수수깡 등을 넣기도 한다.

한편 중국의 납폐 예물은 우리와 어떻게 달랐을까. 후한 때 납폐는 무려 30가지에 달

함 지고 가는 장면.

혼수물목, 1073×31cm, 국립고궁박물관 소장. 혼수에 필요한 다양한 물품들이 적혀 있다.

했는데, 특히 상징성이 중요했다. 현훈, 즉 현은 하늘을 상징하고, 훈은 땅을 의미한다. 또 붉은색은 5색의 영화이고, 청색은 색 중의 우두머리인 동방의 시작이다. 수수는 제물용 곡식이다. 부들과 갈대는 어우러짐과 부드러움을, 또 마음이 자유자재로 굽혔다 폄을 취한 것이다. 솜은 조화롭고 부드러운 뜻을 취해 약혼녀가 유순한 미덕을 갖추기를 바람이다. 그러나 이러한 예물은 후에 호의를 표하던 것에서 점차 부귀와 재물을 뽐내기 위한 수단으로 전락해 사회적 폐단을 낳기도 했다.

신랑 집에서 납폐, 즉 예물을 신부 집에 보내면 신부 집에서는 새살림인 자장資粧을 준비했다. 이는 여자가 시집가서 살림살이에 필요한 옷가지와 살림도구들을 가리키며, 치장, 장렴粧奩, 비수개라고도 했다. 그리하여 부모는 딸을 낳으면 집 안에 오동나무를 심었다가 시집갈 즈음 그것으로 옷장을 만들고 짬짬이 천을 짜 옷감이나 이불감을 마련했던 것이다. 자장의 폐단이 얼마나 심했던지 18세기에 이덕무는 "딸을 시집보내려면 혼수 마련

을 위해 많은 돈과 재물이 들므로 딸을
낳으면 집안을 망칠 징조라 하고, 어린
딸이 죽으면 사람들은 얼마의 돈을 벌
었다는 말로 비유해 위로하는데, 이것
은 인륜과 도덕이 여지없이 타락한 것
이니 어찌 한심한 일이 아니겠는가"라
고 개탄하기까지 했다.

## 초행: 말 타고 장가가는 신 랑과 그 일행

신랑이 혼례를 올리고자 신부 집으로
가는 것을 초행初行이라 한다. 혼례 당
일 날 아침 신랑은 말을 타고 신부 집
으로 간다. 남자가 먼저 움직여 여자

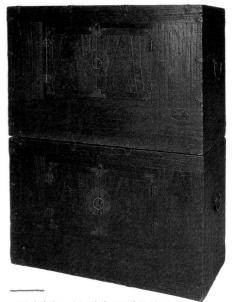

조선시대에는 딸을 위해 오동나무 한 그
루를 심었고 딸이 장성하면 그것으로 농
을 만들어 시집보내곤 했다. 오동농, 18세
기, 82.4×40.7×105cm, 서울역사박물관
소장.

집으로 가는 것은 강유剛柔의 이치를 따른 것이다. 남자는 굳세기 때문에 강
剛이고, 여자는 부드럽기 때문에 유柔이다. 강의 덕은 앞으로 나아가는 것
을, 유의 덕은 물러서는 것을 위주로 한다. 18세기에 편찬된『경도잡지』는
신랑이 신부 집으로 장가들러 가는 초행 걸음을 이렇게 표현했다.

"신랑은 흰말을 타고 자줏빛의 생견단령을 입으며, 무소뿔로 만든 각띠를 띠
고 두 뿔의 사모를 쓰고 네 쌍의 청사초롱을 앞세운다. 기러기아비는 붉은 갓
을 쓰고 검은 단령을 입으며 기러기를 받들고 앞에서 천천히 걸어가며 여러

관청의 아전들과 하인들을 빌려서 전후 좌우를 옹위시킨다."

신랑이 장가드는 초행길은 신랑이 말을 타고 떠나는 것으로부터 시작된다. 조선시대 김홍도가 그린 장가드는 신랑의 초행 모습은 훨씬 더 사실적이다. 신랑 일행이 신부 측 마을 입구에 다다르자 신부 집에서 보낸 안내인 두 사람이 이들을 맞이한다. 맨 앞에는 군인 복장을 한 서리 네 명이 청사초롱을 들고 앞길을 밝히고 있다. 그 뒤를 기러기아비가 따르고, 좌뢰左牢라고 하는 관아의 하인 둘이 앞뒤에서 사모에 관복을 입은 신랑의 백마를 끌고 간다. 신랑 좌우에는 네 명의 호위군이 옹위하고 치마를 휘감아 허리에 묶은 여자 하인 하나가 따라간다. 그 뒤를 장옷을 쓴 신랑의 유모가 말을 타고 간다. 행렬 맨 뒤에는 후행이라 하여 말을 탄 신랑 친구가 따라간다.

신랑 일행이 마을 입구에 도착하면 신부 집에 직접 들어가지 않고 인접人接 또는 대반對盤이라 불리는 신부 측 안내인에 의해 정방이라 하여 따로 정한 방에 들어간다. 정방은 노점, 주점, 사처, 좌처라고 하는데 일종의 신랑 대기실이다. 여기서 여장을 풀고 신부 집에서 내온 음식으로 요기를 하며 혼례 시간까지 쉰다.

신랑은 이곳에서 성복盛服, 즉 사모를 쓰고 높은 신분의 관복을 입는다.

신랑 친구
신랑의 유모
호위군
일산
좌뢰
하녀
기러 아범
청사초롱 행렬

혼인식(부분), 전 김홍도, 조선 18세기, 견본담채 53.9×35.2cm, 국립중앙박물관 소장.

혼례 때 신랑과 신부는 1품인 정승이나 대군과 부인의 옷을 혼례복을 입도록 했다. 신랑과 신부의 집이 가까운 거리일 경우는 처음부터 성복을 하고 나서지만 먼 거리라면 평복을 입었다가 신부 측 마을에 도착하여 사모관대와 관복으로 갈아입었다.

집안이 비록 가난할지라도 신랑이 고관의 복장을 하고 말을 타고 관청의 서리로 하여금 청사초롱을 들려 신부 집에 갈 수 있었던 것은 혼례에 필요한 도구 등을 나라에서 빌려주는 섭생攝盛과 같은 독특한 관습 때문이다. 조선시대에는 혼례 때 나라에서 혼례복을 비롯해 말이나 청사초롱을 들고 갈 하급관리까지 빌려주었다.

## 대례: 검은 머리 파뿌리 되도록 한 몸이 되다

신부 집에 들어설 때 부정을 퇴치하는 뜻에서 짚불을 놓아 신랑이 그것을 넘어가도록 한다. 필자의 고향인 천안 직산에서는 장가드는 신랑이 처녀를 훔쳐가는 도적이라 하여 신부 집으로 들어오는 신랑에게 재를 뿌리거나 콩과 팥을 던지며 장난을 한다. 이를 '잿기름'이라 부르는데, 부정을 막기 위한 것이다.

신부 집에서는 대청이나 마당에 차일을 치고 병풍과 휘장을 둘러 초례청을 만들어둔다. 초례청醮禮廳에서 행하는 혼례식을 초례 또는 대례大禮라 한다. 신랑이 신부 집에 도착하면 먼저 전안례奠雁禮를 행한다. 즉 신랑이 신부 아버지에게 기러기를 바치는 예이다. 전안례에 대해 『세종실록』은 "장인이 대문 밖에 나가 신랑을 맞이하여 집으로 들어가면 신랑은 기러기를 가지고 뒤따라 대청으로 올라가 무릎을 꿇고 기러기를 바닥에 놓으면 신부 아버지가 그것을 받고 신랑이 절을 하고 내려온다"라고 하였다. 원래 기러기는 산 기러기를 쓰도록 했으나 여의치 않을 경우 나무기러기木雁를 쓰도록 했다. 흔히 전안례 때 쓰는 기러기를 두 마리로 알고 있으나 실은 한 마리다. 기러기는 화목, 정절, 질서의 상징으로, 기러기와 같이 의리를 지키겠다는 서약의 뜻이다.

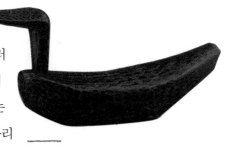

나무기러기, 조선말기, 32×83×143cm, 서울역사박물관 소장.

　　다음은 신부가 초례청으로 나와 교배례交拜禮를 한다. 이때 서동부서 婿東婦西라 하여 교배상을 가운데 두고 신랑은 동쪽(왼쪽), 신부는 서쪽(오른쪽)에 자리 잡고 마주선다. 신부는 머리에 족두리를 하고 원삼을 입고 손을 가린 한삼으로 얼굴을 가린 채, 수모의 부축을 받아 마주선다. 신랑 신부가 초례상을 사이에 두고 마주한 뒤 먼저 수모의 도움으로 신부가 두 번 절하면 신랑은 답으로 한 번 절한다. 신부가 다시 재배하면 신랑은 답으로 1배한다. 여자는 음이기 때문에 2배하는 것이고, 남자는 양이기 때문에 1배하는 것이다.

　　교배가 끝나면 곧 합근례合巹禮의 교배를 한다. 이는 초례상을 사이에 두고 신랑과 신부가 청실홍실을 드리운 표주박 술잔에 술을 부어 마시는 의식이다. 신부는 수모가 따라준 술잔을 입에 살짝 댔다가 신랑에게 건네주면 신랑이 이를 받아 마시고, 답례로 건네받은 것을 신부는 마시는 시늉만 하고 내려놓는다. 이렇게 두 번 반복한 후 셋째 잔은 서로 교환하여 마시는데 이는 한 몸이 되었음을 상징하는 표시이다. 본래 조롱박잔은 하나인데 둘로 쪼갰기 때문에 이 둘을 합쳐야 온전한 하나가 된다고 생각한 데서 나온 것이다. 과년한 딸을 둔 집안에서는 '애작'이라 하여 작은 박을 심기도 한다. 애박이 담장을 타고 올라가면 동네 총각들이 이 집 딸을 보기 위해 담 너머로 훔쳐보기 때문에 "애박 올리면 담 낮아진다"는 속담이 생기기도 했다. 여기까지 하면 혼례식은 일단 끝난 것으로 여겼다. 이러한 혼례 절차는 복잡하기 때문에 홀기에 의해 진행된다.

## 첫날밤 합궁: 신방 엿보기

합환주잔과 합환주상,
국립민속박물관 소장.

첫날밤은 신부 집에서 보낸다. 신방에는 병풍을 둘러치며 화촉을 밝히고, 주안상을 준비하고 아랫목에 원앙금침을 깔아놓는다. 주안상을 두고 마주앉은 신랑과 신부는 서로 술잔을 권한다. 합환주를 마시는 것은 둘이 한뜻이 되어 잘 살아보자는 의미다. 곧 신랑이 신부의 옷을 벗겨주고 잠자리에 든다.

신방 밖에서는 마을 부녀자나 친척들이 방문 종이를 손가락으로 뚫어서 신방 안을 엿본다. 이를 '신방 엿보기守新房'라고 한다. 이덕무는 이에 대해 "습속이 바르지 못하여 딸을 혼인시켜 사위를 맞아들여 삼 일을 신방에서 자게 되는데, 집안의 부인이 반드시 몰래 신랑, 신부의 말을 엿듣는다"고 하였다.

## 신랑 다루기: 동상례

신랑 신부가 혼인 초야의 신방을 치르고 난 다음 날 저녁 신부 집에서 마을 청년들을 초대하여 대접한다. 청년들이 모여앉아 신랑을 끌어다놓고 노래를 청하거나 답변하기 곤란한 질문을 해 신랑을 다룬다. '왜 남의 마을 처녀를 훔쳐갔느냐' '육례를 아느냐' '첫날밤은 어떻게 지냈느냐' 며 고백하라고 문초를 하며 괴롭힌다. 그 답이 신통치 않거나 심한 경우 신랑의 다리를 끈으로 묶어 힘센 사람이 짊어지거나 대들보에 매어 발바닥을 몽둥이로 때리며, 남의 집 딸을 버려놓은 죄를 무엇으로 보상할 것이냐고 희롱한다. 견디다 못한 신랑이 살려달라고 소리 지르면 신부는 발을 동동 구르며 안타까워하고, 장모가 나와 말리고 성찬을 내어 풀어달라고 애원한다. 양반집에서는 신랑에게 시를 읊게 하여 신랑의 학식과 지혜를 떠보기도 했다.

　　이는 모두가 푸짐한 안주와 술을 내오게 하기 위한 수단이다. 신랑은

『청장관전서』, 이덕무, 규장각한국학연구원 소장.

신부 집에서 내온 푸짐한 음식을 마을 청년들과 먹으면서 안면을 익히고 정을 나눈다. 이렇게 사위가 된 신랑이 처가에서 젊은 친구들을 대접하는 것을 신랑 다루기, 신랑 달여먹기, 또는 동상례東床禮라 한다. 동상이란 원래 同牀 또는 東廂이라 하여 잠자리를 함께한 것을 이른다. 이것이 혼속에서는 남의 집 사위를 높여서 일컫는 말이 되어, 혼례가 끝난 뒤 신랑이 신부 집에서 마을 청년들에게 음식을 대접하는 것을 동상례라 하였다.

신랑 다루기의 도가 지나쳐 신랑이 맞아 죽는 경우도 있었다. 이덕무는 『청장관전서』에서 "신랑의 발을 거꾸로 달고 발바닥을 몽둥이로 때리면서 이름하여 족장足杖이라고 하는데, 혹 죽게 되는 자도 있으니, 그 습속이 오래된 것이다"라고 하였다.

## 우귀: 가마 타고 시집가는 새색시

신부 가마

대례가 끝나면 신랑이 신부를 데리고 신랑 집으로 가는 것을 우귀于歸 또는 신행新行이라 한다. 이는 신부가 시집으로 들어가는 예식이다. 이에 여자 쪽에서는 '시집간다'라고 했고, 남자 쪽에서는 '시집온다'라고 했다. 『사례편람』과 같은 예서에는 혼례 당일에 신랑 집으로 우귀하는 것으로 돼 있지만, 실제로는 당일우귀當日于歸하거나 사흘 뒤에 시집에 가는 삼일

우귀三日于歸를 행했다. 이밖에도 몇 달 만에, 혹은 해를 넘겨서 우귀하는 경우도 있다. 달을 넘겨 우귀하는 것을 '달묵'이라고 하며, 해를 넘겨 우귀하는 것을 '해묵'이라고 한다.

신부가 시집으로 갈 때에는 신랑, 상객, 하님, 짐꾼이 행렬을 이룬다. 다음은『경도잡지』에 보이는 18세기 서울의 한 신행 행렬의 모습이다.

"신부는 황등 꼭지 8인교를 타는데 4면에 발을 드리웠다. 앞에는 네 쌍의 청사초롱과 한 쌍의 안보를 세우고 12명의 여자 종이 대추, 건포, 옷합, 경대 등을 머리에 이고 부용향을 받쳐 들고 곱게 치장하고 화려한 옷을 입고 쌍을 지어 길잡이로 서며, 유모는 검은 비단으로 만든 장옷을 쓰고 말을 타고 뒤따르며 또한 아전들과 하인들로 전후좌우를 옹위시킨다."

보통 신부가 탄 가마는 무명으로 된 샅바를 X자로 두르거나 호피를 씌운다. 샅바로 쓴 무명은 뒤에 신부가 속옷을 지어 입는다. 가마에 호피를 씌우는 것은 호랑이가 백수의 왕이고 용맹하기 때문에 잡귀를 물리칠 힘이 있다고 믿어 액을 막기 위함이다. 호피가 없을 경우 호랑이를 그린 담요로 대신하기도 했다.

신부 가마가 신랑 집 가까이 오면 사람들이 나아가 목화씨, 소금, 콩, 팥 등을 뿌려 잡귀를 쫓는다. 신랑 집에서는 신부와 상객을 맞이하는 큰상을 준비하고, 지방에 따라 가마가 시댁의 문을 들어설 때 '살'을 피하기 위해 짚불을 놓고 그 위를 넘어 들어가며, 하인들이 징과 북을 치기도 했다. 가마가 집 안에 들어서면 신랑이 문을 열어준다. 만일 이날 마을에 산고産故가 있으면 신랑 집에서는 미리 신부 방 앞에서 산고가 있는 방향으로 검정 치마

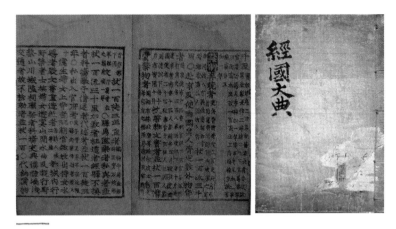

『경국대전』, 최항 등 엮음, 1485년, 33.2×21cm, 서울역사박물관 소장. 유교적 법치국가로서 여성에 대한 규율을 정하고 있는 조선 왕조의 면모를 보여주고 있는 이 책은 부녀자가 절에 가거나 산과 계곡으로 놀이를 나가면 장 100대에 처한다(형전 금제조)는 등의 조항을 기록하고 있다.

를 치고 신부는 절을 하고 방으로 들어가도록 한다.

## 현구고례見舅姑禮 및 근친

구고례 혹은 폐백이라고도 한다. 폐백은 혼인 전에 신랑 집에서 신부 집에 보내는 폐백이 있고, 신부가 혼인을 하고 신랑 집에 가서 시부시집 어른들께 드리는 폐백이 현고구례다.

신부는 시집에 도착하면 간단히 요기하고 큰상을 받는다. 신부의 큰상받기가 끝나면 사당배례를 하여 새 며느리를 맞아들였다는 것을 조상들에게 알리는 의례 절차를 행한 뒤 시부모를 만나 뵙는 현구고례를 행한다.

신부는 집에서 장만해온 닭찜, 안주, 밤, 대추, 과일 등을 상 위에 차려놓고 술을 따라 올리며 시부모에게 절을 한다. 시댁 어른들은 이때 예물을 주기도 하고 대추나 밤을 치마 밑에 넣어주면서 축원을 한다. 이때 올리는 안주로는 밤과 엿이 있는데, 밤은 까느라 정신이 없으라는 것이고, 엿은 입을 다물라는 것이다.

조선시대의 법전인 『경국대전』에는 "새 며느리가 시부모를 만나 뵐 때 술 한 동이 안주 다섯 그릇을 지참해야 한다"고 적혀 있다. 근친覲親이란 신부가 시집에 와서 생활하다가 처음으로 친정에 가는 것을 말한다. 우귀한 지 3일, 한 달 또는 1년 만에 가기도 한다. 근친 때는 많은 예물을 가져가며, 친정에서 돌아올 때도 많은 예물을 마련해온다. 근친 때는 신랑이 동행한다. 엄밀히 말해 신부가 근친을 다녀와야 비로소 혼례가 완전히 끝난 것이 된다.

## 왜 낮이 아니라 저녁에 혼례 올렸나

혼인식은 어느 시간대에 하는 것이 가장 좋을까? 결론부터 말하자면 저녁에 행하는 것이 가장 이상적이다. 오늘날에 들으면 무슨 뚱딴지같은 소리냐고 할 수도 있겠다. 하지만 불과 60~70년 전까지만 해도 혼례는 저녁 무렵에 행해졌다. 혼례의 혼婚자를 자세히 뜯어보면 금세 납득이 간다. 남자氏와 여자女가 어느 날日 맺어지는 글자가 바로 혼婚＝女＋氏＋日자의 모습이다. 그런데 여기서 여자 女자만 떼어내면 바로 저녁을 뜻하는 혼昏자가 된다. 이처럼 저녁 무렵에 혼인을 행했기에 황혼 혼昏자를 써 혼례昏禮라 한 것이다. 『예기』「혼의편」에도 혼례의 혼자를 '昏'으로 기록했다. 그러던 것이 어느 때인가 昏자에 女자의 부수를 넣어 혼婚으로 함께 쓰기 시작했다.

이 같은 사실은 혼인 때 주고받은 문서를 봐도 알 수 있다. 전남 구례 지방의 아흔아홉 칸 집으로 불리는 문화 유씨 종가 '구례운조루'에 내려온

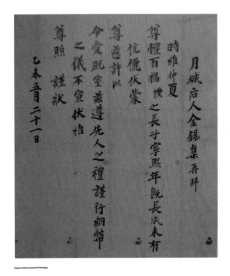

1920년대 혼인 문서에 의하면, 아들 둘, 딸 셋 모두 다섯 명의 혼례를 하나같이 '신申'에 행했다. '신' 시는 오후 3시~5시로 해가 서산으로 기울기 전을 가리킨다. 조선조 세종 때 왕세자가 혼례를 올리기 위해 신시申時 삼각三刻, 즉 3시 45분에 가마를 타고 세자빈의 집을 향해 광화문을 출발했던 기록도 있다. 그럴 경우 세자빈의 집에 도착하면 적어도 5시쯤은 될 것이며, 전안례를 행하고 신부를 맞이해 궁으로 돌아오

혼서婚書, 을미 5월 21일, 49.8×56.3cm, 김석집, 북촌미술관 소장. 을미 5월 21일 아들 영희寧熙의 혼례를 앞두고 신랑의 아버지인 월성후인月城后人 김석집이 신부측에 납폐를 할 때 함께 보낸 혼서.

는 것은 6~7시가 될 것이다.

또한 혼례를 저녁에 치렀음은 불을 밝히는 횃대나 초를 사용한 것에서도 알 수 있다. 조선시대에는 혼례 때 종친과 문무 1품 이하는 신랑이 말을 타고 신부 집에 가는 데 횃불炬火로 앞길을 밝히고, 신부가 가마에 타고 시집으로 갈 때도 횃불로 길을 밝히도록 명문화했다. 이런 거화는 마음대로 사용하는 것이 아니라, 아버지의 계급에 따라 2품 이상은 10자루, 3품 이하는 6자루를 쓰도록 했다. 오늘날에 이것은 초롱으로 바뀌었다.

옛날에는 물리적인 이유 때문에라도 혼례를 저녁에 치를 수밖에 없었다. 그 까닭은 신랑 집에서 신부 집으로 가는 시간이 있기 때문이다. 신랑은 말을 타고 간다 해도 다른 일행은 걸어야 했는데, 하루에 100리(40킬로미터)

를 걷기란 쉽지 않았다. 가령 신부 집이 20~30킬로미터 떨어져 있다고 하자. 신랑이 아무리 일찍 출발한다 해도 오후 한두 시쯤 돼서야 신부가 사는 마을에 도착할 수 있다. 당도했다고 해서 곧바로 식을 올릴 순 없고 요기도 하고 사모관대를 갖추려면 한두 시간은 족히 걸렸다. 사정이 이렇다보니 대낮에 혼례를 올리고 싶어도 불가능해 자연스레 '신申' 시에 행하게 되었던 것이다. 이처럼 저녁에 식을 올렸음은 사위가 종복들을 데리고 처가에 저녁에 당도하는 것을 혼석昏夕, 길석吉夕 등으로 표현한 것을 봐도 알 수 있다.

또한 음양으로 볼 때 저녁 무렵인 '신' 시는 음기가 때에 맞아 만물이 타고난 성질을 부여받는 때이다. 또 만물이 그 형체를 완성하는 시간이다. 신시를 지나 곧이어 유시酉時(5~7시)가 되면 음양이 서로 같아져 조화를 이룬다. 즉 12시午時에 극대화 된 양이 점점 소멸하기 시작하면서 동시에 음이 점점 성장하여 신시가 되면, 오시에서 일어난 음이 3음으로 커졌다가 저녁 때인 '유시'에 음양이 서로 같게 된다. 즉 가장 이상적인 혼례 시간은 시뻘건 대낮이 아닌 음양이 조화를 이루는 저녁 무렵이다.

당나라의 문인 공영달孔穎達은 "신랑은 황혼 무렵에 신부를 맞으러 가고, 신부는 이에 따라 가기 때문에 사위婿는 혼昏이라 하고, 처는 인姻이라 부른다"고 했다. 명나라 때 팽대익彭大翼도 『산당사고山當肆考』에서 "신부 집에 예단을 보낼 때는 반드시 아침에 보내야 하고, 신부를 맞아올 때는 반드시 저녁에 해야 한다"고 기록하고 있다.

## 혼례는 왜 여자 집에서 했을까

결혼을 하면 보통 여자가 남자 집으로 와서 사는 것이 상식처럼 여겨졌다.

즉 처가로는 잘 들어가지 않는다는 말이다. 그러나 옛말에 '겉보리 세 말만 있어도 처가살이 않는다'거나 '처가와 변소는 멀수록 좋다'고 한 것은 처가 살이가 흔했고 또 그만큼 어려웠음을 나타낸다.

고구려 사람들은 혼담이 성립되면, 여자 집에서는 자기 집 뒤에 서옥婿屋이라는 작은 집을 지었다. 해질 무렵 사위가 집 밖에서 이름을 대며 여자와 동숙할 것을 간청하면 부모가 이를 듣고 서옥으로 안내하여 동숙하게 했다. 아울러 사위는 돈과 폐물을 여자 집에 제공하고 자녀를 낳아 장성하면 비로소 처자를 데리고 본가로 갔다. 고구려의 풍속은 남자가 여자 집에 가서 혼인하고 얼마 동안 처가에서 사는 서유부가혼婿留婦家婚 혹은 남귀여가男歸女家 형식이다.

이러한 풍속은 고려에 와서도 처가에 머무는 기간만 짧아졌을 뿐 별반 다르지 않았다. 고려의 혼인 풍속은 남자와 별거를 할지언정 여자는 자기 집을 떠나지 않는 것이었다. 남자는 결혼을 하면 처가에서 성장하기도 하고 거기서 자식을 낳아 키우기도 해 처가의 은의가 돈독했다. 사정이 이렇다보니 고려시대에는 외손봉사는 물론이고 외조부모, 처부모가 돌아가시면 상복을 입었으며, 나라에서는 휴가를 30일씩 주어 장례를 치르도록 했다.

조선에 들어와서도 다른 의관문물衣冠文物은 중국을 따랐으나 혼속만은 고유 풍속이 지켜져 쉽게 바뀌지 않았다. 중국은 우리와는 달리 『주자가례』에 준해 신랑 집에서 혼례를 치르는 친영례를 행했다. 친영이란 신랑이 신부 집에 와서 신부를 데리고 본가에 가서 혼례를 치르는 것을 말한다. 하지만 우리나라의 전통 혼속은 신랑이 신부 집에 가서 혼례식을 치르는 것이었다. 그것은 양이 음을 따르는 격이 되기 때문에 중국의 예와는 정면 배치되는 것이었다.

그렇다면 조선전기에는 혼인이 어떻게 이뤄졌는지 살펴보자. 혼인 첫 날에는 사위가 종들을 데리고 저녁 무렵에 처가에 당도했다. 이날 처가에서 진수성찬을 차려 사위와 함께 따라온 종자들을 대접한다. 신랑은 어떤 의식 도 없이 바로 첫날밤 신부와 동침을 했다. 둘째 날에는 처가의 친척들과 신 랑의 친구 그리고 하객들을 위해 잔치를 벌인다. 고려 말부터 시작된 이런 풍속은 남침覽寢이라 했다. 셋째 날에는 혼례상을 차리고 신랑 신부가 혼례 를 올린다. 이때 비로소 부부가 얼굴을 맞대면하는 상견례를 치른다. 표주 박으로 합환주를 마시는 합근례와 함께 음식을 드는 동뢰연同牢宴을 행한 다. 혼례상은 대탁大卓이라 하며 상에 차린 음식의 높이가 거의 방장方丈에 이른다. 3일 만에 부부가 비로소 정식으로 대면하여 음식을 든다 하여 이를 삼일대반三日對飯이라고 한다. 혼인식을 마치고 남은 음식은 시댁에 보낸다. 이렇게 식을 마치면 시부모를 찾아뵙는다.

신부가 시댁에 갈 때에는 대규모의 거마와 종복들을 거느리고 술과 찬 거리를 비복이 이고 갔다. 가세를 과시하기 위한 과다한 혼사 비용으로 가 산을 탕진하는 예가 많자, 국가에서 사치 풍조를 막기 위해 그 기준을 설정 하여 금했다. 『경국대전』에 기록된 내용을 보면, 신부가 시부모를 뵈러 갈 때에는 술 한 동이, 안주 다섯 그릇, 여노비 3, 남노비 10인을 데려가도록 했다.

『주자가례』를 절대적인 규범서로 생각한 유학자들은 이러한 혼속이 중 국인들의 웃음거리가 된다며 부끄럽게 여기기도 했다. 따라서 우리의 전통 적인 혼속 대신 중국처럼 신랑이 신부를 맞이해와 혼례를 치르는 친영례를 실시하려는 시도가 건국 초부터 있었다. 일찍이 태종 때에도 그런 움직임이 있었지만 잘 이행되지 못했다. 세종은 "혼례는 여자가 남편의 집으로 가는 것인데, 나라의 풍속이 옛 관습에 젖어서 친영하는 것을 사람들이 싫어하므로 태종이 이루지 못한 것이다. 그러나 예교禮敎는 오래가야만 변할 수 있는 것이라며 친영의 시행이 쉽지 않다"고 했다.

그렇다면 우리나라는 무엇 때문에 중국처럼 남자 집에서 혼례를 치르지 못한 것일까? 그 이유를 『세종실록』은 이렇게 기술하고 있다.

세종: 친영의 예는 우리나라에서 오랫동안 실시하지 않았는데, 한성 부윤 고약해 등이 고례에 의거하여 이를 실행할 것을 요청하였다. 태종 때에 친영의 예를 실시하자는 의논이 있었으나, 나이 어린 처녀도 모두 결혼을 시킨 것은 남자 집에서 혼인을 행하기 어려웠기 때문이었다. 그 어려운 이유가 무엇인가.

김종서: 우리나라의 풍속은 남자가 여자의 집으로 가 혼례를 치르는 것이 그 유래가 오래되었습니다. 만일 여자가 남자의 집으로 들어가게 된다면, 바로 거기에 필요한 노비와 의복, 기구와 그릇 등을 모두 여자 집에서 마련해야 하므로 그것이 곤란하여 어렵게 된 것입니다. 남자의 집이 만일 부자라면 곧 신부를 접대하는 것이 어렵지 않겠지만, 가난한 사람은 부담하기가 매우 어렵기에 남자 집에서도 이를 꺼려왔습니다.

세종: 이 같은 예법을 과연 갑작스레 실시할 수 없다면, 혹 먼저 왕실에서 실시하여 사대부들로 하여금 본받게 한다면 어떨까.

김종서: 정말 전하의 말씀과 같이 왕실에서부터 먼저 실시하고, 아래에서 행하지 않는 사람에게도 죄를 주지 않으시면, 고례를 행할 뜻을 가진 사람은 저절로 따라올 것이며, 그렇게 해서 오래되면 온 나라에서 저절로 행하게 될 것입니다.

세종: 맞는 말이다.

세종 12년 12월 22일 세종은 친영 의주儀註에 대해 옛것을 참작하여 시의에 맞게 상정하여 아뢰도록 하고 혹 사대부의 집에서도 이를 행하고자 한다면 의주가 없을 수 없으니, 아울러 정하도록 지시하였다. 그러나 오랫동안 시행되지 않았던 친영을 갑작스레 제도를 바꿔 시행하기엔 현실적으로 어려움이 많았다. 첫째 당시의 혼인은 지금처럼 만혼이 아닌 조혼 풍속이었다. 『경국대전』의 규정에 의하면, 남자는 15세, 여자는 14세가 되어야 결혼할 수 있었지만 당시 추세는 이보다 더 빨랐다. 중종 때 성균관 생원 이강은 "옛날에는 남자는 30세에 장가들고, 여자는 20세에 시집갔는데, 지금 사람들은 나이가 열 살도 못 되어서 갓 쓰고, 아내를 맞고 남편에게 시집가 예절을 훼손하고 도리를 어그러뜨린다"라고 한 것이 이를 입증한다.

당시로선 딸을 남자 집에 보내 혼례를 치르게 한다는 것은 물리적으로 아주 어려웠다. 남자 집에서 혼례를 치르기 위해 수십 리를 가마 타고 가다 보면 어느새 생애 최고로 예쁘고 고와야 할 신부는 녹초가 되고 화장은 다 지워져 몰골이 말이 아니었을 것이다. 지금이야 다 커서 시집을 보내지만 그때만 해도 고작 열두세 살 무렵이니 그야말로 딸을 절해고도나 다름없는 남자 집에 보낸다고 하니 어떤 부모가 선뜻 나설 수 있겠는가.

더 큰 문제는 신부 측에서 볼 때 신랑 집은 적진이나 다름없었을 것이란 점이다. 생면부지의 시아버지, 새 며느리의 흠을 찾기 위해 바쁜 시어머니와 시누이…. 눈 씻고 찾아보아도 신랑 외에는 어디 하나 우군이라 할 만한 사람이 없다.

둘째, 여자 집에서의 경제적 어려움을 들 수 있다. 세종과 김종서의 대

혼수함, 20세기 초, 소나무, 65.5×35.2×33cm, 서울역사박물관 소장.

화에서 알 수 있듯이 남자 집으로 가 혼례를 치르면 신부를 보호해줄 몸종을
딸려 보내야 한다. 또 그에 필요한 의복, 기구, 그릇 등을 모두 여자 집에서
마련해야 했기에 경제적으로 큰 부담이었다. 신부 집에서 혼례를 치르면 혼
수나 상속분을 혼례를 마친 후 서서히 마련해도 되지만, 친영제를 행하면
딸의 상속분을 일시에 마련해야 하는 어려움이 따른다.

　셋째, 혼례를 마치고 신부가 곧장 신랑 집에 들어와 살게 되면 남자 집
은 신접살림을 마련하는 데 신부 집 못지않게 경제적 어려움이 컸다. 김종
서가 말했듯이 "남자의 집이 부자라면 곧 신부를 접대하는 것이 어렵지 않
겠으나, 가난한 경우 부담하기가 매우 어렵기 때문에 남자의 집에서도 이를
꺼린다"고 한 것은 남자 집에서 친영제를 기피했음을 보여준다.

　사정이 이렇다보니 조정에서는 친영례의 주장을 펴다가도 막상 자기

딸을 시집보낼 때는 언제 그랬냐는 듯이 자기 집에서 혼례를 치렀던 것이다. 이처럼 당시에는 이상과 현실의 벽이 너무 커 친영례가 뿌리 내리지 못했다. 친영례를 치르지 않기 위해 딸을 일찍 결혼시키는 풍속까지 생겨나기도 했다. 한편 아예 여자 집에서 혼례를 치르고 처가살이를 하는 경우도 많았다. 때문에 처가의 도움을 받으면 반은 자식이 된다는 뜻에서 장인에 대해 반자半子라는 말까지 생겨났다.

친영례 시행에 대한 논의는 16세기에 들어서도 활발했지만 일부 왕실에서 솔선수범하는 것으로 이루어졌을 뿐, 일반 백성은 여전히 여자 집에서 혼례를 행했다. 하지만 명종 때부터 반친영이란 이름으로 약간 변형되어 치러졌다. 주자의 『가례』대로 행하는 혼례을 진친영眞親迎이라 하고, 그렇지 않은 것을 반친영反親迎이라고 했다. 『가례』대로의 친영은 신부 집에 가서 기러기를 바치는 전안례를 행하고 곧 돌아와 남자 집에서 교배례와 합근례를 하고 시부모를 알현하는 것이다. 반면 반친영이란 고유 풍속인 삼일대반의 혼속으로서, 혼인날 저녁에 신랑이 신부 집에 도착해서 그날 밤 동침을 하고 사흘째 올리던 혼인식을, 도착 첫날 저녁에 혼례를 올리고 혼인 다음 날 시부모를 뵙는 것이다.

그후 영조 때에도 혼인은 반드시 친영례를 행하도록 했지만 잘 시행되지는 못했다. 반계 유형원은 "신랑이 신부 집에 가서 혼인을 하기 때문에, 아내를 맞는다고 하지 않고 입장入丈(처가로 들어간다는 뜻)이라고 하니, 이는 양陽(남자)이 도리어 음陰(여자)을 따르는 것이므로, 남녀의 도의를 크게 잃는 것이다. 마땅히 국가로부터 예법을 밝게 정하여 인륜의 도를 바르게 해야 한다"고 주장했지만, 쉽게 받아들여지지 못했다.

하지만 여자 집에서 혼례를 치르고 시댁으로 가는 우귀于歸는 부유층에서는 수년 후로 되는 예도 드물지 않았다. 비록 후대의 기록이지만 1920년대 구례(운조루)의 문화 유씨 집안의 혼례 기록에도 아들 둘의 혼인 때에는 예식 후 1년 만에 신부가 시댁으로 들어왔고, 첫째, 둘째, 넷째 딸은 친정에서 혼례를 치르고 약 1년 동안 친정에 있다가 시집으로 갔으며, 셋째 딸은 2년 3개월 만에 시집으로 갔다.

후대로 내려오면서 일반적으로 우귀는 혼례를 마치고 당일로 가는 경우도 있으나 신부 집에서 1일 또는 3일을 머물다가 우귀를 행하는 것이 통례가 되었다. 결국 반친영도 혼례는 여자 집에서 하고 시댁으로 살러 들어가는 날짜만 빠를 뿐이다. 수백 년 동안 남자가 여자 집에 가서 혼례를 치르는 습속은 근래까지도 이어오다가 예식장이 생기면서 없어졌다.

# 양반들은 어떻게
# 부모 재산을 물려받았을까

◉

『경국대전』에서 호주제 논쟁까지
가족제도와 가계계승

정긍식 · 서울대 법학부 교수

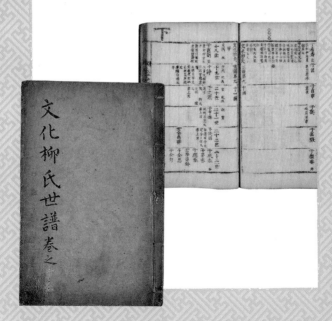

우리는 식구食口들의 축복 속에 세상을 향해 나오고 식구들에게 슬픔을 안기며 저세상으로 떠난다. 삶이란 나와 배우자, 부모와 자식이 씨줄이 되고 날줄이 되어 어우러져 베를 짲는 것이리라. 그 베에는 기쁨과 슬픔, 웃음과 울음 그리고 기대와 실망으로 아롱진 무늬가 가득 차 있다. 가족은 삶의 시작이자 종착점이다. 조상으로부터 무언가를 물려받고 살다가 무언가를 후손에게 물려주며 마감한다. 가족 제도는 혈연과 혼인관계로 맺어진 친족, 재산을 물려받고 물려주는 재산 상속, 제사를 잇는 가계 계승, 친자가 아닌 자를 아들로 삼는 양자제도로 구성된다. 현재 우리의 가족 제도는 부계 계승을 중심으로 이루어져 있다. 그러나 이는 유사 이래 고정된 것이 아닌 역사의 퇴적물이다. 이제 그 흔적을 찾아보자.

# 친족, 삶의 바탕

사람은 가족을 기본으로 하여 여럿이 함께 살아간다. 수많은 사람 중에서 본인과 그 가족을 구별할 만한 표지가 필요하다. 이것이 바로 성姓과 본관本貫이다. 성은 부계혈통을, 본관은 그 주거지를 표시한다. 성관姓貫은 고려초기에 그 기원을 두고 있다. 후삼국을 통일한 고려는 전국에 걸쳐 모든 백성에게 성과 본관을 부여하여 전국 규모로 신분적 지배관계를 확정했다. 초기에는 본관과 거주지가 일치했으나 후에는 서울에 벼슬살이 하면서 눌러 살거나 또는 혼인으로 처가에 거주하면서 점차 양자는 불일치하게 되었다. 또한 국왕으로부터 성을 하사받거나賜姓 신분이 낮은 성관은 높은 성관으로 개성역관改姓易貫하여 성관이 대폭 줄어들어 현재와 같이 되었다.* 성관은 철저하게 부계 계승이 원칙이며, 예외적으로 임금의 이름자를 피하는 등 휘성諱姓을 하는 경우에 어머니의 성 등을 따랐다.*

친족은 부계 조상이 같은 혈족(직계와 방계), 어머니 쪽으로 혈연이 연결되는 외가, 혼인을 통하여 연결되는 인척姻戚이 있다. 조선시대에는 이를 삼향三鄕이라 하여 모두 중시했기에 어느 한쪽이라도 흠이 있으면 청요직淸要職으로 진출하는 데 장애가 되었다. 본인과 특정 친족 구성원 사이의 혈연적 거리를 나타내는 것은 촌수인데, 이는 공동 조상의 세대 수를 합친 것이다.

---

* 2000년도 인구주택총조사에 따르면 286개의 성씨와 4179개의 본관이 있다. 4000여만 명의 인구 가운데 상위 10위의 성씨가 전체의 64.1퍼센트를, 1위인 김씨는 21.6퍼센트를 차지하고 있다.

* 2005년 민법 개정 전에는 원칙적으로 자의 성과 본은 아버지를 따라야 했으나, 2008년 이후에는 부부가 합의로 자녀의 성을 어머니의 성으로 할 수 있고, 또 자녀의 복리를 위하여 자의 성과 본을 바꿀 수도 있다(민법 제781조).

모든 친족이 자신과 삶을 함께하는 것은 아니다. 친소親疎관계에 따라 합리적으로 법적·도덕적 관계를 조정할 필요가 있다. 중국의 오복제五服制는 망자亡者와 본인과의 관계를 표시하는 것이며, 이것이 일반적인 친족관계가 되었다. 오복제는 우리나라에도 수용되었다. 1485년(성종 16)에 반포된 『경국대전』의 친족관계는 처가와 외가에 대한 복이 중국보다 무거운데, 이는 거주 형태를 반영한 것이다. 우리 고유의 친족 범위는 "4촌이 땅을 사면 배가 아프다"라는 속담에서 나타나듯이 대개는 4, 5촌이었다.

## 혼인, 삶의 첫 출발

혼인은 새로운 생명을 잉태하는 성스러운 의식으로 만복의 근원이다. 남녀는 야합이 아닌 의식을 치러야만 정상적인 혼인으로 인정받았다. 국가에서는 인구 증식을 장려하고 성 풍속을 규제하고자 혼인에 상당한 관심을 두었다.

전 시대에 걸쳐 조혼이 문젯거리가 되었기에 『경국대전』에는 남자는 15세, 여자는 13세 이상이어야 혼인할 수 있다고 규정되었지만, 부모가 50세 이상이거나 병중인 경우에는 12세 이상이면 가능했다. 또 만혼晩婚을 억제하여 『경국대전』에는 30세 이상인 사족의 딸이 가난해서 결혼할 수 없으면 국가에서 혼수를 도와주었고, 가난하지 않은데도 혼인을 하지 않으면 가장을 처벌하였다. 이는 후기와는 사뭇 다른 모습이다. 또한 유교 이념의 확산에 따라 동성동본 사이에는 혼인이 불가능했고, 김해 김씨와 허씨, 양천 허씨 동성이본도 동일 조상의 후손이면 혼인을 허용하지 않았다. 1669년(현종 10)에는 동성 사이에도 혼인을 금지하도록 『속대전續大典』에 규정해두었으나 지켜지지는 않았다. 또한 이성근친혼異姓近親婚을 금지하였다.

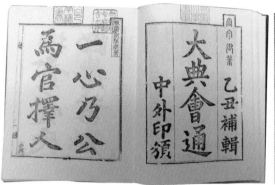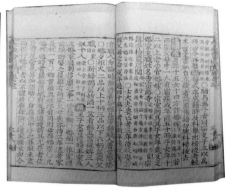

1865년(고종 2)에 편찬된 조선조 마지막 법전인 대전회통은 제사 승계와 양자 들이기에 관한 조문을 실었다. 음각으로 된 '原'은 경국대전, '續'은 속대전, '增'은 대전통편, '補'는 대전회통의 조문이다.

혼인은 당사자가 결정하는 것이 아니라 부나 조가 결정했으며, 개인 간의 만남이 아닌 가문의 결합이었다. 그런 까닭에 혼인은 같은 신분과 계층, 당색黨色 사이에 이뤄졌다. 다른 신분 간의 혼인은 '쳐다보는 혼인(앙격혼仰格婚)', '내려다보는 혼인(하격혼下格婚)'이라 하였다. 혼인은 가문을 이을 자손을 얻어 효를 실천하는 것이 주목적이었기에 부모의 상중이거나 사형에 해당하는 죄로 구금되어 있을 때에는 혼인할 수 없었고, 만약 이를 어기면 엄중하게 처벌받았다.

처가 사망했을 경우 남편은 3년이 지나야 재혼할 수 있었다. 그렇지만 부모의 명이 있거나 마흔이 넘었는데도 아들이 없는 경우라면 1년이 지난후 재혼이 허락되었다. 실제 이러한 대혼 기간待婚期間이 지켜진 예는 거의 없는데, 자신은 원하지 않았지만 부모의 명 때문에 어쩔 수 없었다고 평계를 대는 이들이 대다수였다. 반면 처는 남편 사후에 재가하는 일이 거의 없었다. 조선초기에는 직접적으로 금하진 않고 아들子의 과거 응시를 금지하는 등〔再嫁女子孫禁錮法〕으로 간접적으로 규제했다. 후기에는 유교의 정절 관념이 강화됨에 따라 혼약한 후 식을 거행하기도 전에 신랑이 사망한 까닭에 신랑 얼굴도 보지 못한 채 수절하는 청상靑孀과부가 늘어갔다.

혼인을 하면 새로운 삶의 터전이 필요했다. 조선초기 혼인의 이념형으로 생각한 『주자가례朱子家禮』에서는 신부가 신랑 집에서 식을 올리고 사는 친영례親迎禮를 규정하였다. 하지만 이는 조선의 일반적인 혼인 형태와는 반대였다. 즉 신랑이 신부 집에 가서 혼례를 올리고 처가붙이와 함께 살았으며, 그 자녀들은 외갓집에서 자랐다(솔서혼속率壻婚俗). 조선 초에 왕실이 주도하여 친영례를 보급하려 했지만 실패로 끝났다. 이에 16세기 중엽에 타협적인 반친영례半親迎禮가 등장했다. 처가에서 혼례를 거행하고 사흘 후에 시집으로 가 가묘와 시부모 등에게 인사를 올리고 다시 처가로 돌아와 일정 기간 거주한 후 시집으로 가는 혼속이었다. 후대로 갈수록 처가에 머무는 기간이 줄어들었다(현재의 혼속에도 반친영례가 압축적으로 남아 있다. 대개의 경우 결혼식 장소는 여자 집에서 주도적으로 정하며, 식을 거행한 후 신혼여행에서 돌아와 처가에 먼저 들렀다가 시집으로 간다. 특히 신혼여행 후에 처가로 먼저 가는 것은 거의 예외가 없다). 이 혼속의 변화, 즉 처가와 외가에서 머무는 기간의 단축은 가족제도가 변하게 되는 직접적인 계기가 되었다.

右文為傳重訓誨事吾家世為忠孝奉傳
逮奇煥豪路以來野老無忘訓傳早長怙恃時旁亦辰展而逮公金員今
廖溝楪此僉而以為早生之主惟其保金門戶和睦一家因僉之
所當立顧之居家本謹書序親友于兄孝敬叔而結纏近自室
身禍患事吾居家訓士述禮僉今日之廣勤豪立
親逮主門誅筆句以慍言遠之無加枝遺摭之譽無吞祖光者是所
謂克家子已偽基而以汰以不忠以宇孝房之真究元以悔侮社言傳詵
張遂無悲則僉雜枝九象之下諸其為如許子孫其安敦人非科
家頤爾立奕之前武且僉為兄童宗之道真如保護其身安敦人非
若者永一其端無省以況涸巳而賦竊者兵督以義宗賑涼敦馬而賊
率者兵貢以敗先而賦豪者巷逮得子女也敗者
五賓年臨敗先相勸豪而敗者以此等事雖出祖今家以此恐莫可以一
身之貌難投動其果於而約子孫者當至為如此以懼人
執言所貴必重田民也為宗子孫叔者拘扑不念悔其怒情為僑
偈今黑不能防墓違取無諸纓使宗子孫扑敗拏廣北之讀則主祀

永重祭位田畓奴婢衣

縣內埋山坪　奴順江年四十六
畓十二斗落只　奴今山年四十二
畓六斗落只　奴三貴年三十八
畓九斗落只　奴牛音金年三十二
畓七斗落只　奴夢金年二十四
畓七斗落只　奴必江年二十三
盧門外
畓一斗落只　奴自連年十七
畓一斗落只　奴豆先年十五
西面濱亭坪
畓三斗落只　奴八生年七
分香坪
畓一斗落只　奴馬貴年十六
畓五斗落只　奴東尙金年十四
孟洞村前坪
畓七斗落只　奴命今年三十八
畓一斗五升落只　奴梦金年三十四
新洑坪
畓十四斗落只　婢小眞年三十一
官書堂前坪
畓二斗落只　婢義淡年三十
婢大召史年三十

---

분재기, 만룡萬龍, 1738년, 32.3×15.5cm, 국립중앙박물관 소장. 영조 14년 7월 만룡이라는 이가 자녀들에게 재산을 분재하기 위해 작성한 기록. '자손에게 남기는 유서子孫處遺書'라는 제목으로 보아, 죽음을 앞둔 시점에서 작성된 듯하다. 말미에 재주財主, 증인證人, 필집筆執 등의 서명이 있고, 뒷면에는 분배하는 전답과 노비의 목록을 적었다. 이 유서에는 성리학이 보편화된 19세기 중반 당시 가계를 잇는 장자에게 유리한 재산 상속을 당연시하는 내용들이 곳곳에 보인다.

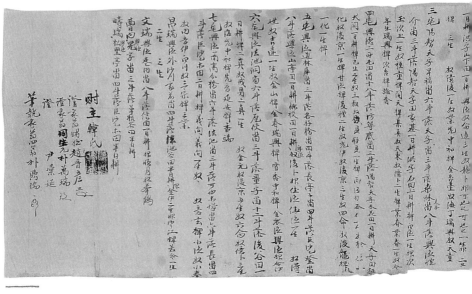

허여문기許与文記, 1654, 59×224cm, 서울역사박물관 소장. 재주財主인 청주清州 한씨韓氏의 재산을 자녀들에게 나누어주는 문서. 맨앞 봉사조奉祀條에 관한 내용에 이어 자식들에게 고르게 나누어줄 재산의 내용이 기록되어 있다. 오늘날의 관점에서 보면 재주가 어머니인 점이 특이하다.

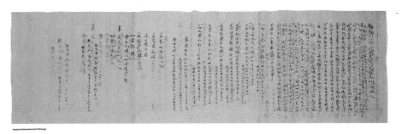

이원정 남매화회和會문기, 1677, 513×139.9cm, 서울역사박물관 소장. 조선후기 문신 이원정 형제의 화회문기로 8남매가 비교적 균등하게 재산을 분배하고 있다.

## 재산 상속, 내 재산은 핏줄로만 잇게 하라

1958년에 제정된 민법은 남녀를 차별하여 재산 상속에서 장남은 1.5, 중자

는 1.0 미혼녀는 0.5, 호적이 다른 기혼녀는 0.25
로 규정했다. 1991년 이후에는 남녀가 똑같이 상
속을 할 수 있다. 이러한 변화는 여성단체를 중심
으로 남녀평등을 실현하기 위한 노력의 산물이
다. 그런데 사실 이 결과는 15세기로 돌아간 것
이나 다름없다.

남녀균분상속과 혈연상속의 대원칙이 『경
국대전』형전 사천조에 선언되어 있다. 부모는
유언으로 자녀에게 재산을 물려줄 수 있으며, 그
렇지 않은 재산은 아들딸 구별 없이 같은 비율로
상속했다. 적자를 우대하고 양첩자와 천첩자를
차별하여 상속을 인정했다. 제사를 잇는 승중자承重子에게는 5분의 1을 봉
사조奉祀條로 더 주었고, 가계 계승을 중시하여 혈연관계는 없지만 제사를
지내는 자에게도 상속을 인정하거나 그렇지 않은 자녀보다 우대했다. 친자
녀가 없는 부모의 재산은 본족本族에게 돌아가 4촌까지 상속할 수 있다. 4
촌 이내의 우선순위는 직접적인 혈연관계를 우선하여 2촌인 동생과 그의
자손이 먼저이고, 이들이 모두 없으면 3촌 아저씨와 4촌 형제들이 상속할
수 있다.

부모가 재산을 자손들에게 상속하는 문서인 분재기分財記의 서문에는
거의 예외 없이 "타인에게 재산을 주지 말며, 만약 그렇게 하면 재산을 되찾
고 그 후손은 자손으로 인정하지 않는다"라는 말을 남기고 있다. 실제로 문
종대 이숙번李叔藩과 처 정씨의 장녀는 강순덕姜順德에게 출가하였는데, 친
자녀 없이 사망했다. 이숙번과 장녀가 사망한 후 강순덕이 종질 강희맹姜希

孟을 양자로 삼아 정씨의 재산을 증여하였다. 정씨는 자기 재산이 피가 한 방울도 섞이지 않은 강희맹에게 가자 사위 강순덕에게 재산 반환을 요구하여 다음과 같이 결론이 났다. 남편과 아내의 처분을 분리하여 정씨의 처분에 대해서만 변경권을 허용하고, 남편 이숙번의 처분에 대해서는 아내인 정씨가 이를 취소하여 아내가 생전에 관리하되 사후에는 이숙번의 처분의 효력이 다시 발생하도록 하였다. 그리고 강순덕을 장모의 명령에 불복종한 죄로 다스렸다.

이러한 균분상속은 재판상으로도 강력히 보호를 받았다. 사건이 발생한 지 5년이 지나면 어떤 소송이든 제기하거나 수리할 수 없는데(청송기한聽訟期限), 상속 재산을 독차지한 경우含執에는 예외를 인정했다. 또한 상속 분쟁이 발생하면 관이 재주財主가 되어 직접 균등하게 분배했다〔官作財主 平均分給〕. 균분 역시 형식적인 것이 아니라, 노비의 경우 성별과 연령을, 토지의 경우 비옥도와 거리 등을 고려하여 분배함으로써 실질적인 균분이 되도록 했다.

## 제사 승계, 조상 그리고 가문을 잇는 의례

우리는 고조까지의 사대봉사四代奉祀와 부계손이 주도하는 부계주의, 종가를 중심으로 거행하는 종가주의, 의식 절차는 남성이 주도하는 남성주의를 제사의 이념형으로 생각한다. 이러한 제사는 역사의 산물로 조선초기에『주자가례』의 수용으로 형성된 것이다. 그런데『경국대전』에는 사대봉사가 아닌 차등적인 3대봉사, 3대가 지나면 가묘家廟가 아닌 묘에서 제사를 받는 친진親盡(대진代盡), 그렇지만 공신은 대대로 가묘에서 제사를 모시는 불천위

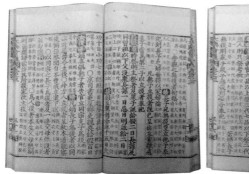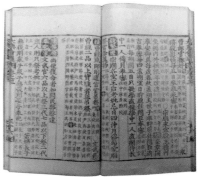

《대전회통》 봉사・입후조. 봉사조에서는 제사 승계의 원칙을, 입후조에서는 양자와 관련되는 내용을 규정하였다.

不遷位를 규정하고, 자녀가 없는 경우 그의 노비가 토지로 제사를 모시는 묘 직墓直봉사를 규정했다. 제사는 종자가 거행하도록 규정하였다.

하지만 법과 현실은 상당히 달랐다. 유교의 제사는 가묘(사당祠堂)에서 거행하는 것이어서, 선초부터 지속적으로 가묘의 건립을 강제했다. 세종대 에는 가묘 건립에 대한 유인책으로 가묘가 있는 가사는 제사를 지내는 자손 이 단독으로 승계하도록 했다. 그러자 가묘를 헐고 집을 남에게 팔아버리는 사태까지 발생했다. 이러한 국가의 강력한 정책에도 불구하고 명종대까지 가묘는 제대로 건립되지 않았다. 또한 제사는 여러 아들딸이 신주神主는 대 신 지방紙榜으로 돌아가면서 모셨고, 조부모뿐 아니라 처부모와 외조부의 제사까지 모셨다. 이러한 제자녀윤회諸子女輪回봉사는 균분상속 및 솔서혼 속 때문에 가능했다. 돌아가면서 지내는 제사를 잊지 않기 위해 자손마다 모셔야 하는 제사를 기록한 표를 만들어두었다.

또 하나의 문제는 적자가 없을 때 첩자가 제사를 모실 수 있는가였다.

윤인미尹仁美의 처가인 문화 유씨 가문의 제차도祭次圖(1676년경). 고비考妣에서 증조고비까지의 기제
忌祭와 사시四時의 묘제墓祭를 10남매들이 돌려지내고 있다.

첩자는 어머니가 정처는 아니지만 아버지의 친자임은 분명하다. 첩자에게
는 과거에 응시할 수 없고 설사 관직에 나가더라도 일정 품계 이상으로는 승
진하지 못하는 등 공적인 영역에서 상당한 제약들이 가해졌다. 이러한 배경
으로 인해 제사를 첩자가 모시는 것은 가문의 위상을 추락시킬 위험이 있었
다. 그렇지만 첩자도 분명 조상의 피를 물려받은 후손이다. 조선전기에는
혈연과 명분 사이에서 갈등하다 첩자의 제사승계권을 인정하는 것이 대세
가 되었다. 이에 율곡 이이처럼 입후를 하지 않고 첩자가 제사를 잇는 예가
많았다. 반면 후기에는 가문의 위상이 중심이 됨에 따라 첩자가 있어도 양
자를 들이는 것이 일반적인 현상이 되었다.

# 양자, 가문을 위한 험난한 길

조선사회에서 가문은 영속되어야 했고, 여기에는 어떤 예외도 있을 수 없었다. 친자가 없으면 피가 통하는 다른 사람을 입양하여 가문을 이었는데, 이를 입후立後라 했다. 입후함에는 양친이 기혼남이어야 한다. 만약 미혼이면 형망제급兄亡弟及에 따라 아우가 잇기 때문에 입후할 수 없다. 당연히 아들이 없어야 하는데, 후기에는 첩자가 있어도 널리 입후하였다. 『경국대전』에는 장자만 입후할 수 있고 차자 이하는 하지 않았으며, 조상의 제사에 덧붙여 제사를 지내도록 하였다(반부班祔). 그러나 후기에는 차자도 입후를 하는 것이 당연하게 인식되었다.

양자는 제사와 가문을 잇기 위해서 들였다. 제사를 혈식血食이라고 하듯 양자의 요건은 까다로웠다. 우선 동일남계혈족, 즉 동성동본인 남자여야 하며 또 아들의 세대여야 하는데, 이를 소목지서昭穆之序라고 한다. 또 생가를 이어야 하므로 장자나 독자는 양자로 될 수 없지만, 후기에는 대종大宗, 즉 큰집을 중시하여 호적을 위조하는 등 편법을 동원해가면서까지 입후를 하기도 했다. 또한 양부모와 양자의 혈연관계는 중기에는 근친近親을 우선시했으나

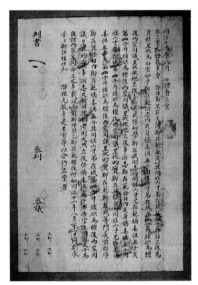

1873년 예조 입안, 국민대 소장. 정재범이 아들이 없어서 6촌 동생의 넷째 아들을 입후하기 위해 양가의 부와 문장門長이 함께 예조에 신청하여 허가를 받았다.

후기에는 입후가 일반화됨에 따라 대상이 드물어져 원친遠親으로까지 확대되었다. 더욱이 후기에는 소목지서에 합당한 대상자가 없을 때에는 차양자次養子와 백골양자白骨養子가 등장했다. 차양자는 형제 항렬에 해당하는 자를 입후한 다음 그의 아들을 양자로 삼고 그 부는 파양罷養하는 것이며, 백골양자는 죽은 자白骨를 양자로 삼아 그의 아들인 손자를 입후하는 것이다. 이러한 편법적 입후의 등장은 가계 계승이 그만큼 절박한 사정임을 드러내는 것이다.

양자는 모든 면에서 친자와 같은 대우를 받기 때문에 입후한 다음에는 예조의 허가인 입안立案을 받아야 한다. 입후 신청은 양가의 부父가 했고, 부가 사망했을 시 모母가 한다. 어느 한쪽의 부모가 모두 사망했을 때에는 원칙적으로 입후를 허용하지 않았다. 하지만 후기에는 사정이 절박할 경우 살아 있는 한쪽 부모와 문장의 신청에 따라, 나중에는 양쪽 부모가 모두 사망했을 때조차도 입후를 허용했다. 이는 입후가 일반화되는 것의 법적인 반영이라고 할 수 있다.

입후를 한 후 천우신조로 친자를 얻으면 친자와 양자는 어떤 관계일까? 16세기 중엽인 명조대에는 파양을 하고 친자가 가계를 계승하도록 했다. 그런데 입후는 의리義理의 부자관계를 맺는 것이다. 파양은 의리의 부자관계를 끊는 것이며, 이를 확대하면 군신의 의리도 무시할 가능성이 있다. 이에 입후에 대한 이해가 깊어진 선조대에는 파양은 하지 않고 어린 친자가 장자가 되어 제사를 주재하고 형인 양자를 중자로 삼았다. 하지만 이는 자연의 질서를 거스르는 것이었다. 결국 인조대에 최명길의 주장에 따라 양자를 장자로, 친자를 중자로 하였고, 이는 『속대전』에 규정되었다. 그러나 실제로는 입후한 후에 친자가 출생하면 파양하고 그동안의 정의情誼에 대한 보답으로 재산을 주었다. 이러한 과정은 혈연과 명분의 갈등 속에서 혈연을 중시하는 심성이 드러난 현상이다.

입후한 후에는 원칙적으로 파양할 수 없었다. 다만 반역이나 불효 등 입후의 목적을 달성할 수 없는 경우나 소목지서에 맞지 않거나 양부모가 일방적으로 입후한 경우에는 파양이 가능했다. 또 입후한 후 생가가 절사絶祀가 되면 파양을 하고 다시 입후하도록 했으며 만약 양부모가 사망하여 다시 입후할 수 없으면 생양가 모두를 봉사하게 하였다(겸조兼祧).

현실에서는 16세기까지는 입후가 보급되지 않았다. 아들이 없으면 딸들이, 그마저 없으면 노비가 제사를 지내든가, 아니면 무후無後로 가계가 단절되는 것이 일반적이었다. 또 부계적 양자를 고집하지 않고 가까운 친척을 세 살 전에 데려다 키우는 수양자收養子와 그 이후인 시양자侍養子가 더 보편적이었다. 특히 수양자는 친자와 같다고 인식했다. 종법적 입후가 일반화된 조선후기에도 가계 계승과 무관하게 다만 사후에 봉양만 하는 수양·시양이 평민들에게는 널리 퍼져 있었으며 국가에서도 이를 인정했다.

## 새로운 가족, 종법이 뿌리를 내리다

16세기까지 가족제도와 가계 계승은 이중성을 띠고 있다. 유교사회를 지향하는 흐름 속에서 규범적으로는 부계 계승을 지향했다. 그러나 현실에서는 제사를 여러 아들과 딸들이 돌아가며 모시고, 아들이 없어도 수양·시양자를 들이거나 그렇지 않으면 입후를 하지 않고 가계가 단절되어도 그만이었다.

법과 현실의 괴리는 지속될 수 없다. 이러한 변화의 조짐은 16세기 중엽에 나타나기 시작했다. 사림들은 향촌에서 우선 주자학을 이해하고 『주자가례』를 실천함에 따라 유교적 가족질서의 핵심인 종법宗法을 이해하고 이를 실천할 기반을 마련했다. 종법의 핵심은 '적적상승嫡嫡相承'의 원칙으로 장자와 중자를 구별하여 장자는 대종大宗이 되어 백세토록 계속되고 중자는 소종小宗이 되어 5세이면 소멸하는 것으로, 대종을 중심으로 친족을 결합하는 종자법宗子法이 그 핵심이다. 이를 위해서는 부계 친족집단이 형성되어야 하는데, 솔서혼속은 장애가 되었던 반면 16세기 중엽부터 반친영례가 등장하면서 장벽이 낮아졌다.

특히 16세기 말과 17세기 중엽에 일어난 두 차례의 전란은 기존의 향촌사회를 밑바닥에서부터 흔들었다. 전란의 와중에서 살아남은 사람들은 이를 조상의 음덕蔭德으로 여겼고 조상 제사를 거행하는 대종을 중심으로 친족의 결집을 강화시키고 이를 통해 향촌사회에서 주도권을 장악하려고 했다. 특히 명에 대한 배반과 서자로서 적모와 적제를 폐위시키고 살해한

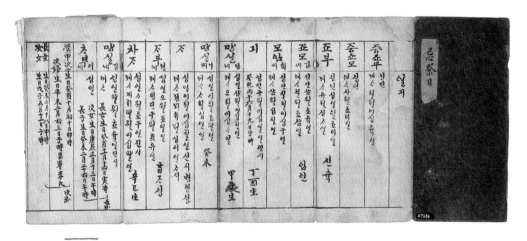

기제일忌祭日, 조선말기, 18.9×9.1cm, 서울역사박물관 소장. 집안 조상의 제삿날과 생신을 적어놓은 문서. 시집간 여성들은 남편의 집에 소속되어 그 집안 조상의 제삿날을 기억하고 준비했다.

반인륜을 이유로 광해군을 폐위시킨 1623년의 인조반정은 조선을 철저하게 명분사회로 만들었다.

　나아가 신분제도의 붕괴로 양반층이 급속도로 확산된 후기에는 양반층 내부의 계층 분화가 더욱 심해졌다. 이러한 상황에서 향촌사회에서 주도권은 그들의 입향조入鄉祖에 의해 결정되었다. 입향조를 현양顯揚하기 위해 제사를 성대하게 거행하고 서원을 건립하며 문집을 발간했다. 양반들의 가장 중요한 덕목은 "제사를 받들고奉祭祀 손님을 대접하는 것接賓客"으로 이는 경제적 뒷받침이 없으면 불가능한 것이다. "9대 독자 9대 만석꾼"이라는 속담에서 보듯이 균분상속으로는 재산을 유지할 수 없게 된다.

　변화의 첫 출발은 앞서 언급한 반친영례의 등장이다. 눈에서 멀어지면 마음도 멀어지는 법. 가까이하지 않은 조상 제사를 소홀히 하게 되고 이 때문에 제사에서 배제되면서 다른 것을 희생하였다. 그 단적인 예를 1669년 부안 김명열金命說의 전후문서傳後文書에서 볼 수 있다.

　제사를 돌려가면서 지내는 것은 이를 빠뜨리거나 소홀히 할 우려가 높

1669년 부안 김명열金命說의 전후문서傳後文書. 제자녀가 윤회봉사하는 것이 관례이나, 이는 예법에 맞지 않으며 또 사위와 외손이 제사를 제대로 지내지 않으니 앞으로 그들은 제사를 지내지 말고 아들들이 윤회봉사하고 그 대신 딸은 재산을 3분의 1만 상속받을 것을 명시하고 있다.

다. 특히 함께 거주하지 않은 처부모나 외조부에 대한 제사는 더욱 그럴 가능성이 높다. 김명열의 사례에서는 정이 멀어진 사위나 외손이 제사를 소홀히 하자 제사를 빼앗기고 그 대신 재산 상속에서 차별을 받은 것이다. 그러나 아들들이 제사를 지낸다고 해서 이런 우려가 사라지는 것은 아니었기에 고안해 낸 방안은 제사를 특정인에게 몰아주는 대신 재산 상속에서 우대하는 것이다.

열 손가락 깨물어 아프지 않은 손가락이 없듯이 균분상속을 회피할 방법을 찾아야 했다. 법에는 제사용 재산인 봉사조를 별도로 마련했다. 이를 활용하여 상속에서 장자를 우대하였다. 후기에는 사대봉사가 일반적이었기 때문에 모든 조상에 대해 별도로 봉사조를 마련하고 그것의 관리는 장자에게 맡겼다(사실상 소유). 이렇게 해서 장자는 제사를 단독으로 승계하고 재산 상속에서 우대를 받았다.

지역적 신분적으로 다양하지만 전체적인 흐름은 다음과 같이 정리할 수 있다. 초기의 솔서혼속은 남녀균분상속의 바탕이 되었고 이는 제자녀윤회봉사의 물질적 기초가 되었다. 16세기 중엽에 반친영례의 등장으로 부계 친족집단이 형성되어 내외內外의 관념이 생겨 친가와 외가를 구분함에 따라 여성이 제사에서 배제되어 제자윤회봉사가 나타나고 여성은 재산 상속에서 차별을 받았다. 이어 향촌사회에서 가문이 중시됨에 따라 입향조의 제사를 거행하는 종자와 종손의 위상이 강화되어 제사를 단독으로 승계하고 재산도 우월적으로 상속했다. 이러한 과정을 거쳐 조선초기의 양성평등적 사회는 후기의 남녀 차별적 · 가부장적 사회로 변하였다.

# 족보, 나의 뿌리를 확인하다

국가는 신분관계를 분명히 하고 또 국역을 부과하기 위해 호적을 마련했다. 개인의 호적을 호구戶口라고 하는데, 『경국대전』에는 본인과 처의 4조 및 데리고 사는 자녀와 노비를 등록하도록 규정하였다. 또 사위와 함께 사는 경우에는 사위의 본관을 기재하도록 했다. 사조호구四祖戶口는 부, 조부, 증조 및 외조를 기재한 것이다. 『경국대전』의 호구는 현대의 호적보다 더 부부夫婦 평등성을 갖추었다.(2005년 민법 개정에 따라 호적법이 폐지되기 전인 2007년 12월 31일까지는 호적에는 아버지의 부모만 기재되었다.) 이러한 호구는 1909년 민적법民籍法이 시행될 때까지 유지되었다.

국가적 차원에서 개인을 파악하는 호적이나 호구 외에 가족의 차원에서 한 개인의 계통을 알려주는 족보族譜 등 가계 기록이 있다. 초기에는 고조까지 기재한 8고조도高祖圖, 친가와 외가를 기록한 내외보內外譜 등이 있었는데, 이는 개인을 중심으로 하여 조상을 기재하는 방식이었다. 오늘날과

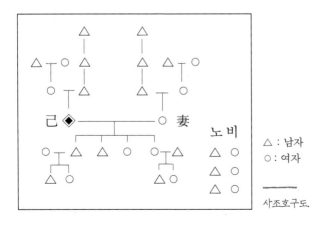

사조호구도.

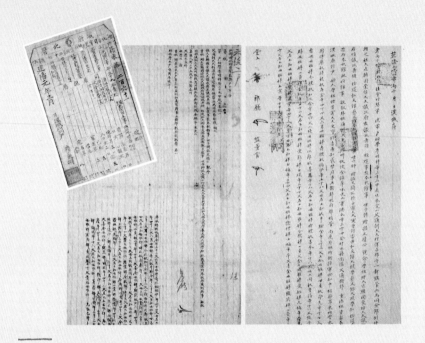

한성부호적표(위쪽, 1896)와 한성부호구단자(왼쪽, 1762), 한성부준호구(오른쪽, 1756), 서울역사박물
관 소장.

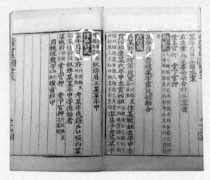

『경국대전』의 호구와 준호구의 양식. 호구식戶口式
은 호적 작성을 위해 제출하는 호구단자이며, 준
호구는 신청에 의해 호적을 베껴 발급하는 문서
이다. 혼속을 반영하여 동거하는 사위를 기재하도
록 하였다.

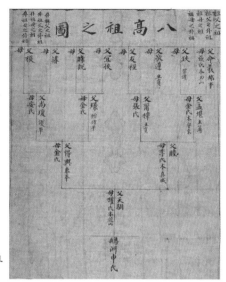

아주 신씨 팔고조도(연대 미상). 상단에 팔고
조의 대상을 설명하였다.

같은 형태의 족보는 부계혈족 중심의 친족집단이 성립되고 난 다음에야 가
능했다.

　　그러나 조선초기의 부모 양쪽을 중시하는 계보 관념은 족보에도 그대
로 반영되었다. 현존하는 가장 오래된 족보인 1476년의 안동 권씨 성화보成
化譜의 특징은 친손과 외손을 구분하지 않고 모든 자손을 출생 순으로, 또 외
손의 외손까지 모두 기재했으며, 자녀가 없는 경우에 양자를 들이지 않아
가계가 단절된 것이 많다. 이는 부계 후손만을 기재한 것이 아니라 안동 권
씨와 혼인관계에 있는 자의 모든 후손을 수록한 것이다. 따라서 안동 권씨
족보에 수록된 인물의 구성은 안동 권씨는 8000명 중 380명으로 4.8퍼센
트에 불과하다. 이는 16세기 말까지의 일반적인 족보의 기재 방식으로, 당
시까지 부계 관념이 강하지 않았음을 알 수 있다.

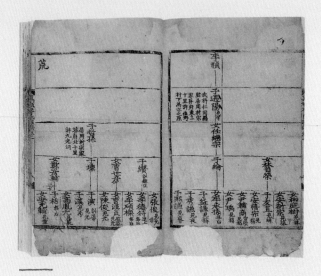

진성이씨족보, 1600, 32×21.2cm, 서울역사박물관 소장. 현존하는 족보
로는 비교적 이른 시기에 작성된 것인데, 자녀를 출생순으로 기록하고
있는 점, 친손과 외손을 차별하지 않고 기록한 점이 두드러진다.

진성이씨세보, 조선말기, 33.3×
22cm, 서울역사박물관 소장.
1600년에 간행된 『진성이씨족보』
보다 290년쯤 뒤에 간행된 같은
집안의 족보다. 1600년의 족보는
이정李禎-자子 우양迵陽

　　┌여 임계종-자 륜
　　└자 철손-자 훈

으로 이어지던 계보가 『진성이씨
세보』에는 '자 우양 - 자 철손 - 자
훈'으로 바로 연결되고, 딸사위 임
계종)은 마지막에 기록하고 있으
며, 외손 임륜任綸은 족보에서 제외
되는 등 기록 방식에 있어 차이를
보이고 있다.

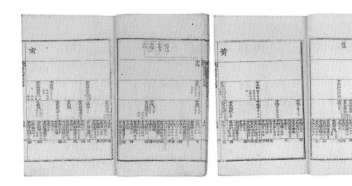

성화보. 현존하는 가장 오래된 족보이다. 자녀를 출생순으로 기재하고, 외손의 외손까지 수록한 점이 15세기의 가족관념을 반영하고 있다.

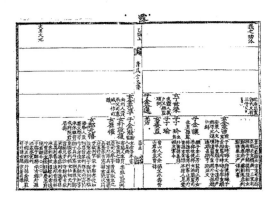

1750년 청풍 김씨보.

　　조선후기 가족의 변화는 계보 관념에 그대로 영향을 미쳤다. 호구의 기재 방식은 그대로였지만, 족보는 양식이 많이 바뀌었다. 1610년 여산 송씨 창시보創始譜에는 편찬자의 직계 조상에 대한 기재가 상세하고, 방계 조상에 대한 기록은 부실하다. 이후 부계 관념이 더욱 강화됨에 따라 자녀는 출생 순이 아닌 선남후녀先男後女로, 그리고 외손만 기재하는 오늘날과 같은 방식으로 바뀌게 되었다.

## 변하는 현재, 옛날로 돌아가다

조선후기에 강화된 부계 계승 관념은 식민지기에 접어들면서 더욱 강화되었다. 민적법과 1922년의 조선호적령朝鮮戶籍令을 통하여 적장자가 계승하는 호주戶主를 중심으로 호적을 편성하여 부계 계승은 법제도로 확립되었다. 조선고등법원朝鮮高等法院은 판례를 통하여 호주의 지위를 더욱 강화시켰다.

해방 후 민법전을 편찬하면서 가족법 분야에서는 헌법의 남녀평등론과 전통을 존중하는 순풍양속론淳風良俗論이 대립하였는데, 결국 후자가 승리하여 재산 상속에서 우대하고 강력한 호주의 지위에 바탕을 둔 가제도家制度가 규정되었다. 호주제도는 2005년에 헌법재판소의 결정과 민법의 개

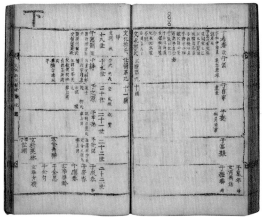

문화유씨세보文化柳氏世譜, 1766년, 34.4×22.7cm, 목판본, 국립전주박물관 소장. 조선후기에 간행된 문화유씨의 족보. 모두 14책인데, 이것은 마지막 1책만 남겨진 낙질본이다. 18세기 후반 성리학이 사회 전반적으로 보편화됨에 따라 부계 위주의 친족의식이 반영되어 있다.

정으로 2007년에 폐지되었다. 결국 2008년 대법원에서는 서자나 딸도 부모의 제사를 지낼 수 있다고 판결하였다.

유교의 종법에 바탕을 둔 부계 중심의 가족제도와 가계 계승은 호주와 가제도로 이 땅에 존재하고 우리를 지배했지만, 이제 더이상 효력을 발휘하지 않는다. 그러나 현실과 관념에서는 제사나 조상에 대한 추모의 형태로 여전히 뿌리를 거두지 않고 또 앞으로도 남아 있을 것이다. 전통이 아닌 다른 무엇에 기반을 둔 가족제도의 정립이 필요하다. 그러면 새로운 가족제도와 가계 계승은 어떠한 모습일까? 지난 두 세대 동안 호주제도를 둘러싼 논쟁의 결론은 500년 전으로 회귀한 것이다. 역사는 반복되고 삶은 앞 사람의 발자국을 뒤쫓는다. 이제 역사의 혜안이 우리를 밝혀주리라.

# 벌과 상으로
# 지방사회를 통치한 향약

◉

### 지방 사족사회와
### 자치 조직

박현순 · 규장각한국학연구원 선임연구원

조선시대 양반들은 자손 대대로 거주하는 세거지를 가지고 있었다. 안동 하회마을이나 경주 양동마을이 대표적인 예다. 양반에게 세거지는 일상생활의 터전인 동시에 자신들이 조직한 각종 자치 조직의 기반이 되었다. 그렇다면 세거지는 어떻게 형성되었으며, 이에 기반한 자치 조직으로는 어떤 것이 있었을까? 하나씩 따라가며 살펴보도록 하자.

## 이주·개발과 세거지의 형성

여말선초의 사회 변동을 겪는 동안 많은 사람은 이주를 통해 새로운 생활 터전을 마련했다. 그중에는 개성이나 서울에서 벼슬살이를 하다가 지방으로 낙향하는 이들도 많았다. 고려 말 팽창했던 관료제가 조선의 개국으로 다시 축소되면서 많은 이가 관료생활을 접고 지방으로 낙향하여 새로운 기반을

항공사진으로 본 농경지와 마을의 분포. 여말 선초에 많은 사람은 하천 주변으로 이주하여 농경지를
개간하였다. 후손들도 하천의 위아래로 이주하여 새로운 터전을 마련했다. 그 결과 우리나라의 모습
을 항공사진으로 보면 하천을 따라 마을과 농경지가 발달한 독특한 형태를 띠고 있다.

마련한 것이다.

이런 연유로 여말선초를 거치는 동안 전국적으로 새로운 농경지와 주거지가 빠른 속도로 증가하였다. 이런 움직임은 16세기까지 지속되었다.

고려시대에는 농경지가 주로 산지에 분포해 있었다. 고려를 방문한 중국 사신 서긍徐兢이 고려의 산은 멀리서 보면 사다리나 층계 같다고 기록할 정도였다. 이러한 농업 환경 때문에 주거지 역시 산등성이에 발달하곤 했다.

하지만 여말선초에 들어서면 이주민들이 산등성이를 버리고 하천 주변을 찾아 이주하기 시작한다. 농법의 발전으로 논농사가 보다 용이해지자 농수를 확보하여 논을 개간할 만한 곳을 선호한 결과였다. 물론 이 과정에서 시행착오도 겪었다. 비교적 개간이 용이한 큰 하천변의 배후습지를 개간한 이들은 큰 홍수를 만나 농경지는 물론 집까지 유실되는 쓰라린 일도 겪어야 했다. 이 경험을 바탕으로 사람들은 큰 강 상류의 작은 하천을 낀 곳에 농경지를 개간하고, 얕은 산 아래쪽에 집을 지어 정착하기 시작했다. 이로부터 배산임수형의 주거 형태가 발달하게 된 것이다.

세대가 지나면서 자손도 불어났다. 그들은 하천의 좌우와 상류, 하류, 지류를 따라 새로운 보금자리를 마련해나갔다. 그 결과 최초의 정착지를 중심으로 하천을 따라 거주지와 농경지가 더욱 확대되어갔다. 이렇게 혈연관계에 기초하여 형성된 세거지는 동洞 · 촌村 · 리里 등으로 불렸다.

## 동계의 시행

부부 두 사람에서 시작된 마을에는 아들이나 손자 외에도 사위나 외손들이 이주 정착하여 함께 거주했다. 자녀 균분상속의 관행이 지속되는 가운데 처가나 외가의 재산과 제사를 상속받아 처변 · 외변으로 이주하는 이들이 많았기 때문이다. 그 결과 시간이 흐를수록 더욱 많은 성씨가 한마을에 함께 거주하게 되었다. 하지만 그들은 모두 처음 개간한 부부의 자손들로 혈연과 혼인으로 얽힌 친척들이었다. 이처럼 친족관계에 기반한 동洞을 단위로 동계가 시행되었다.

동계는 동원洞員 상호 간의 친목과 결속을 다지는 것이 주 내용이었다. 세대가 흐르면서 점차 촌수도 멀어지고 친족관계도 소원해짐에 따라 동계를 시행하여 결속과 유대를 강화하려고 한 것이다. 동계의 주 내용은 매년 봄가을 두 차례씩 정기적인 모임을 갖고 경조사에는 서로 부조를 하는 것으로, 오늘날 친척들의 계모임과도 별반 다르지 않았다.

예안 온계에서 시행한 동계

① 혼인婚姻, 과명科名: 백미 5되, 닭과 꿩 중 1마리씩 수합한다.
② 부모, 처자, 본인 상喪: 백미 5되, 상지常紙 1권을 수합한다. 각각 장정 2명을 내어 2일씩 부역한다. 가마니 3개, 새끼 40파把, 덮개풀 20파씩을 수합한다.
③ 매년 답청과 중구일마다 강회를 연다.
④ 술: 백미 각 5되와 고기값 2말씩을 수합하여 집에서 빚어 준비한다.

하지만 동계는 여기에서 한 걸음 더 나아갔다. 유교 규범과 지역 공동체에서 지켜야 할 사회 규범을 마련하여 마을의 질서와 공동 이익을 추구하려 한 것이다. 동洞은 공동의 생활공간으로 개인이 과도하게 자신만의 이익을 추구하면 다른 주민들의 생활 기반을 위협할 수 있었다. 따라서 동계에

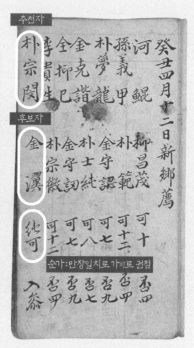

밀양 향안의 권점 기록. 밀양에서 작성한 향안으로 계축년 4월 12일 후보자를 추천받아 권점을 한 결과를 기록한 것이다. 상단에 추천자와 추천을 받은 사람의 이름을 기록하고 그 아래에 권점의 결과를 가可와 부否로 나누어 기록하였다. 권점을 거쳐 향안에 새로 들어간 사람들은 맨 아래에 입참入參이라고 기재하였다. 박종민朴宗閔이 추천한 김익金瀷이라는 이는 모든 사람이 가可로 권점하여 순가純可라고 되어 있으나 어떤 사람은 부否를 더 많이 받았다. 16명이 권점에 참여하여 부否가 둘 이하인 사람만 향안에 들어갈 수 있었다. 이를 통해 양반이라도 향안에 들어가는 것이 쉽지 않았음을 알 수 있다.

통문, 무신 11월 9일, 56.2×35.6cm, 북촌미술관 소장. 동계의 계원들에게 보낸 통문이다. 16일에 동계의 강회講會를 개최한다고 알리는 내용이다. 이날 계원들이 동계에서 빌려 쓴 계금契金의 본전과 이자도 가져오도록 하였다. 그 아래에는 개인별로 납부해야 할 계금의 본전과 이자, 보증인의 이름이 기재되어 있다. 동계에서는 기금을 모아 계원들에게 빌려주고 그 이자를 운영 기금으로 활용하였다. 겹게 지워진 부분은 뒤에 본전이나 이자를 납부한 경우에 해당된다.

서는 사적 이익 추구를 규제함으로써 동 전체의 이익을 보호하고 구성원 간의 갈등을 방지하고자 했다.

16세기 말 예안 부포동에서 시행한 동계에는 밭두둑의 경작이나 산림의 벌목을 금지하는 등 농사와 관련된 규제 조항이 다수 포함되어 있다. 개인의 과도한 개간을 제한함으로써 공동의 생활 기반과 질서를 보호, 유지하려 한 것이다. 오늘날로 따지면 경영 윤리를 도입한 것이라 할 수 있다.

예안 부포동의 동계

①밭두둑을 차지하여 경작하지 않는다.
②곡방曲防에 도랑을 내지 않는다.
③경작이 금지된 산림을 벌목하지 않는다.

양반들은 집집마다 적게는 수십 구에서 많게는 수백 구의 노비를 소유했다. 수많은 노비를 통제하는 문제도 양반들의 공통된 관심사였다. 이 때문에 양반들은 동洞의 노비들을 공동으로 통제하기 위한 약조를 만들기도 했다.

양반들이 노비들에게 요구한 생활 규범에는 일반적인 윤리 규범과 함께 상하의 신분 위계에 대한 것, 양반가의 생활 기반을 유지하기 위한 규제 등 다양한 내용이 포함되어 있었다. 이를 통해 양반들은 상하의 신분·위계 질서를 엄격히 유지하고 노비들이 양반의 생활 기반을 침해하는 것을 막고자 했다. 만약 이를 위반할 시에는 회초리를 때리는 태벌笞罰이 내려지기도 했다.

예안 온계에서 노비들에게 시행한 동령洞令

| ① 본주와 다른 주인에게 무례하고 불손한 자는 태 50 |
| :-- |
| ② 형제가 서로 싸우는 자는 태 50 |
| ③ 구타하여 상해를 입힌 자는 태 50 |
| ④ 묘산墓山에 불을 놓아 밭을 만든 자는 태 50 |
| ⑤ 소와 말을 방목하는 자는 태 50 |

# 향안鄕案의 작성

고을 여러 곳에 흩어져 세거지를 갖게 된 양반들은 상호 결속을 통해 고을 단위의 자치조직도 꾸려나갔다. 그 기초가 된 것이 바로 향안鄕案이다.

향안은 한 고을에 사는 유력 양반의 명부다. 조선시대 각 고을에는 유향소留鄕所라는 기구를 두고 양반들이 수령의 관정官政을 보좌하고 향리들을 규찰하도록 했다. 유향소에는 좌수와 별감이 있었는데, 향안은 그 후보자 명단으로 작성되었다. 그러나 점차 그 기능이 확대되어 고을의 대소사를 논의하는 유력 양반의 명부로 자리잡아갔다.

향안은 16세기 후반부터 본격적으로 작성되기 시작해 17세기에는 고을마다 이를 작성했다. 향안에 들어가면 좌수·별감에 대한 선거권, 피선거권과 고을의 주요 사안에 대한 의결권을 가질 수 있었다.

향안에 오르는 것은 그에 상응하는 권위와 권력을 공유하는 것이었다. 따라서 기존 회원들은 까다로운 조건을 제시하여 향안 입록 인원을 제한하려 했다. 안동이나 남원처럼 지역이 넓고 양반이 많은 고을일수록 이런 경향이 강했다. 이에 따라 향안에 들어가기 위해서는 여러 자격 조건을 갖추

前萬戶孫蔡 前叅奉金安宅 前叅奉金碰石 忠順衛南充弼 定虜衛具幹 進士李完 前兵使金富仁 定虜衛孫苑滇 前訓導金生滇 前直長尹寬 前訓導朴之薰 前訓導李忠樑 前縣監柳遇春 前直長柳遇 前叅訪李澄 前叅訪李文樑 隆慶六年壬申二月日

郷錄

예안의 향안. 선조 5년(1572) 경상도 예안현에서 작성한 향안이다. 향안은 향록鄕錄이라고도 하였다. 첫번째로 오른 이문량李文樑은 어부가漁父歌로 유명한 농암聾巖 이현보李賢輔의 장남으로, 그 형제들인 이계량李季樑 등도 함께 올라 있다. 두번째의 이징李澄은 조선 성리학의 거두인 퇴계退溪 이황李滉의 형이다.

어야만 했다.

우선 양반 신분에 하자가 없어야 했다. 부모는 물론이고 처도 양반 출신이어야만 향안에 들어갈 자격이 주어졌다. 자신이 양반이더라도 서얼이나 향리鄕吏, 상민常民 등 비양반과 혼인한 사람은 자신은 물론 그 자손들까지 모두 향안에 들어갈 수 없었다.

다음으로 부친, 어머니, 처가 모두 그 지역 출신이어야 했다. 이를 각각 부향父鄕, 외향外鄕, 처향妻鄕이라 칭했다. 이 조건을 모두 갖추면 삼향三鄕이라 한다. 하지만 양반들의 혼인관계는 여러 고을에 걸쳐 있기 때문에 현실적으로 삼향의 조건을 모두 갖춘 사람은 그리 많지 않았다. 따라서 이향二鄕이나 일향一鄕도 향안에 들어갈 수 있었다. 하지만 삼향 출신에 비해 더욱 엄격한 조건이 요구되었다. 그리하여 선조 때 대사헌을 지낸 송순宋純이나 좌의정을 지낸 정탁鄭琢 같은 인물도 향안에 들어가는 데 어려움을 겪기도 하였다. 다른 고장 출신이었기 때문이다.

① 서얼은 (…) 허통許通하여 신분을 세탁하더라도 반드시 4~5세대에 걸쳐 청족淸族(향안에 참여한 문벌)과 혼인한 이후에야 향안에 참여하는 것을 허락한다.
② 향리와 혈연, 혼인관계가 있는 자는 반드시 4~5세대 동안 한 사람 한 사람이 청족과 혼인한 연후에야 향안에 참여하는 것을 허락한다.
③ 다른 지방 출신으로 본부에 장가든 자와 본부 출신으로 다른 지역에 장가든 자는 뛰어난 문벌로 사람들이 다 아는 자가 아니면 향안에 참여하는 것을 허락하지 않는다.

자격 조건을 갖춘 사람은 일정한 나이가 된 후 이미 향안에 올라 있는 회원의 추천을 받아야 했다. 지역에 따라 차이는 있으나 대개 30세~40세 이상으로 나이 제한이 있었다.

마지막으로 회원들이 모인 자리에서 권점圈點이라는 일종의 투표를 거쳐 기존에 향안에 참여한 사람들의 동의를 얻어야만 했다. 권점은 개인의 인품과 행실에 대한 평가였는데, 전체 참석자의 일정 비율 이상이 동의해야만 비로소 향안에 들어갈 수 있었다. 그 과정에서 어떤 사람들은 고배를 마실 수밖에 없었다.

이처럼 여러 가지 조건을 내세운 결과 실제 향안에 들어간 사람은 상당히 제한되어 있었다. 이 때문에 향안에 들어가면 실제적인 의결권을 갖는 것 외에도 사회적으로 공인된 양반으로서 신분적인 권위를 행사할 수 있었다.

향안은 지역마다 차이가 있으나 대개 5년이나 10년 단위로 정기적으로 작성하는 것이 원칙이었다. 하지만 실제로는 부정기적으로 작성된 경우

안동 향안의 부향父鄕·처향妻鄕 기록. 향안에 오르기 위해서는 부친, 외조부, 장인이 향안에 올라 있어야 했다. 위의 향안에는 본인의 이름 아래에 부친과 장인의 향안 입록 여부를 기록하였다. 첫번째 인물인 유진柳袗은 부친 유성룡柳成龍과 장인 권채權寀가 모두 본부(안동) 향안에 올라 있으며, 마지막 인물인 정유번鄭維蕃은 부친은 안동.향안에, 장인은 예천 향안에 올라 있다.

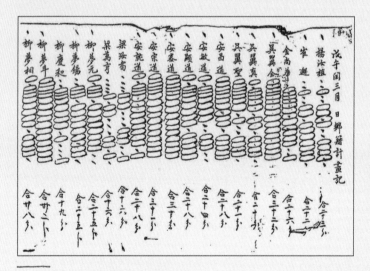

남원의 향안 입록 권점. 향안 입록 여부를 심사한 후 권점을 하고 그 결과를 정리한 기록이다. 이름 아래에 있는 동그라미와 점은 각각 가可와 부좀를 의미한다. 끝에는 합산한 점수가 있다. 가장 많은 점수를 얻은 사람은 유몽두柳夢斗로 32분을 얻었고, 가장 적은 점수는 16분이다. 이름 위에 찍힌 점은 권점의 결과 입록이 허락된 사람을 가리킨다.

가 많아, 짧게는 5~10년에 한 번 작성하기도 했지만, 수십 년이 지나서야 작성한 경우도 있었다. 향안을 작성할 때마다 그 기준이나 가부를 둘러싸고 갈등을 빚어 작성 시기를 미루는 경우가 많았기 때문이다. 이를 둘러싼 다툼이 심할 때에는 심지어 이미 만들어진 향안을 폐기하기도 했다. 이것은 그만큼 향안이 폐쇄적으로 작성되었다는 것을 보여준다.

## 향약鄕約과 향회鄕會의 운영

향안에 참여한 사람들은 고을의 기강과 질서를 유지하기 위한 규약과 조직을 만들었는데, 이것이 바로 향약이다. 향약은 도약정, 약정과 같은 임원을 두고 매년 봄가을에 한 차례씩 정례적인 모임을 가졌다. 이 자리에서 향안에 새로 들어올 사람을 뽑고, 고을의 현안도 처리했다.

　향약 조문의 내용은 향안 입록 자격과 절차, 향약의 임원 선임, 회의체인 향회鄕會의 운영 등에 관한 실무적인 내용에서부터 향약의 회원이 지켜야 할 윤리 규범, 사회 규범에 이르기까지 다양했다. 그러나 그 기본 이념은 동계와 마찬가지로 각자가 유교 윤리와 지역 공동체에 필요한 사회 규범을 실천하여 공동의 생활 기반을 보호하자는 것이었다. 향약은 동을 단위로 한 동계가 고을 단위로 확대된 것이다.

　향약은 당초 양반들 사이의 약속으로 만들어졌다. 하지만 임진왜란 이후에는 양반들의 주도하에 일반 평민층도 향약에 참여시켜 그 규범을 준수하게 했다. 양반과 평민층이 함께 참여하는 향약에는 양반들을 위한 약조와 비양반인 하인下人들을 위한 약조를 따로 마련했다.

　평민층에게 요구되는 윤리 규범과 사회 규범도 양반층과 크게 다르지

이황이 초안한 예안 향약

> ✦ 극벌極罰
> · 부모에게 순종하지 않는 자
> · 형제간에 서로 싸우는 자: 형이 잘못하고 동생이 옳으면 똑같이 벌한다. 형
>   이 옳고 동생이 잘못했으면 동생만 벌한다. 잘잘못이 마찬가지면 형은 가볍
>   게 동생은 무겁게 벌한다.
> · 가도家道가 어지러운 자: 정처를 쫓아낸 자, 남녀의 분별이 없는 자, 정처와
>   첩에 대한 대우가 뒤바뀐 자, 첩을 처로 삼은 자, 서얼을 적자로 삼은 자, 적
>   자가 서얼을 돌보지 않는 자, 서얼이 적자를 능욕하는 자
> · 고을 어른을 욕보이는 자
> · 수절하는 과부를 꾀어내 간음하는 자
>
> ✦ 중벌中罰
> · 정처를 소박하는 자
> · 염치를 돌아보지 않고 양반의 기풍을 더럽히는 자
> · 세력을 믿고 약한 자를 능멸하여 침탈하고 소송을 일으키는 자
> · 빈말을 날조하여 남을 모함하는 자
> · 남이 어려움에 처했을 때 힘이 미치면서도 좌시하고 구하지 않는 자
> · 혼인과 장례, 제사 때 이유 없이 때를 넘기는 자

않았다. 하지만 비양반층에게는 신분의 차이를 반영하는 새로운 규범이 추
가되었다. 양반을 능욕하거나 양반에 버금가는 화려한 옷을 입는 행위 등이
금지되었으며, 농사일과 같은 생산을 소홀히 하는 태도도 규제했다. 여기에
는 상하귀천의 명분을 내세워 생활 태도를 규제함으로써 신분질서와 사회
질서를 유지하려는 양반들의 의도가 담겨 있었다.

## 현풍향약 하인약조 下人約條

- 양반을 욕보이는 자
- 사립絲笠과 세의細衣를 착용하여 명기名器를 어지럽히는 자
- 양반과 나란히 말을 타는 자
- 생산에 힘쓰지 않고 농사일을 게을리 하며 노는 자
- 여인이 시부모에게 욕을 하는 자
- 유녀遊女와 간음하고 난장亂場을 만드는 자
- 마을에서 고성을 지르며 욕하는 자
- 모임 때 주사를 부리며 시끄럽게 싸우는 자

향약은 고을 양반들 사이에 규범적 규제를 시행하는 것으로 양반들의 동의하에서만 시행될 수 있었다. 따라서 향안을 작성한 고을 중에서도 이를 시행하지 않는 곳도 많았다. 또 향약 조문을 만들었다가 도로 폐기하기도 했고, 일단 시행한 향약도 시간이 흐르면서 폐지되기도 했다.

양반들은 향약을 시행하지 않는 경우라도 향안 작성 등 중요 현안이 있을 때는 고을 양반 회의인 향회를 개최하여 현안을 처리하였다. 향회는 유향소나 향교 등에서 소규모로 열리기도 했고, 일향대회─鄕大會, 향중대회鄕中大會라고 하여 대규모로 열리기도 했다. 향회 전에 각 동에서는 미리 안건을 준비하여 향약 임원이나 유향소에 제출했다.

향회에서는 고을에 관련된 다양한 일을 논의했다. 그중 특히 중요한 사안으로는 향안 작성과 함께 유향소 좌수 별감의 선임이 있었다. 유향소 좌수·별감은 고을 양반을 대표하여 수령을 도우며 고을의 행정 업무를 담당

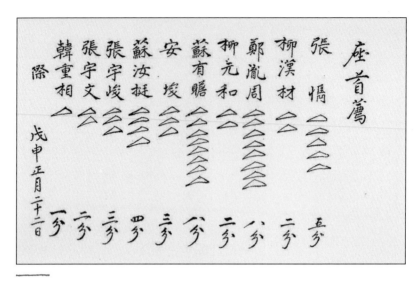

남원의 좌수 천거 권점. 남원에서 유향소의 임원인 좌수를 천거하기 위해 시행한 권점의 결과를 적은 기록이다. 세모는 가可를 의미하며, 아래에는 합계를 기록하였다. 소유첨蘇有瞻이 8분으로 가장 많은 점수를 획득했다. 마지막의 '제際'는 끝이라는 의미다.

하는 중요한 직책이었다. 따라서 그 선임을 고을의 성쇠가 달렸다고 할 만큼 중요한 사안이었다.

좌수 별감을 선임할 때에는 우선 향안에 올라 있는 사람 중에서 후보를 추천받아 권점을 실시했다. 그리고 최종적으로 세 명의 후보를 뽑아 수령에게 추천했다. 이것이 바로 삼망三望이라 지칭되는 것이다. 후보를 추천받은 수령은 관행적으로 그중 첫번째로 올라온 후보에게 낙점落點하여 좌수나 별감으로 임명했다. 좌수 별감의 임명권자는 수령이었지만 사실상의 선임권은 향회에 있었다.

이외에 고을의 현안 중에서는 부세 문제가 가장 많이 논의되었다. 조선시대에는 오늘날과 달리 쌀이나 베와 같은 현물 화폐로 세금을 수납하여 수납과 운반과정에서 큰 부대비용이 발생했다. 또 국가가 정한 세목 이외에 고을의 사정에 따라 고을별로 징수하는 세금도 있었다. 이러한 부대비용이나 지방세는 고을에서 자율적으로 부과 · 운영했다. 양반들은 향회에서 세금과 관련된 고을의 공론을 수합하고 수령하게 전달하여 정책에 반영하도록 했다.

한편 세금을 부과하고 수납하는 과정에서 유향소의 임원이나 향리들이 농간을 부리는 경우도 많았다. 이런 경우에도 양반들은 향회를 열어 유향소 임원을 교체하거나 유향소에 향리를 처벌할 것을 요구하기도 했다. 향

안동의 『인리제관속기과』. 인리 권성윤이 거상居喪을 신실하게 하지 않고, 제육祭肉을 빼앗으려고 좌수座首의 노복을 구타한 데 대하여 분간하여 처벌하도록 처리하였다. 좌수와 별감의 수결手決이 있다.

리를 감독하는 것은 유향소의 고유 업무였기 때문이다.

유향소에서는 고을의 공론인 향론鄉論을 수렴하여 향리나 관노와 같은 관속들의 비행을 기록해두고 별도로 관리하기도 했다. 안동 유향소에서 작성한『인리제관속기과人吏諸官屬記過』라는 책에는 향리나 관노官奴 · 의생醫生 등 여러 관속의 비행 사실과 그에 대한 처벌 사실을 하나하나 기록해두었다. 비행으로 지목된 관속들은 부담이 큰 경주인京主人으로 서울에 파견되거나 착복한 금액을 배상해야 했으며, 때로는 매를 맞기도 했다. 향회는 양반들이 향리 등 여러 관속을 통제하는 주요한 방법이었다.

## 향벌의 시행

향회에서는 고을에서 물의를 일으킨 사람들을 처벌하기도 했다. 반드시 향약에 거론된 사안이 아니더라도 윤리적으로 패악한 짓을 한다거나 개인의 이익에 집착하여 다른 사람이나 공공의 이익을 해치는 경우는 향중의 공론으로 처벌하여 경계로 삼았다. 이처럼 향중의 공론에 따라 시행되는 처벌을 향벌鄉罰이라고 칭했다.

향약은 흔히 덕업상권, 예속상교, 과실상규, 환난상휼의 네 조목으로 구성된 것으로 알려져 있다. 이것은 중국 북송 때 여씨 형제가 시행한 향약의 내용이다. 우리나라에는 주자가 편찬한『주자증손여씨향약』이 전래되어 큰 영향을 미쳤다. 하지만 조선에서는 그 이전부터 전래되어온 향약의 형식이 있었으며, 내용이나 형식이 여씨나 주자의 향약과는 차이가 있었다.

우리나라의 고유한 향약은 처벌을 중시했다. 향약 조문도 대개 상벌上罰 · 중벌中罰 · 하벌下罰과 같이 등급을 나누어 처벌 대상이 되는 행위를 열

신증新增향약조, 김홍득, 1747년, 31.6×30.6cm, 국립중앙
박물관 소장. 영조 23년 충청도 보은군수 김홍득이 관내
에서 실시한 향약의 규약을 기록한 책이다. 김홍득의 서
문, 향약조목鄕約條目 19조, 향회독약법鄕會讀約法, 벌조罰條,
향약후부록鄕約後附錄 7조, 별록유민인등別錄論民人等 8조로
구성되어 있다.

거한 형태다. 극벌極罰·중벌中罰·하벌下罰로 구성된 퇴계 이황의 예안향
약이 대표적이다. 그후 이이의 「해주사창계약속」을 필두로 여씨 향약의 4
조목 체제를 갖춘 향약이 크게 성행했다. 하지만 이중 과실상규 조항은 처
벌을 위주로 하는 구래의 형식을 그대로 계승했다. 따라서 조선의 향약에서
는 주자의 향약을 수용한 후에도 향벌이 중요한 위치를 차지했다.

　향약 조목에 나타난 향벌은 대략 다음과 같이 단계화되어 있다.

　양반과 비양반을 막론하고 모두에게 적용되는 최고의 벌은 출향黜鄕과
수화불통水火不通이다. 출향은 고을에서 쫓아내는 것이다. 심한 경우 훼가출

향毁家黜鄉이라 하여 집을 부수기도 했다. 하지만 실제로는 출향의 경우 고을에서 물리적으로 쫓아내는 것이 아니라 고을의 주민으로 인정하지 않는다는 것을 의미했다. 수화불통은 물과 불을 공유하지 않는다는 것으로 고을에서 고립시킴을 뜻한다. 즉, 고을에서 사회적으로 배제하고 고립시키는 것이 최고의 벌이었다.

훼가출향은 선조 때 진주 유생들이 간통을 했다고 지목된 이씨의 집을 부순 데서 비롯되었다. 인조반정 후에는 예안·영천 등 여러 고을에서 향회를 열어 북인 정권에 빌붙은 인사들의 집을 부수는 등 훼가출향이 만연하였다. 그리하여 국가에서는 이를 법으로 금지하였다.

### 진주의 향벌 시행

진주의 고 진사進士 하종악河宗岳의 후처가 홀로 살았는데, 음행淫行이 있다는 소문이 마을에 자자하였다. 처사處士 조식曺植이 우연히 그 일을 자기 문인門人 정인홍鄭仁弘·하항河沆 등과 말하게 되었는데, (…) 하항 등은 그 옥사獄事가 성립되지 않은 것을 분하게 여긴 친구들을 데리고 하河의 집을 헐어버렸다. (『선조수정실록』 권3, 선조 2년 5월 1일 갑진)

그 아래로는 양반과 비양반의 처벌이 달랐다. 양반의 향벌은 삭적削籍-손도損徒-제마수齊馬首 등이 있었다. 삭적은 향안에서 이름을 지우는 것으로 향원으로서의 자격을 박탈하는 것이다. 이에 비해 손도損徒는 '무리에서 빼낸다'는 뜻으로 일정한 기간 동안 향원 자격을 정지하는 것이다. 이것은 '이향離行'이라고도 하였다. 제마수는 향원들이 함께 말을 타고 그 집을 찾아가

西面

前教授權應禎
進士張以文　離行　罰禮己行　故
司正權玉均
禦侮將軍南漢

丙戌三月加錄
行牧使趙重晦
前參奉朴鳳錫
幼學俞彥若
洪景禹　南道乾　李舜相
李昌烈
李昌煥
李昌焕

상주향안의 삭적 사례(왼쪽). 향안 가운데 네모로 남아 있는 곳이 삭적을 한 부분이다. 칼로 이름을 도려내고 종이를 붙여 칸을 메웠다. 한 고을 내에서 양반들 사이의 갈등이 심할수록 향벌도 자주 시행되었다.

안동향안의 손도 사례(오른쪽). 진사進士 장이문張以文의 이름 아래에 이항離行, 곧 손도를 당하였다가 벌례罰禮를 행하였다는 기록이 있다. 벌례는 향벌을 해제할 때 치르는 의식이다. 대개 사죄의 뜻으로 술과 안주를 내어 다른 향원들을 대접하였다. 마지막의 '고故'는 사망했다는 뜻이다.

식후에 여희, 덕여, 이지 3형제, 요형, 광철과 함께 대사 앞 모래사장에 갔다. (…) 모인 사람이 백여 인이었다. 흉당을 처벌하여 오윤은 영영삭적, 오여강·윤동창은 영영삭적, 이홍익·윤동로는 삭적하였다. 좌중의 여러 사람이 그대로 온계에 가서 서궁의 집을 부수었다. (…) 온계 동구에 이르러 시냇가에 앉아 있는데 (…) 사자士子와 품관品官이 군정軍丁을 시켜 집을 부수게 하였는데, 군인들이 부수기가 쉽지 않자 갑자기 불을 놓아버렸다. 놀라서 막으려고 하였지만 불이 이미 성하여 꺼지지 않았다. (김영, 『계암일록』)

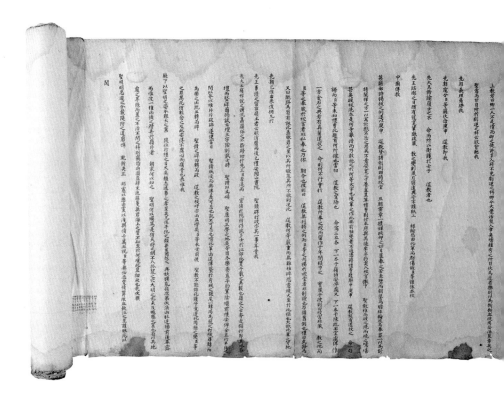

집 앞에서 죄를 성토하는 것으로 비교적 가벼운 처벌이었다. 제마수를 당한 사람은 반성과 사죄의 뜻으로 벌주罰酒를 냈다. 반면 비양반에게는 회초리를 때리는 태벌만 있었다. 대수는 죄질에 따라 차이가 있었는데 적게는 20~30대에서 많게는 70~80대에 이르렀다.

양반층의 향벌은 주로 향원으로서의 자격과 명예를 박탈하는 명예형에 해당된다. 이에 비해 비양반에 대해서는 일관되게 신체형을 가했다. 간혹 양반에게 태벌을 내리는 경우도 매는 노비가 대신 맞았다. 이처럼 명예형과 신체형으로 구분된 향벌은 양반과 비양반을 구분하는 신분 관념을 반영하는 것이었다.

비양반층에게 시행되는 태벌과 달리 양반층에게 시행되는 삭적 등의 처벌은 장기간에 걸쳐 효력을 발휘하도록 규정되어 있었다. 하지만 실제로는 쉽게 해벌解罰되곤 했다. 한 고을에 사는 양반들 대부분이 친인척관계로 얽혀 있었던 탓에 향벌로 개인의 사회생활에 치명적인 제약을 초래하는 것은 기피했기 때문이다. 따라서 향벌은 지속성

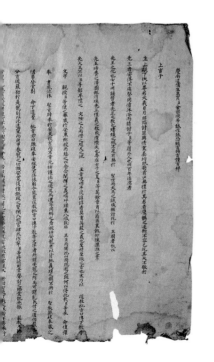

김종련 연명상소, 19세기 초, 109×2280cm, 안동·권씨 충재종택 소장. 조선후기 양반층이 분화되고 붕당이 발달함에 따라 고을 내에 여러 정파가 갈등을 일으키기도 했다. 이 연명상소는 안동 내에서 노론과 남인 세력의 갈등으로 촉발된 것이다. 안동 향교에 게시되어 있던 정조어필의 현판과 도산서원의 시사단비가 노론인 안관 등에 의해 파괴되자, 그 부당함과 불법에 대해 탄핵하는 상소인데, "향교에 무단으로 들어와 거리낌 없이 돌아다니며 난동을 부린" 것에 대해 처분해줄 것을 청하고 있다.

보다는 처벌을 통한 경고의 성격이 훨씬 강했다. 하지만 향벌을 받았다는 사실은 개인의 도덕성에 치명적인 오점으로 남았다.

## 양반층의 분화와 향론의 분열

향안이나 향약, 향회, 향벌은 모두 고을의 양반의 공론인 향론鄕論에 기초하고 있었다. 따라서 향론이 잘 결집되는 때에는 향안 작성이나 향약, 향회, 향벌의 시행도 원활했다. 반대로 향론이 분열되면 그 효과를 기대하기 어려웠다.

조선 초 양반들은 유사한 사회경제적 기반을 갖고 있었다. 그들 대다수는 개간 등 적극적인 농업 경영을 통해 경제 기반을 축적하고, 관료로 진출하여 사회적으로 성장함으로써 양반의 지위를 획득했다. 이처럼 공통된 기반을 지닌 양반들이 거주하는 고을을 단위로 공론인 향론鄕論이 형성되었다. 이것은 향안을 작성하고 향약, 향회, 향벌을 시행하는 기반이 되었다.

하지만 시간이 지남에 따라 양반층 내에서 상당한 계층적 분화가 진행되었다. 개중에는 사회경제적 여건의 변화에 따라 도태되어 양반으로서의 권위를 유지하기 힘든 부류들도 생겨났다. 반면 대대로 관직에 진출하며 사회경제적 기반이 더욱 강화된 양반도 있었다. 고을 내에서는 서원이나 향교를 중심으로 활동하는 유생층과 유향소의 임원을 맡아 행정 실무를 담당하는 향임층이 분화하여 대립했다. 또 붕당이 발달함에 따라 고을 내에서 여러 정파가 병존하며 갈등하는 양상도 일어났다.

이처럼 양반층이 다각도로 분화됨에 따라 양반들의 공론도 다기화되었다. 그 결과 향론도 분열되어 향안 작성은 중지되고 향약이나 향회, 향벌도 효력을 상실했다.

한편 양반들의 자치 조직은 상하 신분의 구분과 양반 중심의 사회질서를 추구했다. 따라서 비양반층이 사회경제적으로 성장함에 따라 그 권위가 약화되어 실효를 기대하기 어려웠다.

고을 단위의 자치 조직이 와해된 후 양반들은 다시 세거지를 중심으로 동계를 운영하며 부계 혈족 집단인 문중을 통해 그 결속을 강화했다. 이로

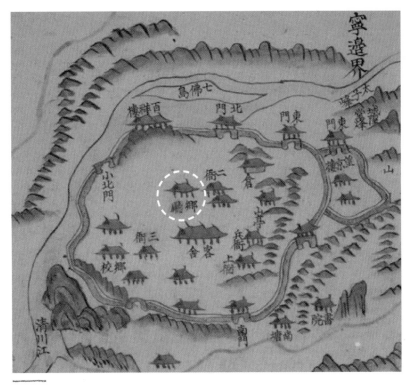

19세기 전반 광여도 중 평안도 안주목 지도(부분). 규장각한국학연구원 소장. 성벽으로 둘러싸인 읍성의 가운데 부분에 향청鄕廳이 자리 잡고 있다. 향청의 원래 명칭은 유향소留鄕所로 양반들이 관정에 참여하는 기구다. 유향소의 임원으로는 좌수와 별감이 있었는데, 모두 향회에서 선출되었다.

부터 우리가 기억하는 부계를 중심으로 한 조선시대 양반 마을의 모습이 만들어졌다.

오늘날의 시각에서 보면 조선시대 양반들의 자치 조직은 신분적 이기주의에 기초하고 있다. 이것은 신분제 사회의 속성이다. 하지만 양반들이 지역사회에서 주인의식을 갖고 윤리 규범과 사회 규범을 준수하며 공공의 선을 실천하려고 노력했다는 사실은 간과해서는 안 될 것이다. 이와 같은 실천적인 노력은 전란 후 조선 사회가 빠르게 질서를 회복하고 유지하는 원동력이 되었다.

# 양반들의 죽음과
# 조상숭배의 실상

◉

상·제례와
조상숭배

**김경숙 · 조선대 사학과 교수**

## 삶과 죽음의 소통, 상장례

살아 있는 존재에게 죽음이란 피할 수 없는 자연의 질서다. 삶과 죽음의 갈림길에서 사람들은 망자를 위한 의식, 즉 상장례喪葬禮를 통하여 삶과 죽음을 분리하는 동시에 소통의 통로를 확보했다. 상제례는 죽음이라는 피할 수 없는 자연질서에 대한 사회적 대응으로, 그 시대 그 사회의 생사관과 영혼관이 반영되어 있으므로 시대와 사상이 변화하면 함께 변화하는 역사적 현상이다.

유교 문화에서 죽음은 혼백의 분리 현상, 즉 혼이 우리 몸을 빠져나가는 현상으로 이해된다. 『의례儀禮』에서 '사람이 죽으면 혼은 하늘로 가고, 백은 땅으로 돌아간다'라는 구절은 이러한 관념의 표현이다. '혼이 빠졌다' '넋이 나갔다' '혼내다' 등은 일상생활에서도 흔히 접하는 말이다. 유교식 장례 절차는 초혼招魂에서 시작되는데, 사망 직후에 시신을 보지 않은 사람이 지붕에 올라가 북쪽을 향해 망자의 속적삼을 흔들며 망자의 성, 이름, 주소를 부르고 복復(돌아오시오)! 복! 복! 하고 세 번 외친다. 여기에는 육체를 빠져나간 혼이 다시 돌아와 살아나기를 염원하는 마음이 담겨 있다.

유교 이념에 기반한 조선의 건국은 정치권력의 교체를 넘어 불교사회에서 유교사회로의 전환

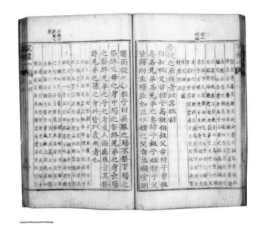

『가례家禮』, 주희 지음, 7권2책 중 권4·7 1책, 목판본, 동산도기박물관 소상.

을 의미했다. 위정자들은 지배 이념인 유교사상에 근거한 새로운 사회질서를 재편하고자 했는데, 이는 '교화'라는 이름으로 추진되었으며 그 효과를 가시적으로 확인할 수 있는 가장 좋은 대상이 의례, 즉 의식이었다. 이에 따라 조선의 위정자들은 건국 초부터 유교사회의 확립이라는 목표하에 불교 의례를 유교 의례로 전환하는 정책을 집중적으로 실시했다.

조선의 상제례는 기본적으로 『주자가례』에 근거한다. 이는 남송대 주자가 편찬한 대표적인 유교 의례서로서 고려 말 성리학과 함께 도입되어 기존의 전통적인 풍습, 관행, 제도와 융합하고 조정되는 과정을 거쳐 조선에 정착했다. 특히 16세기 사림들의 실천적 노력으로 유교적 상제례가 사족 층을 중심으로 널리 보급되고 성리학적 질서가 정착되어갔다.

# 화장 금지와 유월장

장례는 망자에게 안식처를 마련해주는 의식이다. 유교 이념에서는 망자의 시신을 산 사람과 마찬가지로 대우했다. 그런 까닭에 양지바른 곳을 택해서 조상의 시신을 잘 모시는 것을 효자의 도리로 여겼다. 이는 곧 장례 절차로 구체화되었으며 조선사회 매장법의 근거가 되었다. 『맹자』「등문공장구」에 다음과 같은 말이 나온다.

> "상고시대에 부모가 죽어도 장사 지내지 않는 시대가 있었다. 부모가 죽자 시체를 들어다가 구덩이에 버렸는데, 뒷날 자식이 그곳을 지나다보니 여우와 살쾡이가 시체를 뜯어먹고 파리와 모기가 엉겨서 빨아먹고 있었다. 자식은 이마에 식은땀을 흘리며 눈길을 돌리고 바로보지 못하였다. 자식은 곧 집으로 가서 들것과 가래를 가지고 돌아와 흙으로 시체를 덮었다."

이는 곧 조상의 시신을 매장하는 것이 효의 관념에서 비롯되었음을 단적으로 보여준다. 매장법이 유교의 효 관념에 근거한다면 이전 사회는 어떠했을까? 고려는 불교의 윤회사상에 근거하여 시신을 화장하며 극락왕생하거나 좋은 곳에 환생還生하기를 기원했다. 화장은 3일장으로 거행했으며 타고 남은 유골은 재로 날리거나 유골함에 수습하여 관에 넣고 매장하였다. 때문에 관의 크기는 유골함을 넣을 정도면 충분했다. 현재 남아서 전해지는 고려시대의 관들이 대부분 길이 1미터 내외의 소형 조립식 석관인 것은 이런 이유 때문이었다.

화장법은 고려 말 성리학이 들어오면서 유학자들의 비판 대상이 되어

고려 석관, 78×45×39cm, 고려. 광산 김씨 김광중의 처 이씨의 화장 유골을 매장할 때 사용된 돌널이다. 돌널의 바깥 4면에는 청룡·백호·주작·현무의 사신도, 뚜껑 윗면에는 비천상, 안쪽 4면에는 모란을 선각했다.

허재許載 석관, 고려 1144년, 95×59×39cm, 국립중앙박물관 소장.

금지하기 시작했다. '불교에서는 시신을 뜨거운 불속에 넣어 모발을 태우고 피부를 익혀 뼈만 남기며 심한 자는 뼈를 태워 그 재를 날림으로써 물고기나 날짐승에게 선사하고, 이렇게 해야 천당에 갈 수 있고 서방정토에 갈 수 있다고 한다는데 이는 아비도 모르는 오랑캐의 법으로 따를 수 없다'는 것이 그 이유였다. 불교에서는 화장법을 윤회와 극락왕생의 길로 받아들였던 데 반해, 유학자들의 눈에는 조상의 신체를 훼손하는 불효 행위로 인식되었던 것이다.

조선 건국 이후 효 관념에 입각하여 화장법을 매장법으로 대체하기 위한 노력은 본격화되었다. 태조 4년(1395) 6월에 사헌부의 건의로 전·현직 관료를 막론하고 3일 화장을 금하고 유월장踰月葬과 삼월장三月葬을 시행하게 했다. 유월장은 사망한 다음 달, 삼월장은 그다음 달에 시신을 매장하는 의식이다. 여기에는 망자의 소생을 바라는 효 관념이 반영되어 있지만 현실적인 이유도 작용했다. 즉 매장법을 거행하기 위해서는 관 제작과 택산擇山 등 준비 작업을 위한 기간이 필요했던 것이다.

국가적 차원의 화장 금지와 매장 권장은 계속되었지만 세종대까지도 10명 중 6~7명은 여전히 불교식으로 화장을 하는 상황이었다. 성종대에는 처벌을 동반한 강력한 규제책이 시행되었고, 화장을 한 사람뿐만 아니라 이를 알고 방관한 자 역시 처벌을 면치 못했다. 이처럼 국가가 강력하게 나서 화장 금지 정책을 시행함에 따라 조선의 장례법은 점차 유교식 매장법으로 바뀌어갔다. 그리고『경국대전』「예전」에 '4품 이상은 삼월장, 5품 이하는 유월장'으로 규정함으로써 법제화되었다.

중 화장하는 모양, 『기산풍
속도첩』, 김준근, 19세기 말,
지본채색, 약 17×3cm, 프랑
스 기메박물관 소장. 간단한
제사상이 차려져 있고 승려
들이 목탁, 바라, 징을 들고
망자를 떠나보내는 의식을
연행하고 있다.

## 오복제와 여묘살이

장례를 마치면 본격적인 복상服喪으로 들어간다. 망자의 죽음을 애도하고
일상으로 회복하기까지의 기간인데 오복제五服制에 근거하여 거행되었다.
즉 망자와 친인척 관계에 있는 사람들이 상복을 입고 근신하되 그 친소관계
에 따라 예의 후박厚薄을 달리하여 상복과 복상 기간을 정했다.

곡하기.

오복제는 고려시대부터 이미 법제화되어 있었다. 고려 성종 4년(918)에 복상 기간을 참최斬衰(3년), 자최齊衰(1년), 대공大功(9개월), 소공小功(5개월), 시마緦麻(3개월) 등 5단계로 구분했던 것이다. 그러나 이는 법제로만 존재했을 뿐 불교사회에서 실생활에 적용되지는 못했다. 오복제에 의하면 부모상을 당했을 때 3년상을 치러야 했지만 고려의 일반 백성들 사이에는 100일 복상제가 널리 행해지고 있었다.

그러던 중 고려 말 성리학이 도입되면서 유학자들 사이에서 부모상을 3년상으로 치르는 이들이 나타났다. 건국 이후에는 국가적 차원에서 본격적으로 오복제를 재정비한 『주자가례』에 근거하여 성종대 『경국대전』으로 완성되었다. 그 과정에서 모계 및 처계의 상복이 축소되고 부계친 중심으로 복상제가 집중된 결과를 가져왔다.

새롭게 정비된 오복제는 실생활에도 그대로 적용되어 조선시대 복상제의 근간을 이루었다. 오복제 중에서도 부모상에 해당하는 3년상은 유교적 효 관념에서 특히 중요한 의미를 지녔다. 즉 자식이 태어난 지 3년이 지나야 비로소 부모의 품을 벗어날 수 있었기에, 부모가 돌아가셨을 때 3년상을 입는 것을 자식으로서 당연한 도리로 여겼다. 공자는 제자 재아宰我가 3년상이 너무 길다면서 1년을 제안했을 때 '군자는 상을 당하면 맛난 음식을 먹어도 단맛을 못 느끼고 음악을 들어도 즐거움을 못 느끼고 집 안에 살아도

| 분류 | 유복친의 종류 | 고려 성종 4년 | 조선 『경국대전』 |
|------|--------------|--------------|------------------|
| 부계 | 부 | 참최 3년 | 참최 3년 |
| | 모 | 자최 3년 | 자최 3년 |
| | 조부모 | 자최 1년 | 자최 부장기不杖朞 |
| | 증조부모 | 소공 5월 | 자최 5월 |
| | 고조부모 | 시마 3월 | 자최 3월 |
| 모계 | 외조부모 | 자최 1년 | 소공 5월 |
| 처계 | 처부모 | 소공 5월 | 시마 3월 |
| | 사위 | 소공 5월 | 시마 3월 |
| 배우자 | 남편 | 참최 3년義服 | 참최 3년 |
| | 처 | 자최 1년義服 | 기년朞年 |

편하지 못하다. 재아도 부모에게서 3년 동안 아낌없이 사랑을 받았을 것이다' 라며 일침을 가한 사실은 잘 알려져 있다.

이제 조선 사대부들은 부모상을 당하면 오복제에 근거하여 누구라도 3년상을 입었다. 그 기간 동안에는 분묘 곁에 여막을 짓고 아침저녁으로 전곡奠哭하고 묘를 보살피는 여묘廬墓살이를 하였다. 상중에는 과거시험도 보지 못했으며 관료는 관직에서 물러나 여막에서 상례에 전념했다. 분묘를 단장하고 묘비를 세우는 등 위선사업爲先事業이 집중적으로 추진되는 기간이었다.

이문건李文楗의 경우에는 1528년(중종 23) 34세에 문과 급제하여 관직생활을 하던 중 1535년(중종 30년)에 모친상을 당하여 1537년까지 3년 동안 양주에서 여묘살이를 했다. 그는 여묘살이 중에 부친 묘를 이장하여 모

貢廬墓圖 孔子葬魯城北泗上封高四尺形如偃金泗水為之却流門人疑所服子貢曰昔者子之喪顏淵如喪子而無服喪子路亦然請喪夫子如喪父而無服皆心喪三年羣居則出則否喪畢門人治任將歸入揖于子貢相向而哭皆失聲惟子貢築室墓右凡六年然後歸弟子及魯人往家于墓

寶父仇英製

자공여묘도子貢廬墓圖, 구영, 1538, 비단에 채색, 31.5×29cm. 공자 제자 자공의 여묘살이 장면. 조선의 여묘살이 역시 중국 성리학의 풍습을 따른 것이다.

친과 합장하고 묘비를 세우며, 매일 분묘에 올라가 비문碑文을 한 글자 한 글자 직접 새겨 넣었다. 측면에는 잡인들이 범하는 것을 방지하기 위하여 한글로 이런 문구까지 새겨 넣었다.

> "이 비석은 신령한 비석이다. 이 비석을 깨뜨리거나 해치는 사람은 재화를 입을 것이다. 이것은 글 모르는 사람에게 알리는 것이다."

상주.

이 비석은 현전하는 최초의 한글비로 오늘날까지 전해오고 있다(보물 제1524호, 서울시 노원구 하계동 소재).

## 선영 조성과 택산擇山

15, 16세기를 거치며 사대부 층을 중심으로 망자를 매장하고 여묘살이를 하는 유교 상장례가 점차 보급되어갔다. 이에 따라 분묘의 중요성이 커지고, 조상의 분묘를 단장하고 묘역을 조성하는 사업이 중요한 관심의 대상으로 부각되었다.

조선시대 사대부들의 선영 조성에서 가장 두드러진 특징은 종산의 등장

이윤탁 부부의 한글영비, 보물 제1524호, 서울시 노원구 하계동 소재. 중종 때 승문원 부정자를 지낸 이윤탁의 셋째 아들 이문건이 태릉 조성 부지에 있던 부친 묘를 이전하여 어머니 신씨 묘와 합장하면서 비문을 짓고 글씨를 새겨 1536년(중종 31)에 세웠다. 앞면에는 망자의 이름이 적혀 있고, 뒷면에는 '고비묘갈음지考妣墓碣陰誌'라는 제목 아래 망자의 일대기가 적혀 있다. 비 양 측면에는 한글로 묘의 훼손을 경계하는 글이 새겨져 있는데, 현전하는 최초의 한글비이다.

이다. 종산은 종중宗中 구성원들의 분묘로 구성된 묘산을 말한다. 곧 부계 조상의 분묘들이 집중되어 묘역을 형성하는 족장族葬을 기본 바탕으로 하였다.

고려시대 남귀여가혼의 풍습에서는 남성이 혼인하면 주로 처변妻邊에 거주했기 때문에 사망한 뒤에도 처변 묘역에 묻히는 것이 자연스러운 현상이었다. 이는 남성의 입장에서는 부계 조상들의 분묘가 여기저기 흩어지게 되는 결과를 초래했고, 원대 조상의 분묘를 관리하는 것이 쉽지만은 않았다. 또한 남귀여가혼의 사회에서는 양측적 친속 관념이 강하게 작용했기 때문에 부계 중심의 원대 조상 분묘까지 관리해야 한다는 의식이 강하지도 못했다. 16세기 대표적인 유학자 이황李滉의 경우에도 증조부 묘소에 35년 만에 제사 드렸다는 기록이 남아 있어, 원대 조상의 분묘 관리가 철저하게 이뤄지지 못한 당시의 상황을 짐작할 수 있다.

그런데 혼인 풍습이 점차 시집살이혼으로 전환되고 부계 중심의 종법질서가 확산되는 과정에서 부계 조상의 분묘들로 구성된 종산이 형성되어 갔다. 그 전환과정에서 처가나 외가 분묘의 밑자락에 들어갔다가 이후로 부계 후손들이 계장繼葬함으로써 종산으로 바뀌는 경우도 종종 나타났다. 16세기 안동지역의 유성룡柳成龍 가는 그 전형적인 모습을 보여준다. 유성룡의 고조부 유소 부부는 안동 권씨 권옹權雍의 사위 자격으로 안동 권씨 시조 묘가 있는 천등산에 입장함으로써 종산의 기틀을 마련했다. 이후로 증조부 유자온 부부를 비롯하여 부모 유중영 부부, 형 유운룡 부부 등 후손들의 계장이 이어짐으로써 유씨 가의 종산으로 굳어졌다.

조선시대 종산은 유성룡 가의 경우처럼 처가 산이나 외가 산에 입장한 것을 계기로 후손들이 외손의 자격으로 계장함으로써 종산을 형성하는 경우가 많았다. 이는 양측적 친속 관념에서 부계 중심의 종법의식으로 친족 관념이 변화하는 과정에서 나타난 구체적 현상의 하나였던 것이다.

이와 함께 『주자가례』에 근거한 택산 또한 사족층들 사이에서 유행했다. 상장례에서 묏자리를 선정하는 택산은 자손들에게 매우 중요한 문제이다. 자손의 명리名利에 얽매여 명당자리를 찾는 경우도 있지만, 『주자가례』에서는 효의 차원에서 택산의 중요성을 강조했다. 효자의 마음은 묘지가 얕으면 사람들이 팔까 염려하고 너무 깊으면 습기가 차서 빨리 썩을까 염려했

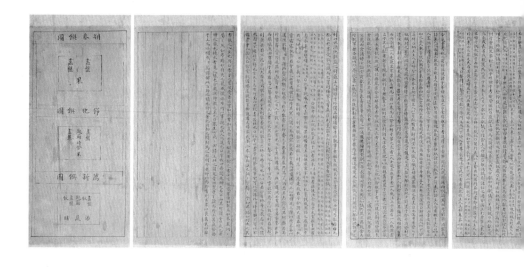

기 때문에 반드시 토양이 두텁고 물이 깊은 땅을 구하여 장사 지냈다(『주자
가례』「상례」, 치장治葬). 이는 자손의 입장에서 조상의 묘가 훼손되거나 시신
이 해를 입는 것은 차마 볼 수 없기 때문이었다.

　　정자程子는 이를 자손과 조상의 관계를 동기감응설同氣感應說로 설명했
다. 조상과 후손은 동기同氣이기 때문에 저쪽이 편하면 이쪽도 편하고 저쪽
이 위태로우면 이쪽도 위태롭다고 하였다. 택산을 잘하여 신령이 편안하여
자손들이 번성하는 것은, 근본을 잘 배양할 경우 가지와 잎이 무성해지는
것과 같은 이치라는 것이다. 결국 자손들은 복을 받기 위해 명당자리에 얽
매여서는 안 되지만 좋은 묏자리로 조상이 편안하면 결과적으로 자손이 번
성한다는 것이다.

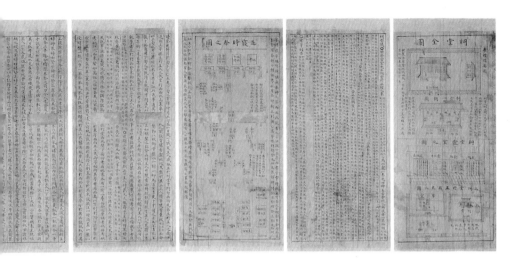

상제례의 의례 절차와 실천 방법을 적은 『상례비요』를 병풍으로 만든 것이다. 사당전도, 사당감실도, 절사찬도 등 의례에 필요한 내용을 쉽게 알아보도록 그림으로 그린 도설을 같이 붙였다. 제사병풍으로도 사용해 3, 4, 5폭에는 지방을 붙였던 흔적이 남아 있다.

　　이는 유교의 효 관념이 풍수설과 결합하여 분묘의 화복론禍福論을 인정하는 것이었다. 특히 주자는 술가術家의 말에 따라 부친을 두 차례 개장改葬함으로써 택산의 중요성을 몸소 실천했다.

　　이에 따라 택산은 중국뿐만 아니라 특히 조선사회에 큰 영향을 끼쳤다.* 1687년(숙종 13) 장릉長陵(인조릉)의 천릉을 논의하는 과정에서 송시열은 택지의 주요 목적은 조상의 안거安居에 있지만 자손의 번성 또한 고려하지 않을 수 없음을 강조했다(『숙종실록』 권18, 13년 10월 정미). 조상과 자손은 동기로, 조상이 편안하면 자손들이 번성한다는 정자의 인식을 그대로 보이고 있다.

　　유교적 택지와 풍수설의 결합은 분묘의 범위에도 영향을 끼쳤다. 원래 조선의 분묘 규모는 고려시대의 제도를 계승하여『경국대전』「예전」에 법제적으로 규정되어 있었다.

> "분묘의 한계를 정하고, 경작과 방목을 금지하였다. [주] 종친 1품은 사면 각 100보로 한정하고, 2품은 90보, 3품은 80보, 4품은 70보, 5품은 60보, 6품은 50보이다. 문무관은 10보씩 체감하고, 7품 이하와 생원·진사 및 유음 자제는 6품과 같다. 부녀자는 남편직을 따른다."(『경국대전』「예전」, 상장조)

관료들에게 관직의 고하에 따라 분묘 규모를 차등지은 차등보수差等步數가 적용되었던 것이다. 그러나『주자가례』가 본격적으로 보급되면서『경국대전』의 차등보수는 점차 그 의미가 퇴색되었다.『주자가례』에서는 관직의 고하에 따른 차등 의례보다는 사대부 공통 의례를 기본 이념으로 했으며, 또한 지세의 흐름을 고려하지 않는 산술적인 거리보다는 풍수상의 좌청룡우백호를 수호 범위로 삼는 '용호수호龍虎守護'를 지향했다.

사대부들에게는 법제적인 차등보수보다는 용호수호가 받아들여져 확산되었다. 그 결과 숙종 2년(1676년) 3월에 "사대부 묘산 내의 용호 내 양산처養山處는 타인이 묘를 쓰는 것을 허락하지 않는다"고 하교함으로써 사대부들 사이에서 현실적으로 행해지고 있던 용호수호를 법적으로 공인하게 되었다(『숙종실록』권5, 2년 3월 4일 병술). 이는 영조대에 이르러『속대전』에 정식 법조항으로 확정되었다(『속대전』「형전」, 청리聽理).

---

* 배우성에 따르면, 길한 곳에 묏자리를 씀으로써 후손이 복을 받는다[同氣感應說]는 것은 조선후기 실학자들에 의해 비판의 대상이 되었다. 그러나 실학자들도 돌아가신 부모를 좋은 곳에 장례 지내고 싶은 마음은 비난의 대상이 될 수 없다는 입장이었으며, 사람의 도리라는 차원에서 택지擇地를 부정하지는 않았다.

# 산송과 사회갈등

조선시대 분묘의 중요성이 커지고 길지를 확보하려는 욕구가 높아짐에 따라 한편에서는 산송山訟, 즉 분묘를 둘러싼 갈등과 분쟁이 뒤따랐다. 특히 산송은 조선후기 성행하며 사회 문제화되었다. 18세기 초 영조가 '요사이 상언 중 산송이 10의 8, 9에 달한다'(『영조실록』 권11, 3년 3월 정미)고 하였고, 다산 정약용은 『목민심서』에서 '투구지살鬪毆之殺의 절반이 산송 때문이다'라고 할 정도였다.

고려시대에는 부계 원대조상에 대한 의식이 강하지 못했기 때문에 분묘 또한 몇 세대 지나지 않아 이름 모를 고총古塚이 되고 세월과 함께 실전失傳하는 것은 자연스러운 현상이었다. 그런데 조선에 들어와 종산이 형성되는 과정에서 부계 조상의 분묘를 정비하여 수호하고 실전한 원대조상의 분묘를 회복하려는 위선사업爲先事業이 활발하게 추진되었다.

그런데 실전 묘를 찾더라도 이미 그곳은 수백 년이 지나 다른 사람의 분묘가 들어와 타산他山으로 바뀌어 있기 마련이었다. 이 경우 두 집안 사이의 충돌은 불가피했으니, 영조대 발생한 파평 윤씨와 청송 심씨의 산송이 그 대표적인 경우다.

영조대 윤씨 가에서는 수백 년 동안 실전하였던 고려시대 재상 윤관尹瓘(?~1111) 장군의 묘갈을 경기도 파주 분수원에서 우연히 찾게 된다. 그곳은 광해군대 재상 청송 심씨 심지원沈之源의 묘 바로 앞쪽이었다. 윤씨 측에서 심지원 묘의 이장을 요구하면서 두 집안의 분쟁은 시작되었다. 이들은 위선爲先을 위한 자손의 도리와 함께 가문의 자존심이 달려 있어 한 치의 양보도 없이 치열하게 대립했다.

풍수가와 묏자리를 고르러 가는 장면.

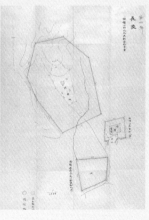

장릉(인조릉).
장릉도면(오른쪽), 1910년경, 지본채색, 장서각 소장. 인조와 청주 한씨의 능인 장릉의 도면.

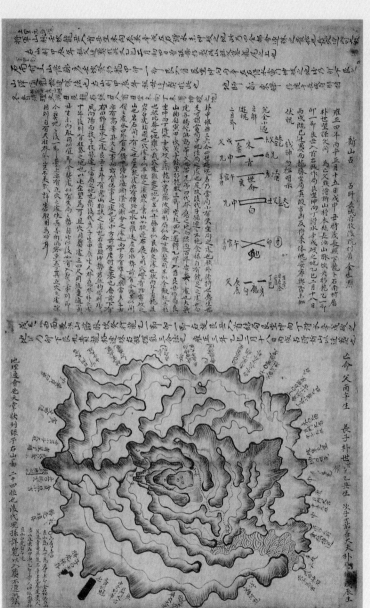

명당도, 60.8×101cm, 1726.
윤도, 두께 2.3cm, 지름 8.5cm, 국립민속박물관 소장.

영조가 직접 나서서 중재했음에도 해결되지 못하고 대를 이어 대립하다가 지난 2008년 윤씨 측에서 이장할 부지를 제공하고 심씨 측에서 심지원 묘를 이장함으로써 극적으로 해결되었다. 200년을 넘게 끌어온 조선시대 산송의 특성을 전형적으로 보여준 대표적 사건이었다.

한편 풍수설과 결합한 유교의 택지설도 산송의 주요 요인으로 작용했다. 사대부들은 초상을 당하면 지사地師를 동원하여 수개월씩 길지를 찾아 헤매며 장례도 치루지 못했다. 이미 장례가 끝난 분묘라도 지사가 불길하다고 하면 다시 길지를 찾아 천장하곤 했다. 일이 곤궁하여 뜻하는 대로 잘 풀리지 않아도 필시 조상의 묏자리가 좋지 못한 까닭이라며 천장하였다. 이처

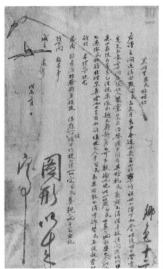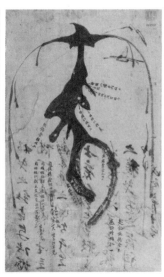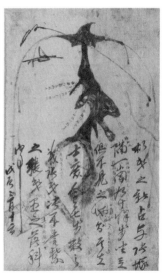

박상인의 소지所志와 산도山圖, 규장각한국학연구원 소장. 무진년 3월 장석규가 박상인을 투장偸葬으로 정소呈訴하자 박상인이 금장禁葬의 부당함을 호소하며 관에 올린 소지이다. 관에서는 담당 아전이 당사자들과 현장 조사를 실시하여 이 산도를 작성하였다. 관에서는 이에 근거하여 두 분묘 사이는 90여 보로 서로 보이지 않기 때문에 장석규의 금장은 부당하다는 처분을 내렸다.

럼 길지를 찾는 과정에서 타인의 묘역에 불법적인 투장偸葬까지 마다하지 않았기 때문에 분쟁의 발단이 되었다.

이와 함께 제도적인 측면에서도 산송의 빌미를 제공했다. 숙종대 허용된 '용호수호'는 좌청룡우백호라는 지세의 흐름에 따른 주관적인 거리 개념이었기 때문에 수치상으로 정확한 보수步數가 나오기 힘들었다. 『경국대전』의 차등보수에서는 분쟁이 일어날 수 없을 만큼 멀리 떨어진 지역도 용호내龍虎內 또는 망견처望見處 등을 이유로 금장禁葬 대상이 되어 분쟁으로 발전했다.

뿐만 아니라 용호수호를 허용한 후에도 차등보수가 폐지되지 않고 계속 유효했기 때문에 경계 분

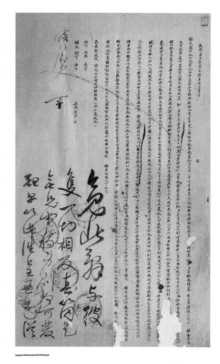

이효문의 상서上書, 규장각한국학연구원 소장. 임술년 5월 충청도 영동에 사는 이효문이 암행어사에게 올린 상서이다. 그는 정세기의 부친묘 투장을 금장하는 과정에서 오히려 사굴私掘로 정소당하여 유배형에 처해졌는데 그 억울함을 호소하는 내용이다. 암행어사는 형제없는 독신이면 유배보낼 수 없다는 처분을 내리며 관인官印으로 마패를 찍었다.

쟁의 빌미가 되었다. 선장자先葬者와 후장자後葬者의 분묘 거리가 차등보수와 용호보수 사이에 위치할 때 양측의 분쟁은 불가피했다. 선장자는 '용호수호'를 근거로 후장자를 투장으로 몰아 금장한 반면 후장자는 차등보수를 근거로 선장자를 '광점廣占'이라 주장하면서 치열하게 대립했다.

한편 사대부들의 분산 욕구는 18세기 후반 이후 하층민들에게도 점차 확산되어갔다. 하층민들의 묘역은 법적으로 정해진 범위가 없기 때문에 그들이 분산을 확보하고 유지시키는 것은 매우 어려운 일이었다. 때문에 그들은 불법적인 투장을 선호했는데 남에 눈에 띄지 않게 몰래 남의 묘역에 묘를 쓰는 암장暗葬이나 밤을 틈타 묘를 쓰는 승야투장乘夜偸葬 등의 방법을 동원했다. 투장 사실이 발각되지 않도록 봉분을 조성하지 않고 평지처럼 만드는 '평장平葬'도 선호했다. 일단 투장에 성공하면 투장묘라 하더라도 자굴自掘 원칙이 지켜졌다. 즉 다른 사람이 묘를 훼손하면 살인죄로 처벌했다. 따라서 묘를 지킬 힘이 없는 하층민들은 남의 눈을 피해 몰래 투장하고 숨어버리는 방법을 택했다.

산송은 조상의 분묘와 관련된 분쟁이었기 때문에 조상을 위한 자손의 도리, 즉 위선爲先의 실현과 함께 가문의 사회적 위상까지 걸려 있는 중요한 문제였다. 따라서 다른 소송과 달리 한번 발생하면 쉽게 해결될 수 없었다. 패소한 후에도 판결에 불복하여 정소자를 바꿔가며 혹은 대를 이어가며 소송을 제기하는, 끝이 보이지 않는 일이었다. 향촌에서 해결되지 않으면 상경정소上京呈訴로 이어져 국왕에게 상언·격쟁하는 것도 마다하지 않았다. 산송은 유교적 상장례의 산물로 조선사회의 성격을 그대로 반영하는 대표적인 역사적 현상이었다.

## 참고문헌 및 더 읽어볼 책들

⬇ 동아시아적 관점에서 본 양반 문화

何柄棣, 『중국과거제도의 사회사적연구』, 조영록 옮김, 동국대학교 출판부, 1993

김현영, 『조선시대의 양반과 향촌사회』, 집문당, 1999

니토베 이나조, 『사무라이: 무사도를 통해 본 일본정신의 뿌리와 그 정체성』, 양경미·권만규 옮김, 생각의나무, 2004

문옥표 외, 『조선양반의 생활세계』, 백산서당, 2004

미야자키 이치사다, 『중국의 시험지옥: 과거』, 중국사연구회 옮김, 청년사, 1993

미야지마 히로시, 『양반: 역사적 실체를 찾아서』, 노영구 옮김, 강, 1996

─────, 「조선시대 신분, 신분제 개념에 대하여」, 대동문화연구 42, 2003

─────, 「조선후기 지배계층의 재생산 구조: 비교연구를 위한 초보적 탐구」, 한국사학보 32, 2008

송준호, 『조선사회사연구』, 일조각, 1987

이성무, 『조선양반사회연구』, 일조각, 1995

─────, 『한국 과거제도사』, 민음사, 1997

이수건, 『영남 사림파의 형성』, 영남대학교 출판부, 1990

장중례, 『중국의 신사』, 김한식·정성일·김종건 옮김, 신서원, 1993

존 샤피, 『송대 중국인의 과거 생활: 배움의 가시밭길』, 양종국 옮김, 신서원, 2001

허흥식 외, 『조선시대 과거와 벼슬』, 집문당, 2003


⬇ 양반집 아이들은 어떻게 자랐을까

김찬웅, 『선비의 육아일기를 읽다: 단맛 쓴맛 매운맛 더운맛 다 녹인 18년 사랑』, 글항아리, 2008

김혜선 · 박혜인 · 홍형옥, 『한국가정생활사』, 한국방송대학교출판부, 2002

유안진, 『한국의 전통육아방식』, 서울대학교출판부, 1987

이문건, 『묵재일기』 상 · 하, 국사편찬위원회, 1998

———, 『양아록』, 이상주 옮김, 태학사, 1997

이복규, 『묵재일기에 나타난 조선전기의 민속』, 민속원, 1999

한국고문서학회, 『조선시대생활사 2』, 역사비평사, 2000

### 고시 공부는 비교도 안 될 처절한 과거 공부

심영환, 『조선시대 고문서 초서체연구』, 소와당, 2008

원창애, 「조선시대 문과 급제자 연구」, 한국정신문화연구원 한국학대학원 박사학위논문, 1997

이성무, 『한국 과거제도사』, 민음사, 1997

조좌호, 『한국 과거제도사 연구』, 범우사, 1996

최진옥, 『조선시대 생원진사연구』, 집문당, 1998

한국학중앙연구원, 『한국민족문화대백과사전』

### 조선 양반들은 어떻게 관직에 진출했는가

박홍갑, 『조선시대 문음제도 연구』, 탐구당, 1994

———, 『조선나라 양반나라』, 가람기획, 2001

이성무, 『조선초기 양반연구』, 일조각, 1980

최준식, 『한국인에게 문화는 있는가』, 사계절, 1997

### 극과 극, 조선시대 유배의 재발견

김경숙, 「조선시대 유배형의 집행과 그 사례」, 사학연구 55, 56(합집), 1998

김만선, 『유배: 권력은 지우려 했고, 세상은 간직하려 했던 사람들』, 갤리온, 2008

심재우, 「조선전기 유배형과 유배생활」, 국사관논총 92, 2000

———, 「조선후기 단성지역 정배인의 존재 양태」, 한국학보 102, 2001

양진건, 『그 섬에 유배된 사람들: 제주도 유배인 열전』, 문학과지성사, 1999

정약용, 『유배지에서 보낸 편지』, 박석무 편역, 창작과비평사, 1991

정연식, 「조선시대의 유배생활-유배가사에 나타난 사례를 중심으로」, 인문논총 9, 2002

은밀한 거래는 어떻게 양반사회를 지탱했나

宮嶋博史, 『양반』, 노영구 옮김, 강, 1996

구완회, 「조선 중엽 사족 얼자녀의 속량과 혼인: 『미암일기』를 통한 사례 검토」, 경북사학 8, 1985

김동진, 「16세기 중엽 성주지방 이문건가의 수전농업」, 지방사와 지방문화 4-1, 2001

김소은, 「16세기 양반 사족의 수입과 경제생활-묵재일기를 중심으로」, 숭실사학 15, 2002

_____, 「이문건가의 경제운영과 지출: 괴산입향과 관련하여」, 고문서연구 21, 2002

박이택, 「농촌사회에서의 선물교환: 1834~1956」, 『맛질의 농민들』, 2001

송재용, 「『미암일기』 연구」, 단국대 국어국문학과 박사학위논문, 1996

_____, 「미암 유희춘의 생애와 학문」, 퇴계학연구 10, 1996

_____, 「『미암일기』의 서지와 사료적 가치」, 퇴계학연구 12, 1998

신동원, 「조선후기 의약생활의 변화: 선물경제에서 시장경제로: 『미암일기』, 『쇄미록』, 『이재난고』, 『흠영』의 분석」, 역사비평 75호, 2006

우인수, 「조선후기 한 사족가의 생활양식」, 조선시대사학보 12, 2000

이성임, 「16세기 조선 양반관료의 사환과 그에 따른 수입: 유희춘의 『미암일기』를 중심으로」, 역사학보 145, 1995

_____, 「조선중기 어느 양반가문의 농지경영과 노비사환: 유희춘의 『미암일기』를 중심으로」, 진단학보 80, 1995

_____, 「조선중기 유희춘가의 물품구매와 그 성격」, 한국학연구 9(인하대 한국학연구소), 1998

_____, 「조선중기 오희문가의 상행위와 그 성격」, 조선시대사학보 8, 1999

_____, 「16세기 이문건가의 수입과 경제생활」, 국사관논총 97, 2001

_____, 「조선중기 양반관료의 경제생활과 재부관」, 한국사시민강좌 29, 2001

_____, 「16세기 양반관료의 경제생활연구」, 인하대 박사학위논문, 2003

_____, 「16세기 유희춘가의 해남조사와 물력 동원」, 인하사학 10, 2003

_____, 「조선중기 양반관료의 '칭념'에 대하여」, 조선시대사학보 29, 2004

_____, 「16세기 양반사회의 선물경제」, 한국사연구 130, 2005

이정수, 「16세기 노비의 기상전답과 성격」, 역사와 경계 59, 2006

이헌창, 「18세기 황윤석가의 경제생활」, 『이재난고로 보는 조선 지식인의 생활사』, 한국학중앙연구원, 2007

전경목, 「일기에 나타나는 조선시대 사대부의 일상생활」, 정신문화연구 65호, 1996

정호훈, 「미암 유희춘의 학문 활동과 『治縣須知』」, 한국사상사학 29, 2007

지승종, 「조선전기 노비신분에 관한 사회사적 연구」, 서울대 박사학위논문, 1993

🌳 국가가 견제한 양반들의 화려한 주거 문화

이중환, 『擇里志』

서유구, 『산수간에 집을 짓고』, 안대회 엮어옮김, 돌베개, 2005

박영순 외, 『우리 옛집 이야기』, 열화당, 1998

이해준, 『초려 이유태의 향약과 정훈』, 신서원, 1998


🌳 알고 보면 권력자, 조선의 양반 여성들

『병자일기』, 전영대·박경신 역주, 예전사, 1991

P. B. 에브레이, 『중국여성의 결혼과 생활』, 배숙희 옮김, 삼지원, 2000

국사편찬위원회 편, 『혼인과 연애의 풍속도』, 두산동아, 2005

문숙자, 『68년의 나날들, 조선의 일상사』, 너머북스, 2009

이순구, 「정부인 안동 장씨의 성리학적 삶」, 『조선시대 사회의 모습』, 집문당, 2003


🌳 양반들의 성인식·결혼식의 모든 것

『경국대전』

『국역증보문헌비고』, 세종대왕기념사업회, 1981

『국조오례의』

『세종실록』

『예기』

『의례』

『중종실록』

『태종실록』

도암, 『사례편람』

이경근, 『顧菴家訓』

이덕무, 『청장관전서』

김종명, 『한국의 혼속연구』, 대성문화사, 1981

안병태, 「혼속의 친영에 관하여」, 『의식주, 관혼상제, 민속이론』, 교문사, 1988

이순홍, 『한국전통혼인고』, 학연문화사, 1992

장병인, 『조선전기 혼인제와 성차별』, 일지사, 1997

정종수, 『혼례의 절차 및 의미에 대한 고찰』, 민속학연구 제6호

_____, 『사람의 한평생: 민속으로 살핀 탄생에서 죽음까지』, 학고재, 2008

『조선의 민속전통 3』, 북한과학백과사전종합출판사, 1994

* 이 글은 지은이의 저서 『사람의 한평생』에서 부분적으로 참조하여 작성했음을 밝혀둔다.

## 양반들은 어떻게 부모 재산을 물려받았을까

문숙자, 『조선시대 재산상속과 가족』, 경인문화사, 2004

정긍식, 「조선초기 제사승계법제의 성립에 관한 연구」, 서울대학교 법학박사 학위논문, 1996

_____, 「16세기 첩자의 제사승계권」, 사회와 역사 53, 1998

_____, 「조선전기 주자가례의 수용과 제사승계 관념」, 역사민속학 12, 2001

_____, 「종법적 제사승계와 가족의 변화」, 『한국사회사연구』, 나남, 2003

_____, 「한국의 호주제도에 대한 역사적 성찰」, 『식민주의의 정치적 유산: 아시아를 중심으로』, 서울대학교 역사연구소, 2009

## 벌과 상으로 지방사회를 통치한 향약

김인걸, 「조선 후기 향안의 성격변화와 재지사족」, 김철준박사화갑기념사학논총, 1983

김현영, 「17세기 '鄕中': 향안조직의 형성과 향촌자치」, 민족문화논총 28, 2003

미야지마 히로시, 『양반: 역사적 실체를 찾아서』, 노영구 옮김, 강, 1996

박현순, 「조선시기 향벌의 내용과 추이」, 국사관논총 105, 2004

정진영, 「영남지역 향약의 형성과 변천」, 향토사연구 4, 1992

향토문화의 사랑방 안동 편, 『안동양반 그 겉과 속』, 성심, 2006

## 양반들의 죽음과 조상숭배의 실상

고영진, 「15, 16세기 주자가례의 시행과 그 의의」, 한국사론 21, 1989

국사편찬위원회, 『한국문화사 5: 상장례, 삶과 죽음의 방정식』, 두산동아, 2005

김경숙, 「16세기 사대부가의 상제례와 여묘생활: 이문건의 『묵재일기』를 중심으로」, 국사관논총 97, 2001

_____, 「조선후기 산송과 사회갈등 연구」, 서울대 박사학위논문, 2002

_____, 「조선후기 산송과 상언·격쟁」, 고문서연구 33, 2008

박현순, 「16세기 사대부가의 친족 질서」, 한국사연구 107, 2000

배우성, 『조선후기 국토관과 천하관의 변화』, 일지사, 1998

전경목, 「조선후기 산송연구」, 전북대 박사학위논문, 1996

정긍식, 「조선초기 주자가례 규범의 수용에 관한 고찰: 상례를 중심으로」, 서울대 법학석사학위논문, 1988

정길자, 「고려시대 화장에 대한 연구」, 부산사학 7, 1983

정종수, 「조선초기 상장의례 연구」, 중앙대 사학과 박사학위논문, 1994

최재석, 「고려시대의 상제」, 『한국고대사회사연구』, 일지사, 1987

최창조, 「한국 풍수사상의 이해를 위하여」, 『한국의 전통지리사상』, 민음사, 1992

한국고문서학회, 『조선시대 생활사 2』, 역사비평사, 2000

### 도판 자료

『고문서에 담긴 선조들의 생활과 문화』, 북촌미술관

『국립민속박물관 소장품 도록』, 국립민속박물관

『규장각과 책의 문화사』, 서울대학교 규장각한국학연구원

『명품도록2』, 선문대학교박물관

『시서화에 깃든 조선의 마음』, 경남대학교박물관

『조선 성리학의 세계』, 국립중앙박물관

『조선 여인의 삶과 문화』, 서울역사박물관

『한국의 옛 책』, 동산도기박물관

___저자 소개

**김경숙**_조선대 사학과 교수. 공저『조선시대 생활사 2』, 논문「조선후기 산송과 상언·격쟁」「조선후기 산송과 사회갈등 연구」외 다수.

**김학수**_한국학중앙연구원 장서각 국학자료조사실장. 저서『끝내 세상에 고개를 숙이지 않는다』, 공저『여헌 장현광의 학문 세계』, 논문「17세기 영남학파 연구」「고문서를 통해 본 조선시대의 증시행정」외 다수.

**미야지마 히로시**宮嶋博史_성균관대 동아시아학술원 교수. 저서『朝鮮土地調査事業史の研究』『양반: 역사적 실체를 찾아서』『조선과 중국: 근세 오백년을 가다』외 다수.

**박현순**_규장각한국학연구원 선임연구원. 공저『서양인이 만든 근대전기 한국이미지』, 논문「조선시기 鄕罰의 내용과 추이」외 다수.

**박홍갑**_국사편찬위원회 편사연구관. 저서『병재 박하징 연구』『양반나라 조선나라』, 논문「16세기 전반기 정국 추이와 충주사림의 피화」외 다수.

**심재우**_한국학중앙연구원 한국학대학원 인문학부 교수. 저서『조선후기 국가권력과 범죄 통제』, 공저『조선의 국가제사』, 논문「조선후기 선희궁의 연혁과 소속 장토의 변화」외 다수.

**이복규**_서경대 국문과 교수. 저서『설공찬전 연구』, 공저『종교와 일생의례』, 논문「설공찬전 국문본과 최초 국문소설 문제」외 다수.

**이성임**_규장각한국학연구원 책임연구원. 논문「16세기 지방 군현의 공물분정貢物分定과 수취-경상도 성주星州를 대상으로」「일기를 통해 본 조선시대 妓女의 立役과 運用」「조선 중기 양반관료의 '稱念'에 대하여」외 다수.

**이순구**_국사편찬위원회 편사연구관. 공저『혼인과 연예의 풍속도』, 논문「조선중기 총부권과 입후의 강화」「정부인 안동 장씨의 성리학적 삶」외 다수.

**이재희**_국사편찬위원회 고서전문원. 논문「조선 명종대 척신정치의 전개와 그 성격」외 다수.

**정긍식**_서울대 법학부 교수. 저서『한국근대법사고』, 공저『조선후기 수교자료 집성 1: 형사편』, 공역『경국대전주해』, 논문「1517년 안동부 결송입안분석」외 다수.

**정종수**_국립고궁박물관장. 저서『사람의 한평생: 민속으로 살핀 탄생에서 죽음까지』『풍수로 본 우리문화이야기』, 논문「조선 초기 상장의례 연구」외 다수.

## 조선 양반의 일생

ⓒ 규장각한국학연구원 2009

1판 1쇄 2009년 12월 15일
1판 5쇄 2014년  4월 16일

엮은이 규장각한국학연구원
기  획 문중양 · 권기석
펴낸이 강성민
편  집 이은혜 박민수 이두루
편집보조 유지영 곽우정
마케팅 이연실 정현민 지문희
온라인 마케팅 김희숙 김상만 한수진 이천희

펴낸곳 (주)글항아리 | 출판등록 2009년 1월 19일 제406-2009-000002호

주소 413-120 경기도 파주시 회동길 210
전자우편 bookpot@hanmail.net
전화번호 031-955-8891(마케팅) 031-955-8898(편집부)
팩스 031-955-2557

ISBN 978-89-93905-13-7 03900

글항아리는 (주)문학동네의 계열사입니다.

이 도서의 국립중앙도서관 출판시도서목록(CIP)은 e-CIP 홈페이지(http://www.nl.go.kr/ecip)에서 이용하실 수 있습니다.
(CIP제어번호: CIP2009003715)

* 이 저서는 2008년 정부(교육과학기술부)의 재원으로 한국연구재단의 지원을 받아 수행된 연구임(NRF-2008-361-A00007)

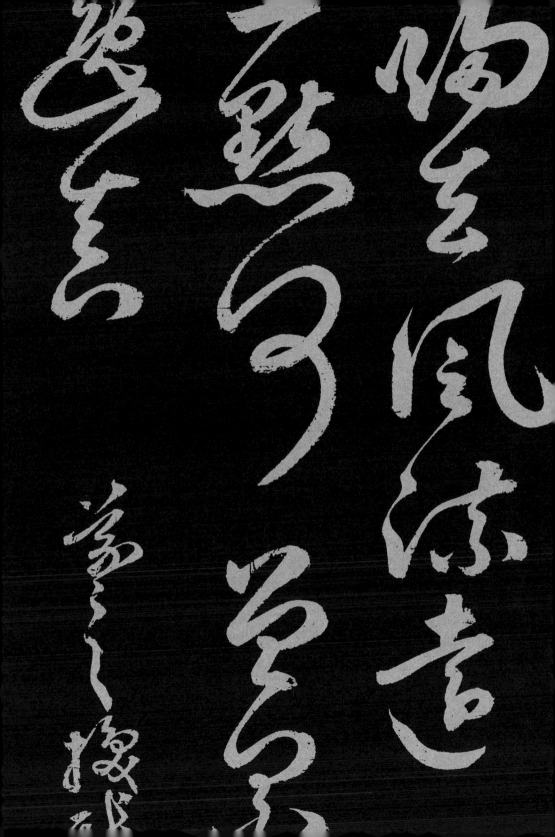

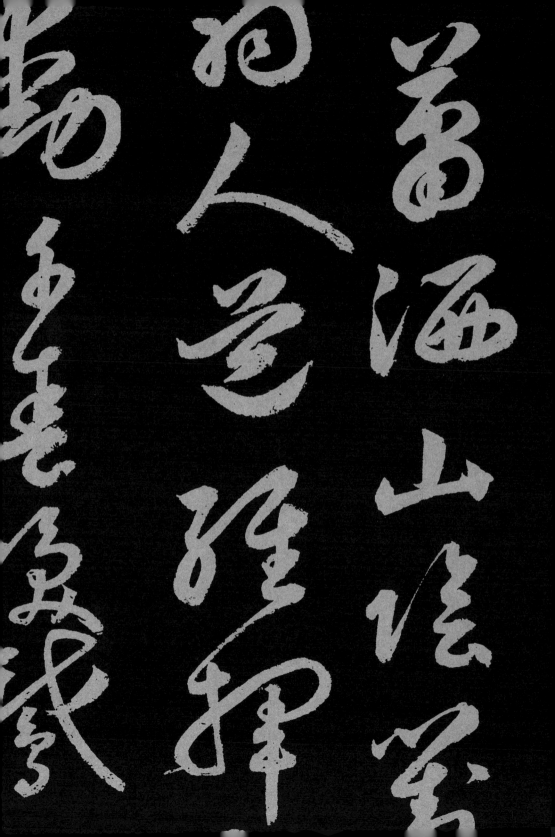

當海山法筆
如人之陸輝
馬毛更及我乎